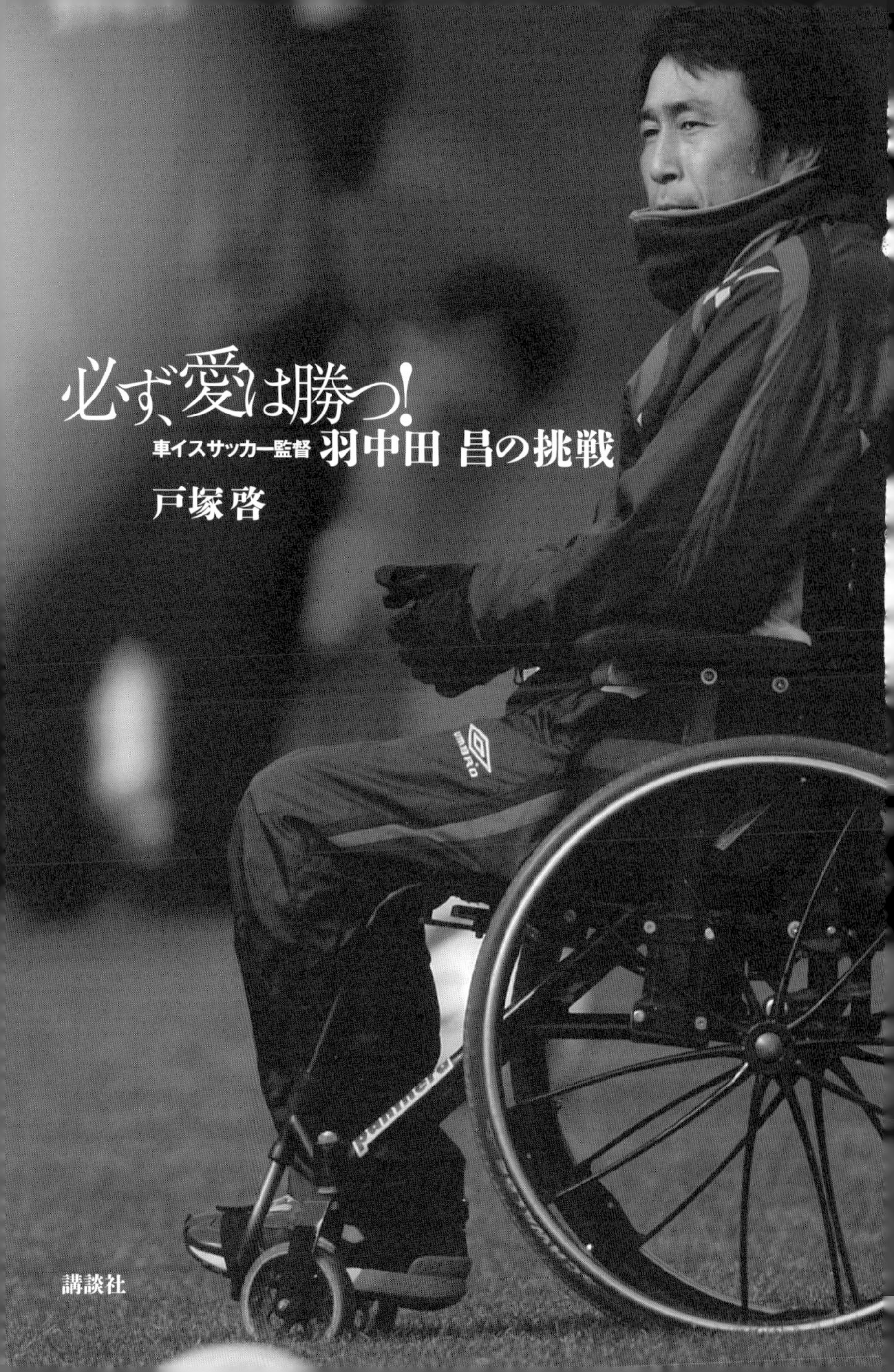

必ず、愛は勝つ！

車イスサッカー監督 羽中田 昌の挑戦

戸塚 啓

講談社

必ず、愛は勝つ！

車イスサッカー監督　羽中田昌の挑戦

【目次】

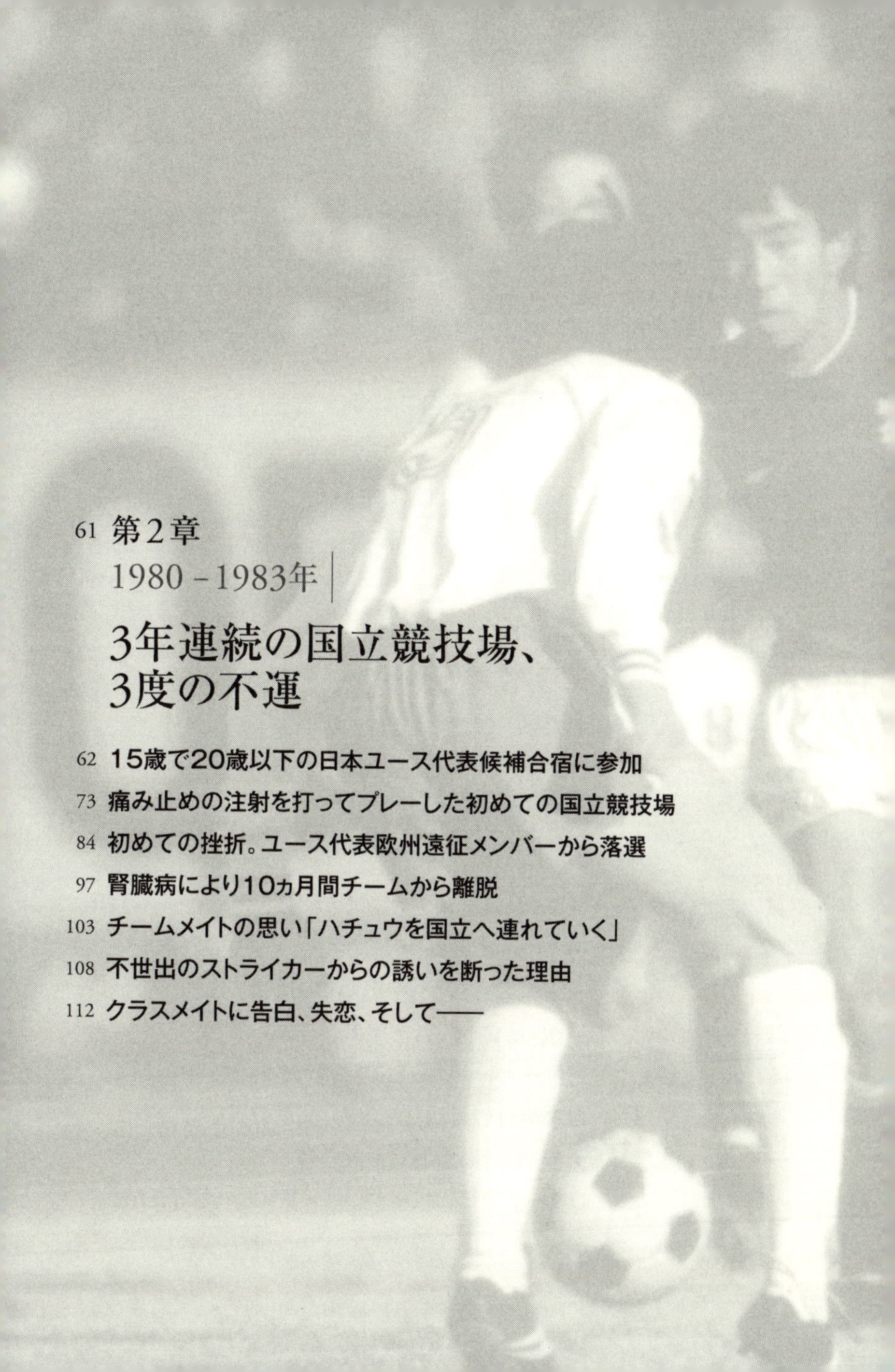

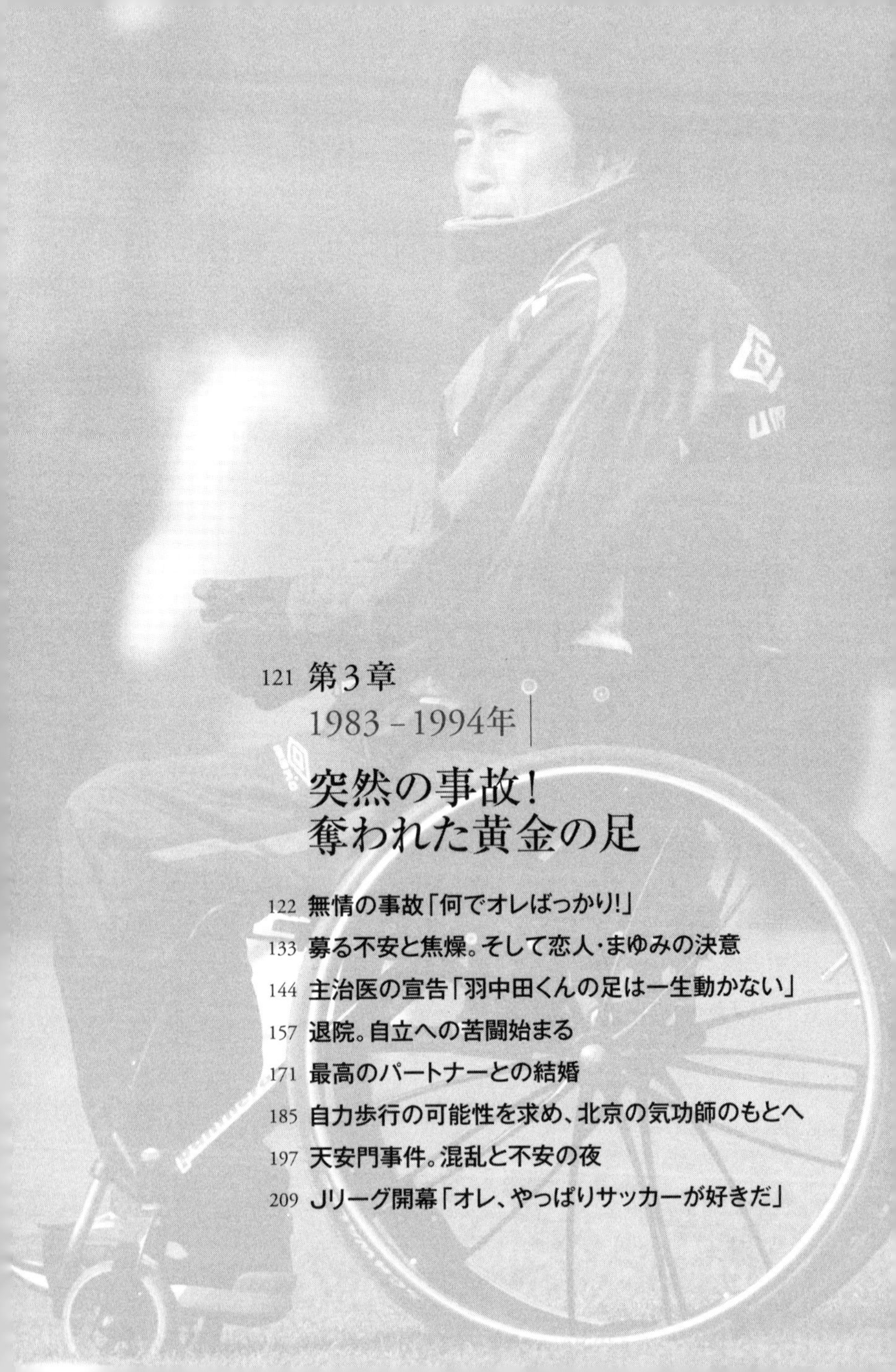

サッカーのポジションと略語表記について

本文中では、サッカーのポジション名は、
以下のアルファベット2文字で表記しています。

守備陣	**GK**＝ゴールキーパー **DF**＝ディフェンダー **CB**＝センターバック **SB**＝サイドバック
中盤	**MF**＝ミッドフィールダー
攻撃陣	**FW**＝フォワード **CF**＝センターフォワード

序章

1983年 1月8日 | 東京 国立競技場

第61回 全国高校サッカー選手権
韮崎高校vs.清水東高校

この日、国立競技場のスタンドは
6万人を超える観衆でびっしりと埋まっていた

20分しかプレーできない天才ドリブラー

鉛が落ちてきそうな鈍色《にびいろ》の空に、いきなり歓声が突き抜けた。数百メートル先の興奮と熱気が、季節外れの花火のように神宮の杜《もり》へ舞い落ちていく。

３人の中学生は、早歩きの足を止めた。リーダー格のタケウチが、腕時計に目をやって「あ～あ」と顔をしかめる。

「もしかして、点入っちゃったんじゃない？」

地下鉄の外苑前駅から国立競技場へ、僕らは急いでいる。秩父宮《ちちぶのみや》ラグビー場を通り過ぎ、神宮球場を覆う街路樹が見えてきた。枝が剝《む》き出しの木々が冬の寒さを強調する。

「韮崎《にらさき》高校」対「清水東高校」の全国高校サッカー選手権決勝は、すでにキックオフから30分ほどが経過しているはずだ。それなのに、僕らが歓声の在《あ》り処《か》へたどり着くにはあと5分、バックスタンドの観客席に座るにはさらに3分が必要だ。

歩道は狭く、すれ違うのにも苦労する。僕らは水たまりを避《よ》けながら走り出した。午前中からアスファルトを色濃くした雨は、ランチタイム前に止《や》んでいた。

「得点じゃなくて、ただのチャンスかもしれないよ。お客さんがたくさん入ってれば、けっこう大きな歓声になるし」

自分を励ますように言った僕のひと言に、サイトウが申し訳なさそうに反応した。タテ一列で走っているので、自然と声が大きくなる。

「ホントごめん！　オレが待ち合わせに遅れなきゃ、あと30分は早く着いたのに！」

僕らの地元から国立競技場までは、電車で1時間もあれば着く。ところが、両チームがウォーミングアップを始めようとしている頃に、僕らはまだ最寄り駅のホームにいた。

神宮球場の脇を通り抜け、日本青年館が左側に見えると、国立競技場は目の前だ。声をかけたわけでもないのに、３人ともストライドが広くなる。ブラスバンドの演奏が、はっきりと聞き取れる。アントニオ猪木の入場曲は、清水東高校の応援でお馴染《なじ》みだ。

ここでまた、国立競技場がどよめいた。信号で足止めを食らっていた僕らは、思わず顔を見合わせた。「今度こそ間違いない」と、タケウチが唇を尖《とが》らせる。

「清水東が点取ったんだろ」

彼が応援しているのは韮崎高校だ。タケウチはアシックスのスパイクが好きで、韮崎の鮮やかな緑と白のユニフォームはアシックス製なのだ。

サイトウが控えめに頷《うなず》く。

「たぶんそうだろうな」

口元に笑みがこぼれる。プーマのスパイクしか履《は》かないサイトウは、プーマ製の青いユニフォームを着る清水東のファンなのだ。

「長《なげ》えよ、信号。早く変われよ」

サイトウが苛立《いらだ》ちを言葉にした瞬間、目の前を横切る車の流れが途切れた。信号を待ちきれずに駆けだし、バックスタンドへつながる青山門へ急ぐ。ゲート前の係員に、入場券を差し出し、奪うように半券を受け取ったタケウチが、「いつものところな」と言い残して階段に向かった。

バックスタンド最上段の聖火台あたりが、僕らのお気に入りだ。日本サッカーリーグや日本代表のゲームを観戦するうちに、センターラインの延長線上にある聖火台横がピッチ全体を俯瞰《ふかん》できると気づいた。

タケウチにサイトウが続き、サイトウを僕が追う。いつもは誘われる焼きそばのソースの香りも、いまは気にしていられない。

早くスコアが知りたい。ホントに清水東が勝ってるのか?

清水東と韮崎が激突するこの試合は、サッカーファンが待ち望んだカードだった。

夏のインターハイを制した経験を持つ両校にとって、冬の高校選手権の制覇は悲願だった。韮崎は過去3年で2度も決勝戦に進出しながら、優勝旗を持ち帰ることができずにいた。一方の清水東も、2年前の決勝戦で涙をのんでいる。高校生年代の日本代表に選手を送りこんでいる両校の対戦は、高校サッカーの一年を締めくくるのにふさわしいものだった。高校選手権でようやく実現したビッグカードなのである。

聖火台に一番近い35番ゲートは、立ち見の観客でふさがれていた。申し訳程度に確保された隙《すき》間《ま》に身体を滑り込ませ、ピッチに背を向けてスタンド脇の階段を駆け上がる。モノトーンの装いに包まれた観客の一部になると、先に座っていたタケウチが「ほら」と電光掲示板を指差した。

「やっぱりもう、ゼロサンだよ」

清水東が3点をリードする展開は、韮崎ファンのタケウチからすれば0対3ということになる。サイトウは嬉しそうな顔つきで、スタジャンのポケットからホッカイロを取り出した。最上段に落ち着いた僕らの襟元《えりもと》を、冷たい風が撫《な》でていく。

「でもまだ、前半じゃん。わからないよ」

サイトウのこのひと言は、ちょっと無責任だったかもしれない。清水東はディフェンスが強い。すかさず突っ込もうとすると、タケウチがサイトウのシューズをトンと蹴った。

「ってお前、清水東がこの試合まで無失点なの知ってんだろ！　韮崎は4点取らないと勝てないんだぜ」

「韮崎にも、まだチャンスはあるよ」

できるだけ落ち着いた口調で、僕はタケウチに言った。慰めたつもりはない。どちらのチームにも肩入れしていないからこそ、本当にそう思っていた。

「後半の残り20分まで耐えて、それまでにイチサンに持っていけば、韮崎にもチャンスはあるよ。その時間になったら、羽中田《はちゅうだ》が出てくるはずだから」

韮崎の羽中田昌《まさし》は、一年生のときから注目されてきたFWだ。僕らは去年も韮崎の試合を観にいき、羽中田のプレーにすっかり魅せられた。

ドリブルが速い。とにかく速い。それでいて、シュートにパンチ力がある。

右サイドからDFをぶっちぎる羽中田と、頭のなかで対戦してみる。僕は左SBなので、もし韮崎と対戦したらウイングとマッチアップする。

手が届くくらいの距離に置いて、羽中田にボールが入った瞬間にガツッとタックルするか。ダメだ。足元ではなくスペースでボールを受ける動きをされたら、あっという間に置き去りにされてしまうだろう。

それならば、あらかじめ距離を取って待ち受けるか。それもダメだ。羽中田はパスもうまい。自由にボールを持たせたら、気持ちよく攻撃を操るに違いない。

自分に都合よく考えることができる空想の世界でさえ、僕は羽中田に圧倒されていた。いつもは容赦なく僕らを痛めつける顧問の先生も、羽中田が相手なら「しかたないな」と慰めてくれるだろうか。

そんなことを考えていたら、タケウチが「あれだよねえ」と感心したように声をあげた。

「羽中田って、姿勢がいいよね。いつもは猫背なんだけど、ボールを持つとピンと背筋が伸びるんだよね」

1年ぶりに見る羽中田は、髪の毛が少し伸びていた。人気のアイドル、田原俊彦とか近藤真彦をマネているようにも見えるけれど、あまり似合っていないなあ、と僕は思った。

僕らがスタンドに座ってすぐに前半が終了した。全国高校サッカー選手権は40分ハーフ（現在、準決勝、決勝は45分ハーフ）なのだ。

お湯に溶けた粉末スープの香りが、鼻の先を横切った。ハーフタイムの売店は大混雑なので、早めにカップラーメンを買ってきた人がいるのだろう。近所のスーパーには売っていない地味なメーカーで、いつもお湯が生ぬるいけれど、国立競技場で食べるとなぜかおいしい。

「俺らも何か買いに行こうぜ」

タケウチが席を立ち、サイトウと僕も続いた。

＊＊＊

日本テレビの中継車でモニターを見つめるディレクターの田中晃《あきら》は、来《きた》るべき瞬間へ向けて緊張感を高めていた。映像を切り替えるスイッチャーに置いた右手に、うっすらと力みを感じる。

静岡県代表の清水東高校と山梨県代表の韮崎高校による全国高校サッカー選手権の決勝戦は、前半を終えて清水東が3対0でリードしていた。後半10分を過ぎても、スコアはそのままだ。

全国3348校の頂点を巡る戦いは、どうやら結末が見えつつある。しかし、6万人を超える大観衆が視線を注ぐ一戦は、まだクライマックスを迎えていない。

日本テレビの全国高校サッカー選手権の中継では、各都道府県の系列局からディレクターとアナウンサーが集結する。3回戦までは対戦校の地元局が担当し、準々決勝からは勝ち上がった学校にかかわらず日本テレビが制作する。欧州と南米のクラブ王者が激突するトヨタカップ（現在のFIFAクラブワールドカップに発展統合）と並んで、全国高校サッカー選手権は同局のスポーツ中継のキラーコンテンツだ。

1981年から全国高校サッカー選手権の中継に携わる田中は、決勝戦のディレクターに指名された。入社4年目の28歳が、初めて担当するビッグマッチだった。

韮崎高校に詳しい山梨放送からは、「天才ドリブラーがいる」との情報が寄せられていた。「ただ、病気が完治していないので、出場するとしても20分間が最長です」と、地元局のディレクターは残念そうに付け加えた。三年生の羽中田昌という選手だった。

病気で出場時間を制限された、天才ドリブラー――中継を担当するディレクターとしては、見過ごせない情報である。実際に羽中田は、準決勝までの4試合のうち2試合に出場しただけで、2試合とも出場時間はきっちり20分以内だった。

試合展開をフォローしつつ、田中は韮崎のベンチへ意識を向けていた。羽中田がどれほど重要なプレーヤーで、彼が出場した韮崎の攻撃がどのように変わるのかを、視聴者に伝えなければならない。

「清水東が3対0でリードしています。追いかける韮崎、天才ドリブラーの羽中田はいつ出てくるのでしょうか！」

アナウンサーのコメントに合わせて、カメラが羽中田をとらえる。田中は画面を切り替え、羽中田の動向を視聴者に伝える。

「あっ、羽中田がウォーミングアップを始めました！　韮崎がついに切り札投入の準備に入ります」

スイッチャーに置いた田中の右手が、アナウンサーの実況に反応する。アップエリアへ駆け出していった羽中田の映像が、試合の流れに挟み込まれていく。

「羽中田が呼ばれました。ベンチへ戻ります。ユニフォーム姿になり、横森《よこもり》監督から指示を受けています。時間は後半15分。彼は病気の影響で、20分間しか出場できません。まだ25分ありますが、ここで投入されるのでしょうか」

攻めあぐねる韮崎が、ついに攻撃のジョーカーを投入する。8台のカメラが送ってくる映像から、田中はすぐに羽中田を映し出すものを選んだ。

＊＊＊

メインスタンド5階の放送ブースの窓が、小さな音を立てた。カタカタ、と窓が揺れる。解説席に座るセルジオ越後の耳に、かつて聞いたことのないどよめきが届いた。

韮崎高校の背番号15番が、タッチライン中央付近で小刻みに身体《からだ》を揺らしている。羽中田が登場するのだ。

巨大な塊《かたまり》のごとき声援は、母国ブラジルのスタジアムを思い起こさせる。日本で感じたことのない熱を、この日の観衆は放射している。１９７２年の初来日から10年以上が過ぎ、サッカースタジアムの空席に慣れてしまったセルジオの心に、熱い風が吹き込んだ。

〈国立競技場がサッカーでこんなに沸くのは、それも途中出場の選手がきっかけになるのは、日本のサッカーの試合で初めてだろうな。日本代表でも、こんな試合は観たことがないよ。ここにいるみんなが、この瞬間を待ってたんだろうな〉

他ならぬセルジオも、羽中田の登場を待ちのぞんでいたひとりである。

韮崎は選手権出場23回を誇る強豪で、過去3年は準優勝、3位、準優勝という成績を収めている。浦和南高校（埼玉）、古河《こが》第一高校（茨城）、帝京高校（東京）などと並んで高校サッカーを牽引《けんいん》する名門で、羽中田は一年生からレギュラーポジションをつかんでいた。

スピーディでテクニックに優れた羽中田のプレーに触れると、自らもドリブルの名手だったセルジオは身体が前のめりになる。一つひとつのプレーを分析する解説者でありながら、ファンに近い心理になるのだ。

〈ボール扱いがうまいだけじゃなくて、自分から仕掛ける気の強さもいい。相当負けず嫌いなんだろうなあ。ホントに将来が楽しみだ。さて、今日はどんなプレーを見せてくれるかな〉

まだか。早く。流れが途切れろ。羽中田の登場を待つ観客のざわめきが、荒波のような勢いでスタンドを駆け抜けていく。

ブラスバンドの演奏さえ聞こえない。隣に座る友人との会話が成立しない。バックスタンドとゴール裏ではほとんどの観客が立ち上がり、座席が一段高くなったようだった。

6万人を超える大観衆をのみ込む国立競技場の空気を、たったひとりの高校生が劇的なまでに変えようとしている。

第61回全国高校サッカー選手権は、ついにクライマックスを迎えようとしていた。

のちの日本代表DFを恐れさせた底知れぬポテンシャル

スパイクのつま先で、羽中田は地面を叩いた。右足、左足、右足の順に、3度叩いた。は、や、く。

サイドライン際に立ち、試合の流れが途切れるのを待つ。ボールがピッチ外に出れば、ピッチへ飛び出せる。

国立競技場でプレーするのは3年連続で、これが5試合目である。緊張感はなかった。なるようになれ、という乾いた気持ちも忍び寄ってこない。沸き立つような喜びが全身を巡りつつも、闘争心がほとばしっている。

ピッチに立つ準備は、試合前のウォーミングアップで整っていた。両サイドからのクロスボールをシュートする練習で、羽中田は空振りをしたのだ。

彼の右足が空《くう》を切った瞬間、スタンドが「おおっ」とざわめいた。夏のインターハイや秋の国民体育大会などでは、試合前の練習が観衆の興味を惹《ひ》きつけることはない。

〈そうだ、ここは国立競技場なんだ。こんなにもたくさんの人が、オレのことを観てくれているんだ。もう一度、ここに帰ってくることができたんだ〉

空振りはひどく恥ずかしかったが、シュートの列に戻ると自然と笑みがこぼれた。

やっぱり、国立はいい。

やっぱり、サッカーは楽しい。

空振りのおかげで、出場機会を与えられたら思い切りプレーしてやるぞ、と気持ちを整理することができていた。

ボールがタッチラインを割り、試合の流れが途切れる。交代選手が戻ってくる。1学年下の後輩を「お疲れ！」とねぎらい、羽中田は勢いよくピッチへ飛び出していった。最前線へポジションを取る。いつものように、ユニフォームの袖《そで》を肘《ひじ》のあたりまでまくる。気持ちのスイッチを入れる瞬間だ。

一年生からレギュラーポジションをつかみ、日本ユース代表候補にまで選ばれていた羽中田は、なぜ先発から外れているのか。

40分ハーフのゲームに、彼の身体が耐えられなかったのである。

異変は前触れなしに襲ってきた。

遡《さかのぼ》ること11ヵ月前――2度目の高校選手権が終了した翌月の1982（昭和57）年2月、羽中田は風邪をこじらせてサッカー部の練習を1週間ほど休んだ。新チームで迎えた山梨県の新人戦で優勝した直後ということもあり、リフレッシュをかねて長めの休養が許された。

風邪が癒《い》えてチームの練習に戻ると、監督の横森巧《たくみ》に呼び止められた。

「ハチュウ、大丈夫なのか」

サッカー場でも教室でも、近しい人間は彼を「ハチュウ」と呼ぶ。

「はい、もう治りました」

羽中田の顔はむくんでいた。横森の胸中に、黒い影のような違和感が漂う。急性腎炎《じんえん》を患ったかつての自分に、羽中田が重なったのだ。

「今日は練習をしなくていいから、保健室へ行って尿を調べてもらえ」

横森に言われるままに、羽中田は保健室のドアをノックした。「なぜかわからないですけど、先生に尿を調べてもらえと言われました」と、白衣を着た先生に軽い口調で説明したはずである。

それから先の記憶は断片的だ。

リトマス試験紙のような紙を見つめる先生の表情が曇り、「これ、良くないわ」というひと言に落ち着かない気持ちになり、「病院へ行こう」と車に乗せられた。

その日の夜を、羽中田は病院のベッドで過ごした。翌日、翌々日も、自宅へ帰ることは許されなかった。腎臓の機能に障害をきたし、尿にタンパク質が混じってしまうのだ。横森の胸騒ぎは、はからずも的中した。

長く、苦しく、退屈な闘病生活は、実に12月初旬まで続く。チームは高校選手権の山梨県予選を勝ち抜き、全国大会出場を決めた。羽中田は横森から「グラウンドに顔を出せ」と連絡を受ける。急性腎炎と向き合うようになってから、羽中田は意図的にサッカーから距離を置いていた。激しい運動を禁じられているが、日常生活に支障はない。変わったのは三度の食事から塩分が取り除かれたことだけで、校舎や駅の階段を駆け上がることもできる。

ただでさえ身体はうずいているのだ。練習や試合を観たら、ボールを蹴りたくなる。東京12チャンネル（現在のテレビ東京）が放映する海外サッカー番組『三菱ダイヤモンドサッカー』にも、あえてチャンネルを合わせていない。グラウンドに行けるはずがなかった。

俯《うつむ》き加減の羽中田に、横森は探るように問いかけた。

「短い時間でも、できないのか」

冷静な自分が、自身に問いかける。

〈選手権だからといって、無理をして出る必要はないだろう。しっかり治してから、またサッカーをすればいい。高校を卒業してからのことを考えろ。未来を見ろ〉

勝ち気な自分も立ち上がる。

〈でも、このまま何もしないで高校生活を終えたら、あとで必ず後悔する。もう一度挑戦してそ

れでもダメなら、そのときは治療に専念すればいいんじゃないか〉

相反する二つの思いに揺れながら、羽中田は「主治医の先生に相談してみます」と答えた。主治医から禁止されれば、それで諦《あきら》めがつくという覚悟もあった。

すっかり顔なじみになった主治医の答えは、羽中田には意外なものだった。

「少しずつ運動を始めて、1週間置きに検査に来なさい」

ランニングを始めて、短い距離のパス交換をした。身体中の体温を奪い取ろうとする〝八ヶ岳おろし〟と呼ばれる寒風も、サッカー部に戻ってきたことを実感させた。

1週間後、検査を受けた。数値に異常は見られなかった。トレーニングの負荷を上げた翌週も、羽中田は主治医の「うん、大丈夫だね」という言葉を聞いた。3度目の検査でも正常な数値を記録すると、主治医は用意していたひと言を羽中田に告げた。

「一試合に15分か20分くらいなら、出ても大丈夫でしょう」

もう一度サッカーができる。思う存分に芝生の上を走ることができる。ようやく縛《いまし》めが解け、羽中田は最後の高校選手権へ意識を高めていった。

ほぼ1年ぶりの実戦は、旭《あさひ》高校（神奈川）との2回戦で巡ってきた。後半終了間際に交代出場した。

不安がなかったと言えば嘘になる。体力的な回復は感じていたが、激しいプレッシャーからは遠ざかって久しい。

攻撃的なポジションの自分に求められるのは、相手の守備網に飛び込んでいくようなプレーだ。安全第一にボールをさばいているだけでは、ピッチに立つ意味がない。

〈後ろ向きになるな。失敗の原因について考えるのは、試合が終わってからでいい。自分らしさを出していくんだ〉

そして、試合後の羽中田はこのうえない爽快感を抱く。スパイクから伝わる少し湿った芝生の感触が、サッカー選手としての自分を目覚めさせていく。自分をマークする相手選手の息遣いが伝わってくる。ゴール裏に並んだカメラの放列が、ボールを持つたびにシャッター音を響かせる。バックスタンドの応援が、子どもたちの無邪気な声援が、やってやるぞという気持ちを増幅させる。高校選手権に戻ってきたことを、身体中で感じることができた。

奇妙な感覚が生じた。想像以上に身体が動いたのだ。太ももやふくらはぎが、苦痛の叫びをあげることもない。

残り20分から出場した準決勝でも、身体は軽かった。

それだけに、横森から「ちょっと早いけど行けるか?」と聞かれても、戸惑いはなかった。自分たちは0対3で負けている。行けと言われれば、いつでも出る覚悟はあった。

〈このチームでプレーするのは、これが最後なんだ。いい加減なプレーは絶対にできないぞ。まずはとにかく、1点を返すんだ〉

スタンドのどよめきは、羽中田の耳に届いていない。25分という限られた時間で、ここまで無失点の清水東にどうやって反撃するか。逆転勝利の足掛かりを、羽中田は必死に探している。

＊＊＊

何気なく合わせたテレビのチャンネルは、国立競技場のどよめきをそのまま運んできた。

「羽中田が呼ばれました。ベンチへ戻ります。ユニフォーム姿になり、横森監督から指示を受けています。時間は後半15分。彼は病気の影響で、20分間しか出場できません。残り25分ありますが、ここで投入されるのでしょうか」

もったいぶるようなアナウンスに、塀内夏子《へいうちなつこ》は注意を惹きつけられた。

〈何、これ？　サッカー？　高校生？　ええっ、ものすごい歓声じゃない？〉

漫画家としてデビューを飾ったばかりの彼女は、ネームとよばれる絵コンテを出版社へ持ち込み、編集部からの連絡を待つというサイクルで日々を過ごしていた。受け身の時間を埋めるのに、テレビは都合のいいパートナーになってくれる。両手でマグカップを包み、塀内はテレビの前に座った。

スポーツを題材にした作品は、まだ描いたことがない。けれど、興味がなかったわけでもない。野球やサッカーなどの部活動を舞台にして、カッコいい男の子を描いてみたいという漠然としたアイディアを温めていた。運動部とセットになっている汗とか涙とか、喜びや悲しみといったものを、自らの作品で表現してみたいと考えていた。

「羽中田が出てきました！」

アナウンサーが声を張り上げる。そこまで大声を出さなくても、そんなに興奮を押しつけなくても、と塀内は心のなかで呟《つぶや》く。サッカーがまだマイナースポーツだったためか、テレビ中継では大げさな表現が使われることが多かった。

このゲームは、違った。アナウンサーが過剰な演出をしているわけではないことに、塀内は気づかされた。

背番号15を付けた韮崎の選手が、サイドラインをまたいでピッチに入る。その瞬間、チャンネルを合わせたときよりもさらに大きな歓声が、川崎市内の自宅に届いたのだった。そんなはずはないのに、テレビが揺れているような気がした。

羽中田がアップで映し出される。長髪を風になびかせて、ドリブルを仕掛けていく。塀内はマグカップを乱暴にテーブルへ置き、「行け、行け！」と右手を振った。

＊＊＊

スタンドのどよめきは、清水東のイレブンも敏感に感じていた。

「集中を切らすな！　こっからだぞ」

互いを鼓舞する指示が飛び交う。二年生のＤＦ堀池巧《ほりいけたくみ》は、〈さあ、オレの出番だ〉と気持ちを引き締めた。「羽中田が出てきたら、お前がマークするんだ」という指示を、彼は監督から受けていた。

1982年8月に開催されたアジアユース大会に、堀池は日本ユース代表の一員として出場している。19歳以下で編成されるチームに16歳で選出され、全4試合でスタメンに名を連ねた。日の丸の付いたユニフォームを着て、国際試合を戦ってきたのだ。将来の日本代表候補との評価も受けている。同世代の選手には負けない、という自負は強い。スタンドをどよめかせた羽中田にも、堀池は怯《ひる》まなかった。

一方の韮崎も、この選手交代でぐっと志気が上がる。0対0や僅差《きんさ》で持ちこたえ、羽中田の登場を待つというゲームプランは崩れたが、予定より早く切り札が登場してきた。準決勝は20分間だったが、今日は25分間ある。わずか5分の違いでも、韮崎の選手たちを勇気づけるには十分だった。

後半26分だった。CF保坂孝《ほさかたかし》のクロスから、MF小沢栄一《おざわえいいち》が右足でゴールを決める。ここまで4試合連続無失点の清水東に、韮崎が追撃の一発を浴びせたのだ。

保坂へパスを出したのは、羽中田だった。親友から受けたボールには、確かなメッセージが込められていた。

「そう、そこだよ、そこでパスを受ければチャンスになるぞ、という気持ちが、ハチュウのパスから伝わってきました。さすがだな、と思いましたね。ゲームの流れを読む戦術眼は、ブランクをまったく感じさせない。相手のスキを見逃さない。ハチュウなら絶対にパスを出してくれると思ったし、スペースへ走ったのが僕じゃなくても、彼はパスを出したでしょうね」

鉄壁を誇ってきた清水東の守備陣に、今大会初めて揺らぎが生じた。日本テレビの放送席では、セルジオ越後が声を張り上げていた。

「試合の流れが変わりました。羽中田が変えましたた。これはちょっと、面白くなってきましたよ」

1対3となった直後、羽中田がセンターサークルの手前でボールを受けた。瞬時にトップギアへシフトし、ゴールへの最短距離を目ざす。清水東の青いユニフォームを着た3人が後ろから、もうひとりが斜め左から、緑と白のユニフォームをつかまえようとする。

黒い絵の具をこぼしたようなピッチは、足元がぬかるんでボールの転がりが悪い。スパイクのポイントにからみつく土まみれの芝も、推進力を妨げる。

羽中田のスピードは落ちない。それどころか、ドリブルのスピードを上げていく。

意図的にボールを長く蹴り出し、減速を最小限に止めたのだ。清水東のDFは、誰ひとり彼に追いつけない。6万人を超える観衆の視線が、韮崎の背番号15に集中する。国立競技場という巨大な空間を、18歳の少年が支配している。誰ひとりとして、羽中田から視線を外すことができない。

相手ゴールへの最短距離を50メートルあまり駆け抜け、羽中田はペナルティエリアの手前で右足を柔らかく振り抜く。GKの頭上を狙ったループシュートだ。

安堵と落胆の色に染まった6万人を超える観衆のため息が、国立競技場のピッチに降り積もった。羽中田のイメージより低い軌道を描いたボールは、GKにキャッチされてしまったのだ。清水東からすれば、窮地を脱したことになる。実際に彼らは、後半32分にダメ押しの4点目をあげた。この時点でもはや、勝負は決したといっていい。

それでも、羽中田への警戒は緩《ゆる》めなかった。緩めることができなかったのだ。

初めて対峙《たいじ》する1学年上のFWに、堀池は底知れぬポテンシャルを感じていた。

「高一の羽中田さんはテレビで観ていましたし、清水東へ進学してからは実際に試合を観ているので、プレースタイルは良く知っているつもりでした。実際にそのとおりだったんですけど、すべてのレベルが高かった。スピードがあって、テクニックがあって、右利きだけど左足が苦手というわけではない。それと、しっかりとした判断力がある。ドリブルに特長があるけれど、駆け引きでDFを置き去りにしたりする、これを抑えれば大丈夫というタイプではないので、随所に怖さを見せつけられました」

羽中田がボールを持つ。マークを担当する堀池だけでなく、CBと守備的MFが加勢した。羽中田に突破を許すリスクと、羽中田以外の選手をフリーにするリスクを天秤《てんびん》にかけて、清水東の守備陣は背番号15を潰《つぶ》そうとしたのだった。

小学生からお互いを知る保坂も、羽中田のパフォーマンスに驚かされていた。〈やっぱりすごいな〉と思わずにいられなかった。

「僕自身は1週間も何もしないと、コンディションを崩してしまうイメージがある。ハチュウは2月から12月まで何もできなかった。それなのに、まったく違和感なくチームに戻ってきた。こんなに休んだのになぜこんなにできるのかって驚きました。ホントにすごいと思いましたね」

他ならぬ羽中田自身も、予期せぬ手ごたえで心を膨《ふく》らませている。準決勝に続いて2試合連続の出場で、しかもこの日は「20分以内」という主治医との約束を破ってしまったのに、身体は軽い。ダッシュを繰り返しても、息苦しさを感じない。旭高校との2回戦で身体を包んだ奇妙な感覚が、さらに研ぎ澄まされている。

〈なんでこんなに走れるんだろう。まるで、背中に羽が生えているみたいだ。国立の芝生は、魔法のじゅうたんなのかな〉

まだ走れる。もっと走れる。まだ終わってほしくない。この場所で、このチームで、もっとサッカーをやりたい——。

羽中田とチームメイトたちの追撃は、主審の小さな営みによって終了を迎える。この試合最後の乾いたホイッスルが、勝者と敗者を隔てた。全国高校サッカー選手権の歴史に刻まれるであろう一戦は、清水東が4対1で勝利した。

ため息がざわめきに変わり、やがて拍手が沸き起こり、それが連鎖反応的にスタンドを包み込んでいった。拍手を浴びたのは、優勝した清水東だけではなかった。韮崎の戦いぶりも、つぶてのように観衆の胸を打った。

放送席のセルジオ越後は、オンエア終了後もブースからピッチを見つめていた。羽中田が登場してからの25分間は、あっという間だった。

清水東には、日本ユース代表のＦＷ青島《あおしま》秀幸《ひでゆき》がいた。この試合でもハットトリックを成し遂げ、勝利の立て役者となっている。先制点をあげた二年生ＭＦの大榎《おおえのき》克己《かつみ》も日本ユース代表の一員だ。同じく二年生のＦＷ長谷川《はせがわ》健太《けんた》も、将来を期待される逸材だ。韮崎の保坂も日本ユース代表である。

同世代をリードするタレントが勢ぞろいした一戦で、セルジオ越後がもっとも興味を惹きつけられたのは羽中田だった。

〈病気が完治したら、もっとすごいプレーを見せてくれるだろうな。日本にプロリーグができたら、間違いなくどこかのチームのエースとして活躍するよ〉

名作サッカー漫画『オフサイド』を生んだプレー

試合が終わってもまだ、塀内はテレビのチャンネルを替えられなかった。

〈羽中田っていう選手がループシュートを打ったときの歓声と、そのあとの何とも言えない雰囲気は、映画のワンシーンみたいだった〉

何かを期待していたわけでもない高校サッカーの中継に、塀内は創作意欲を刺激されている。

サッカー漫画を描いてみたいという思いが、彼女の胸のなかで膨らんでいった。

〈主人公のモデルは羽中田くんにしよう。彼みたいな長身で長髪で、大人っぽい高校生で。長髪ならバストアップ（胸から上）で描いても、髪の毛の動きでスピードも、風も、表現できるし〉

現実の羽中田は長身ではない。だが、塀内は180センチに届くくらいのサイズだと感じていた。清水東の守備陣を混乱させ、スタジアムの空気を一変させた羽中田の存在感が、塀内に錯覚をおこさせたのだろう。

〈私にとって勝負の漫画にする〉

塀内の代表作となるサッカー漫画『オフサイド』の構想が、ここからスタートしていく。

＊＊＊

羽中田は動けなかった。心苦しさに身体が縛られる。歯がゆさと悔しさがこみ上げ、ほどなく虚《むな》しさがすべてを覆う。

〈自分以外の仲間は、3年間ずっと苦しい練習に耐えて、この大会を迎えた。でも、自分はこの1年はほとんど休んでしまって、最後の1ヵ月くらいしか練習していない。そんな自分がメンバーに入ったせいで、選手権に出られなくなった仲間がいる。それなのに優勝できなくて、ホントに申し訳ない……〉

日本テレビの中継車では、ディレクターの田中が映像をチェックしていた。

スポーツ中継の絵作りは緻密《ちみつ》だ。どのカメラが何を撮っていくのかは、事前の打ち合わせで決められている。中継車に届いた映像を確認しながら、ディレクターは自分なりのストーリーを組み立てていく。

メインスタンド中段のカメラが、清水東のGKをとらえた。センターサークル付近にでき上がりつつある歓喜の輪に、最後に加わる守護神を追いかけている。

握りしめた拳《こぶし》を振り上げるGKは、3度目の決勝戦で優勝旗を手にした清水東の悲願達成をわかりやすく映し出す。「勝者にふさわしい、とてもいい絵だな」と田中は頷いた。

GKを映し出すフレームに、韮崎のユニフォームが飛び込んできた。ピッチにたたずんだままの敗者がいる。

羽中田だった。

「カメラさん、ストップ！」

田中はマイクをつかんで叫んだ。

「GKを追うのをやめて、羽中田を撮ってください！」

急停止した映像は、突風に煽《あお》られたようにブレたが、すぐに落ち着きを取り戻したフレームのなかで、羽中田が視線を足元へ落としたまま動けずにいる。

数秒の間、田中は映像に見入った。

「スポーツ中継には見せるべき勝者の喜び、見せるべき敗者の痛恨がある。そのなかでも、グッドルーザーを美しく撮るのはとても重要で、羽中田くんのアップは他のカメラで当然抜いていたんだけど、はからずも勝者と敗者の明暗を一枚で表現できた」

神経が鈍麻《どんま》したかのように立ち尽くす羽中田に、保坂が歩み寄ってきた。小学生からお互いを知る彼らは、チームメイトという枠組みをこえた親友である。

「終わったな」

保坂が呟いた。羽中田の背中に手を添える。整列しよう、という合図だ。

羽中田は答えた。多くを語らなくても、わかりあえる仲である。

「うん、終わったなあ」

表彰式でメダルを受け取ると、三年生のひとりが「また銀だったな」と苦笑した。

一年時は3位で銅メダルを、二年時は準優勝で銀メダルを持ち帰った。羽中田と同級生たちは、「次に金を取ったら全部の色が揃うな。最高だな」と、冗談交じりに言い合ってきた。「そんなにうまくいくはずがないよ」と誰かが言い、「そうそう、そうだよ」と周りが同意することで話題は変わるのだが、チーム全員が本気で金メダルを目ざしていた。

決勝戦が終わったあとのピッチは、勝者のためにある。敗者が長く居座れば、それだけ敗北感にうちひしがれるだけだ。

韮崎のメンバーはピッチから降り、控え室前のアンツーカー（レンガ色の土の部分）で足を止めた。スタンドから降りてきた記者が集まる片隅で、韮崎のメンバーは円陣を組んだ。

隣の選手と手を握り合い、キャプテンの「せいっ！」のひと言に全員が「せいっ！」と応える。練習でも試合でも、その日の終わりを共有する伝統の儀式だ。

三年生の部員にとっては、高校生活最後の円陣である。いつもどおりのルーティーンが、いつもとは違う感情を呼び覚ます。

羽中田が口を開いた。決勝戦の結果がどのようなものになっても、チームメイトに伝えようと決めていた思いがあった。できるだけゆっくりと、はっきりと、羽中田は話した。

「最後の1ヵ月しか練習していない自分を、国立まで連れてきてくれて、一緒に戦ってくれて、本当にありがとう」

羽中田の思いがけないひと言は、チームメイトの感情の鎖を引きちぎった。あごを胸に食い込ませていたキャプテンの小沢が、たまらず顔をあげた。涙がこぼれるのを、必死にこらえている。

小沢だけではない。円陣を組んだ両手を震わせながら、誰もが瞳を濡らしていた。心の内で入り乱れる様々な感情を整理できずに、奥歯を強く噛《か》みしめる。

汗が乾いたユニフォームは冷たくなっていたが、身体は温かい。土交じりの芝生と汗の混じった匂いが、たまらなく優しかった。

円陣が解かれた。遠慮がちに見守っていた報道陣が、韮崎の選手たちに近づいてくる。ロッカールームでの取材も許されており、羽中田は保坂とともに質問責めにあう。名前は覚えていないが顔なじみになった記者が、「お疲れさま」とねぎらってくれた。

「ホントに終わったなあ、高校サッカー……」

誰に話しかけるわけでもなく、羽中田は呟いた。しかし、脱力感と無力感が濃厚なロッカールームで、羽中田はまったく違う種類の感情を抱いていた。

〈まずは病気をしっかり治して、次のステージへ向かうんだ。選手権は終わったけど、今日は新しい始まりの一日目なんだ〉

着替えを済ませて、ロッカールームを出る。メインスタンドの正面玄関へ出て、国立競技場を仰《あお》ぎ見る。静寂が訪れた高校サッカーの聖地が、自分をねぎらってくれているように感じられた。

〈次にここに来るのはいつかな。そのときオレは、どんなチームでプレーしているんだろう〉

疲労が身体の芯《しん》に染みついているが、羽中田の気持ちは不思議なくらいに沸き立っていた。

第1章

1964－1980年

「いま日本で一番サッカーがうまい」と言われた少年

小学6年生で身長140センチに満たないちびっこ選手（羽中田昌）が、
全国サッカー少年団大会では2年連続して大会優秀選手に選ばれた
（右から3人目）

９歳で観た１９７４年ワールドカップ決勝の衝撃

あの頃の自分に会えたら、話したいことがある。

キミはどんな気持ちで、サッカーと向き合っている？

羽中田昌、キミはサッカーを楽しんでいるかい？

東京オリンピックの足音が近づいてきた１９６４（昭和39）年7月19日、羽中田家にとびきりの笑顔がひろがった。両親、７歳の兄、５歳の姉が暮らす４人家族に、３人目の子どもが誕生したのだ。

くっきりと大きな瞳はアニメのキャラクターのようで、キラキラと音が聞こえるかのように輝いていた。「まーくん」と呼ばれる末っ子の笑みは、周りにいる者の心に暖かな火を灯《とも》した。

名付け親は地元の市議会議員だった。「商売繁昌」の一文字から、「昌」と名付けられた。羽中田家が家具屋を営んでいたからだろう。

１９７１（昭和46）年春に甲府市立春日《かすが》小学校（統廃合により現在は舞鶴小学校となっている）へ入学すると、昌は自分が運動神経に優れていることに気づく。身体は小さかったが、足が速かった。運動会ではリレーのメンバーに選ばれ、しかもアンカーを任された。

ドッジボールでも野球でも、友だちよりうまくボールを扱うことができた。ママさんバレーを楽しんでいた母親に連れられ、小学校入学前からボールに馴染《なじ》んでいたからかもしれない。

スポーツができる子どもは、クラスの中心的存在に押し上げられるものだ。『仮面ライダー』や『ウルトラマン』が話題になる教室で、昌は身近なヒーローとなっていく。

手でボールを扱う球技だけではない。足でボールを操る種目でも、昌は才能を発揮していく。兄の影響で小学三年からサッカーを始めると、日常生活から白黒模様のボールが切り離せなくなった。サッカーが何よりも愛《いと》おしいものとなった。

「小三からはサッカーばかりやっていたので、学校では劣等生というか、勉強はほとんどしなかった。好きな科目は体育で、嫌いな科目は体育以外だったから」

サッカーに魅せられていくものの、昌の関心はあくまでも自分のプレーに注がれていた。それもしかたのないことだったかもしれない。

1970年代の野球少年は、長嶋茂雄や王貞治に憧《あこが》れた。テレビのコマーシャルでも有名な〝ON〟は、国民的なスター選手だった。長嶋は「野球は巨人、ガムはロッテ」、王は「ナボナはお菓子のホームラン王です」のキャッチコピーで、お茶の間でお馴染《なじ》みの有名人である。子どもたちの生活にまで入り込む選手が、サッカー界には見当たらなかった。

1968（昭和43）年のメキシコ五輪銅メダルで沸騰したサッカー人気の余熱は、その後の日本代表の低迷ですっかり冷めていた。国内最高峰の日本サッカーリーグも、テレビ中継されることはまれだった。

純粋にボールを蹴ることを楽しんでいた昌に、転機が訪れる。

1974（昭和49）年、昌は小学四年生、9歳になっていた。巨人の長嶋が現役最後のシーズンを戦っている一方、日本からはるか遠いヨーロッパでビッグイベントが幕を開ける。西ドイツ（現ドイツ）で開催されたサッカーのワールドカップである。

西ドイツとオランダによる7月7日の決勝戦は、日本で生中継された。日本では初のワールドカップのライブ中継だった。

キックオフは日本時間の午前0時だったと、昌は記憶している。いつもなら熟睡している時間だ。いつもサッカーを教えてくれる高校二年の兄・仁《ひとし》に起こされ、ふたり並んでテレビの前に座った。

ブラウン管が映し出す映像は、昌がかつて見たことのないものだった。

後楽園球場や甲子園球場をはるかにしのぐ巨大な競技場が、満員の観衆で埋め尽くされていた。アルファベットの看板が色鮮やかだった。チアホーンの甲高《かんだか》い音色が、観衆の息遣いを生々しく伝える。

緑色の芝生が、眼に突き刺さるかのように眩《まぶ》しい。小学校の土の校庭でボールを蹴っている昌には、ふわふわの絨毯《じゅうたん》のように感じられた。どんな感触なんだろう。

高鳴る鼓動が睡魔を追い出し、興奮が胸のなかを駆け巡っていく。

白いユニフォームを着た西ドイツには、〝皇帝〟と呼ばれたキャプテン、フランツ・ベッケンバウアーがいた。兄の仁のお気に入りである。

昌が眼を奪われたのは、オランダの背番号14だった。

緩急自在のドリブルで密集をすり抜けたかと思えば、味方選手の足元へぴたりとパスを通す。細身の体型なのに、がっちりとした西ドイツの選手に力でねじ伏せられることがない。

西ドイツとオランダのどちらが優勢なのか。誰が中心選手なのか。世界一を決める一戦に関する予備知識を、昌は何ひとつ持っていなかった。

それが良かったのかもしれない。

まっさらな記憶に、この細身の選手の名前が極太の文字で書きこまれていった。

ヨハン・クライフ。

オランダが生んだ20世紀最高のスーパースターである。

テレビカメラがとらえる映像は、ピッチを俯瞰したものとなっている。両チームの選手がどこにいて、ピッチのどこにオープンスペースがあるのかを、視聴者は把握することができる。

クライフは、テレビで観ている昌と同じ視線でピッチに立っている。見えるはずがないスペースを察知し、対戦相手はおろか観衆さえも欺《あざむ》く。ひとりだけ空の上からピッチ全体を見てサッカーをしている。昌にはそう感じられた。

〈あんなふうにプレーできたら、サッカーが楽しいだろうな〉

テレビの前から動けなかった。画面から眼を離せなかった。『仮面ライダー』よりも、『ウルトラマン』よりも、『あしたのジョー』よりも、『いなかっぺ大将』よりも、初めて観るワールドカップは面白かった。気がつけば、「すごい」「うわあ」と声をあげていた。

〈僕もクライフみたいになりたいな〉

試合は終盤に突入する。西ドイツが2対1でリードしている。

ふいに、テレビの画面が曇った。

〈あれっ、なに？　故障かな？〉

選手が滲《にじ》んで見えた。

わずかに開いた口もとに、生ぬるい感触があった。

昌の頬《ほお》を、涙がつたっていた。

悔しいわけでも、悲しいわけでも、嬉しいわけでもないのに、なんで涙が出てくるんだろう。

小学四年の昌には、それが感動というものによって心から溢《あふ》れ出たものだとは理解できなかった。ただ、試合が始まってからずっと身体が熱くて、握りしめた手のひらに汗をかいていて、いますぐにでもサッカーがやりたくなっていた。

ワールドカップは4年に一度しか開催されない。キャリアの絶頂期に世界最高の舞台に立つ選手もいれば、大会の歴史に名前を残せなかったスター選手もいる。

ワールドカップを観る側にも、巡り合わせはある。

1974（昭和49）年の昌が幼稚園児や小学校低学年だったら、深夜の生中継を観ることは難しかったかもしれない。兄に起こされてテレビの前に座っても、試合の途中でベッドへ戻ってしまったかもしれない。

サッカーを始めて1年というタイミングで、しかも瑞々《みずみず》しい感情が溢れ出る年代で、日本で初めて生中継されたワールドカップに、そして、ヨハン・クライフに出会えたのは、絶妙な天の配剤、奇跡だったといってもいいかもしれない。

生中継の放送が終わったあとも、昌の心にはクライフの残像が焼きついて離れなかった。

〈クライフみたいになりたい！〉

この夜をきっかけに、昌は本格的にサッカー選手として歩み出すことになる。

一試合に5～6点取るのは当たり前

ヨハン・クライフに魅せられてしまった昌は、盆地特有の暑さが校庭に淀《よど》む夏の日も、冷たい風が吹き抜ける冬の午後も、飽くことなくボールを蹴った。

通学する春日小学校のサッカー少年団が練習をしない日は、自宅近くの空き地をグラウンド代わりにした。コンクリートの壁に向かってキックを練習し、兄や友人を相手に1対1の勝負を繰り返した。

同級生の一木雅彦《いちぎまさひこ》は、昌の練習パートナーだった。自宅が近い幼なじみを、昌は「イチ、一緒に練習しようよ」と弾むような声で誘った。

「サッカーを始めた小学校三年から、羽中田はズバ抜けてうまかったですよ。僕ら同級生が３人くらいで囲んでも、全然ボールを取れないんですから。一緒に試合に出るときは、彼にボールを預ければゴールしてくれる、という感じでしたね。キックオフから一度もボールを失わずに相手を抜いていって、そのまま得点したこともありますし」

キックオフからのドリブルシュートは、兄の仁も目撃している。一木が語るものとは違う試合だ。漫画の世界から飛び出したような弟の離れ業《わざ》に、７つ違いの兄は言葉をのみこんだ。

「身内の自慢になってしまうことをお許しください」と断って、仁は古い記憶を掘り起こす。

「僕もサッカーをやっていましたのでわかりますが、センスはありましたねえ。一試合に５～６点取るのは当たり前で、ポジションも試合によってＣＦをやったり、いまでいうトップ下をやったりしていました。対戦相手との力関係を考えて、チームで一番ボールに触《さわ》れそうなポジションで使われていたんでしょうね」

一試合に10点以上取ることもある少年の名前は、次第に県内全域へ広まっていく。昌が所属する春日サッカー少年団の試合に、たくさんの観衆が集まるようになっていった。

昌に好奇の視線を向ける人々のなかに、保坂孝という少年がいた。昌と同学年の彼もまた、サッカーの街といわれる韮崎市で名前の知られた選手である。

「甲府にすごい選手がいるらしいぞ、という噂は聞いていて、小学校五年生のときに大会で初めて羽中田を見たんです。ひと言で表現すれば、衝撃的でした」

羽中田昌という同じ年の選手は、身体が大きいのか、それとも小さいのか？　足は速いのか、テクニックに優れるのか？　保坂には予備知識はなかった。彼が知る昌は、「甲府のすごい選手」という漠然としたものに過ぎない。それにもかかわらず、試合が始まってすぐに探し当てることができた。

「教えてもらわなくても、あれが羽中田だなというのがすぐにわかりました。すばしっこくて、ドリブルがブレない。ひとりだけビデオを早送りしたようにプレーしているというか、ターボを利かせているというか……とにかく速くてうまい。しかも、ものすごく気持ち良さそうにプレーしているんです。それでいて、僕ら韮崎の選手よりも洗練されていた。率直に驚かされました」

五年生の昌は、初めての全国大会に出場する。東京都近郊の「よみうりランド」で夏休みに開催された「全国サッカー少年団大会」の舞台に立った。のちに「全日本少年サッカー大会」と名前を変え、多くのＪリーガーや日本代表を輩出するひのき舞台である。

彼が所属する春日サッカー少年団は、山梨県予選で敗れてしまった。ところが、代表権をつかんだ湯田《ゆだ》サッカー少年団から、戦力アップの補強選手として声がかかったのだ。

「ひとつの小学校ではなく選抜チームのような編成で出場するチームが他県にあって、たぶん僕のようなケースが認められていたのでしょう」

チームは上位まで勝ち上がり、羽中田は優秀選手に選ばれる。彼のスピードと技術は、全国レベルでも十分に通用した。

「僕は山梨から出ていった田舎者だから、どこのチームが強いとか、対戦する相手にどんな選手がいるのかとか、何も知らなかった。それが良かったのかもしれないけど、どれだけ大きな大会なのかもわからずにプレーして、知らないうちに活躍できちゃった」

それまで「甲府にすごい選手がいる」と言われていた羽中田は、全国大会を経て「山梨にすごい選手がいる」と騒がれるようになった。

周囲の景色が変わってきた。

月曜、水曜、金曜の練習に、同級生や下級生の女の子が見学に集まってきた。彼女たちの目当ては、六年生に交じって全国大会で活躍した昌だ。

嬉しさよりも恥ずかしさが先立った。声をかけられても、笑みを返すことなんてできない。聞こえないふりをした。チームメイトにからかわれると、「関係ねーよー」と突っぱねた。

身体がくすぐったいような居心地の悪さも、ボールを追いかけている間は吹き飛ぶ。全国大会を経験したことで、羽中田の向上心は具体像を帯びていくのだ。

兄の仁には、弟との忘れられない会話がある。

ある日の試合後、昌に言った。

「まーくん、今日も頑張ったね」

「お兄ちゃん、今日の僕は良くなかったよ」

「どうして？　点も決めたじゃない？」

「あのとき、僕は、ドリブルをして点を取った。でも、後から気づいたんだけど、左サイドの選手がフリーだったんだ。いまのレベルなら、自分でシュートを打ったほうが点が入るかもしれないけど、あの瞬間にちゃんと左サイドの選手が見えてなかった。それじゃあダメなんだ」

厳しい自己分析を吐き出すと、昌は「ちょっと行ってくるね」と玄関へ向かった。

やがて、ボン、ボン、という音が聞こえてきた。すぐそばのブロック塀めがけて、昌がボールを蹴っているのだ。塀を打つ音が途絶える。仁の口もとに、笑みがこぼれる。自分のイメージをどうやってボールに伝えたらいいのか、昌は考えているのだ。

「本当に研究熱心で、調子に乗るところがまったくなかった。僕が『まーくんはここがすごいよ』と褒《ほ》めると、『でも、そうじゃなくて、ここは僕よりアイツのほうがうまい』と、友だちの名前をあげる。『僕なんてまだまだだよ』というのが、口癖でしたから」

六年生になった昌は、自らの力でチームを全国大会へ導いた。県大会の予選では、韮崎高校でチームメイトとなる保坂のチームを2対1で破った。

ピッチの上で初めて羽中田と対峙《たいじ》した保坂が驚かされたのは、その足元だった。彼らがもっとも警戒した相手チームのエースは、スパイクではなくアップシューズを履いていたのだ。

「芝生のグラウンドで、ゴムソールのシューズを履いていたんです。足元が滑ってもおかしくないはずなのに、スイスイとプレーしている。僕らからすると、エエーッ！　って感じですよ」

ライバルを驚かせたエピソードを、羽中田はぼんやりと記憶する。「そうだったかなあ」と、視線を宙にさまよわせた。

「たぶん僕が履いていたのは布地のアップシューズで、スパイクよりも薄いからボールの感覚が足に伝わりやすい。だからそういうシューズを選んでいたんじゃないかな。だけど、誰かに『スパイクを履くのは、足をケガから守るためでもあるんだぞ』と言われて、そうかと思ったことは覚えている」

夏の全国サッカー少年団大会では、2年連続で大会優秀選手に選出された。身長は140センチにも届かないが、ピッチ上で放つ輝きは圧倒的なものがあった。

五年生で全国大会に出場してから、羽中田は日本サッカー協会が主催する合宿に参加していた。全国から優秀な選手が集められ、春休みや夏休みなどに集中的に指導を受けるのだ。

将来を期待させる逸材のなかでも、羽中田の才能は高く評価された。六年時のある合宿では、選手全員のまえで名前を呼ばれた。

「いま日本で一番うまい選手は羽中田だ」

甲府出身の小柄な少年の名前をあげたのは、堀田哲爾《ほったてつじ》である。小学校教師でありながら、静岡県清水市（現静岡市清水区）がサッカー王国と呼ばれるようになる礎《いしずえ》を作った堀田は、当時、選りすぐりの人材が集う「全清水サッカー少年団」の代表を務めていた。選手を見極める眼は鋭く、そして確かだ。羽中田の心は、喜びの色に染め上げられていった。

「サッカー界に疎《うと》かった僕でも、堀田さんのことはさすがに知っていた。清水の選抜チームで上手な選手をたくさん見てきた人に褒められたのは、ホントに嬉しかった」

春日小学校での人気も相変わらずで、ついにはファンクラブが結成された。学校内では下級生に騒がれ、近隣の小学校からも羽中田を目当てに女子生徒が集まってくる。名前も知らない女の子たちに見つめられ、耳が熱くなるような恥ずかしさを覚えた。

「勉強はずっと苦手で、宿題もあまりやらないから、担任の先生に怒られてばかり。そんな調子だから、同級生の女の子は僕のことをカッコイイと思わなかったはず。下級生とか違う学校の女の子に人気があったのは、普段の僕を知らなかったからじゃないかな」

教室では優等生でなかったかもしれないが、サッカーにはどこまでも純粋で真剣なのだ。

弟の気持ちを、兄が代弁する。

「勉強はホントにできなくて、先生には迷惑をかけてばかりだったかもしれません。でも、サッカーへの取り組みは僕から見ても立派でした。弟はサッカーがうまかったです。けれど、うまい子どもなんて、いくらでもいるでしょう？　まーくんが日本代表級の資質を持っていたとしたら、それはサッカーがとにかく好きだということです。本当に、本当にサッカーが好きだった。同世代の選手との合宿に参加するようになって、レベルの高い選手と一緒にプレーして、もっとうまい選手がいるんだ、自分に足りないものがあるんだと、気づいていったことも良かったんでしょうね」

予想外の熱視線も浴びた。他県の中学校から、越境入学の誘いが届くのだ。日本サッカー協会の期待を背負う甲府の少年は、全国の指導者に「何としてでも自分のチームに入れたい」と思わせる選手になっていたのである。

全国から選抜された〝トレセン〟の第1期生に

羽中田が地元の甲府市立西中学に入学した１９７７（昭和52）年、日本サッカー協会は小中学校年代の育成を体系化する施策に乗り出した。全国から将来有望な選手を集め、セントラルトレーニングセンターと称して、３年計画で選手を指導していくことになったのである。通称トレセンと呼ばれる制度だ。

第１期生は１９６４（昭和39）年生まれの選手が対象だった。羽中田の学年である。このメンバーに選ばれた羽中田は、全国区の強豪中学へ進学しなくても、定期的に同世代のトップクラスと練習をすることができたのだ。

「サッカーの強豪中学でやってないと選手として錆《さ》びついちゃう、といったような恐怖心とか心配はまったくなかったな。僕らの中学にも、それなりにうまい選手がいたし」

１９７０年代後半のスポーツは、心技体のなかで「技」の追求が置き去りにされがちだった。「心」と「体」を鍛えるという大義名分のもとで、非科学的なトレーニングが横行していた。サッカーでも野球でも、熱気の籠《こも》る室内競技でも、練習中の水分摂取が許されない。炎天下でも延々と声を出し続け、試合に負けたら罰走を課せられる。過酷な練習に嫌気がさして、好きだった競技から心が離れていく少年は決して少なくなかったはずである。

その意味でも、羽中田は幸運だった。

「顧問の先生はGKをやっていた人で、サッカーにすごく詳しいわけではなかった。無責任とかではなくて、僕らに任せてくれていたんだ。みんなで意見を出し合いながら練習内容を決めていたので、毎日の練習がすごく楽しかったんだよね。同じ練習をするにしても、自分たちで考えてやったほうが絶対に楽しいでしょう。やらされているものではないわけだから」

自主性が重んじられる練習に、強制や罰はない。練習や試合で、顧問から声を荒らげられたこともなかった。サッカーがとことん好きで、昨日より少しでもうまくなりたいから、今日もグラウンドに通い続ける。練習を憂鬱《ゆううつ》に感じたことは、一度もなかった。

羽中田の記憶のなかでは、中一から中二にかけての自分がまばゆい。

中学はもちろんトレセンでも、中心選手として認められた。トレセンの後半では、紅白戦で羽中田のいるチームがかなりの確率で勝った。羽中田がいないチームは負けてしまう、という雰囲気さえあった。

「高いレベルのなかで生まれる自分のプレー、周りの選手が見せるプレーに触れるのが、とにかく楽しかった。『えっ、そんなトラップがあるの?』と気づかされたり。そのなかで注目されたり、褒めてもらったりすることが、すごく嬉しかったんだ」

羽中田とともにトレセンの第1期生に選ばれたメンバーには、のちに高校選手権や日本サッカーリーグへ羽ばたく選手が数多く含まれていた。そうした好素材のなかでも、羽中田は埋もれることがなかった。

日本サッカーの聖地だった東京・千駄ケ谷の国立競技場に、初めて足を踏み入れたのもトレセンの一員としてだった。日本代表の前座試合で、同世代の海外チームとの対戦が組まれたのだ。発表されたスタメンには、もちろん羽中田の名前があった。ポジションはCFである。左胸に日の丸が、背中に「9」が付いたユニフォームに袖を通し、ピッチに立つことになっていた。「よし」と声を張り上げるたびに、全身に気合が漲《みなぎ》った。

ところが、彼とチームメイトはロッカールームで足止めをくってしまう。

「その日は激しい雨が降っていて、前座試合をすると芝生が傷《いた》むからという理由で、試合が中止になっちゃったんだ」

憧れのピッチはすぐ目の前にあるのに、足を踏み入れることができない。ひんやりとしたロッカールームに、選手たちのやりきれない思いが沈殿する。半分は納得し、半分は未練が残る表情が並ぶ。

羽中田もそのひとりだった。心はしばらくざわついたものの、やがて凪《なぎ》が訪れる。

〈初めての国立でプレーできなくて残念だけど、いつかまた日の丸を付けるぞ。今日は日本代表としての僕の第一歩で、これから二歩目、三歩目と踏み出していけばいいんだ〉

ユニフォームを持ち帰っていいとスタッフが告げると、背番号2を渡された選手が「違う番号がいい」と唇を尖《とが》らせた。羽中田はすぐに、「じゃあ、僕と交換しようよ」と9番のユニフォームを差し出した。

「またいつでも着られる、と思ったんだ」

全国から選《よ》りすぐりの才能が集うトレセンで中核を担っても、彼は独裁者然とふるまうことはなかった。チームを引っ張っていくんだという自覚と共に、チームメイトへのリスペクトがあったからだ。

「自分のプレーが遠いところで生かされている気がしていた。ここで一回自分がボールに触って時間を作ることで、次の次のプレーがこうなっていく、みたいなイメージがあった。ちょっと現実的ではないんだけど、自分がこの試合を作ってるんだという感覚を得られていた。そのうえで、みんなが生きて自分も生きるようなサッカーができると、本当に楽しいんだよね。周りが一番見えていた時期だったし、11対11の22人のゲームをコントロールしている喜びがあった。だから、楽しくてしかたがなかった。サッカーがすごく楽しかった」

トレセンを通じて様々な経験を積んでいく一方で、甲府市立西中のサッカー部では成果をあげられなかった。全国大会には、一度も出場できなかった。

三年時の全国中学校サッカー大会の県予選決勝では、保坂のいる韮崎東中学と激突した。「山梨の羽中田」から「トレセンの羽中田」となっていた相手のキーマンを、韮崎東中は徹底的にマークした。

「便所マークです」と、保坂は自嘲気味に話す。トイレにまでついていくかのように、DFたちが羽中田にまとわりついた。ドリブルで抜かれそうになれば、迷わず足を蹴った。パスを出される直前に、身体ごと押し倒した。サッカー用語で「相手を削る」と言われるプレーだ。

1970年代の部活動で、主審が警告や退場を宣告することはほとんどない。なかば無法地帯と化したピッチで、西中のエースは数えきれないほどの反則を受けた。

DFにファウルで止められるのは、それ以前にも経験している。相手側から厳しいマークを受けるのは、羽中田にとってありふれた日常だった。スネを保護するシンガード（すね当て）をふくらはぎにも付けるようになったのも、相手チームから倒された経験の蓄積によるものだ。

この日は違った。自分に絡《から》みつく視線に、羽中田は凶暴さのようなものを感じていた。

エースが蹴り倒されているうちに、西中は失点を重ねていく。冷静さを保とうとしていた羽中田だったが、ついに怒りが爆発した。

「こんなのサッカーじゃねえよっ！」

相手のファウルで倒された羽中田は、蹴られた痛みも忘れて怒鳴り声をあげた。勝つためには何をしてもいいのか。こんなことをしてまで試合に勝って、心の底から喜べるのか。大好きなサッカーを冒瀆《ぼうとく》されているような気がしたのだ。

相手チームの監督にも詰め寄った。

「こんなことでいいんですか！」

試合中に相手の監督に食ってかかったのは、これが初めてだった。

試合は0対5で終わった。

全国大会への切符をつかんだ保坂は、苦い思いだった。羽中田に何かを伝えたいが、この場にふさわしい言葉が見つからない。言葉が見つかったとしても、場違いな慰めになってしまう。顔を合わせれば声を掛け合う仲になっていた友人は、それまで一度も見たことのない怒りと悲しみに満ちた顔をしていた。

ライバルに誘われて地元の名門韮崎高校へ

中学校三年の部活が終われば、サッカー部員たちの関心は進路へ移る。初秋の風が木立を揺らす時期になると、羽中田は友人と進学先について話すようになっていた。

高校はどこへ行く？　将来は何になる？　理想と現実を秤《はかり》にかけて、15歳の少年たちは未来の自分を思い描く。

小学校からの親友の一木が羽中田に聞いた。

「高校はどこへ行く?」

「学区内か、学区外の日川《ひかわ》かな」

「韮崎は?」

「サッカーが強いのは、韮崎だけどなあ……」

甲府市立西中の学区外になる県立韮崎高校は、サッカーの強豪として名が通っている。全国大会出場を目指すなら、入学願書の提出先としてふさわしい。

行き先を失いそうな会話を、羽中田が引き戻した。

「やっぱりオレは、日川かなあ。みんなで頑張って韮崎を破るのも、面白いんじゃない?」

一木がまた聞いた。

「ところで、将来は何になりたいの?」

ほとんど間《ま》を置かずに、羽中田は答えた。

「サッカー選手になりたい。それで、家族に楽をさせてあげたいんだ」

前述のとおり羽中田の実家は家具屋を営んでおり、山梨県内の長者番付に入るほどの賑《にぎ》わいを見せていた。ところが、3人きょうだいの末っ子がサッカーを始めたのとほぼ時を同じくして、経営が悪化してしまうのである。ガレージに黒塗りの車が停まっていた自宅を離れ、羽中田は姉とふたりで親戚の家へ身を寄せた。離散した家族がひとつ屋根の下へ戻っても、両親は経営再建に奔走して家事に手がまわらない。小学生の羽中田の朝食を用意するのは7つ年上の兄・仁で、彼は家計を助けるために中学時代からアルバイトに汗を流してきた。

〈僕たち家族は、これからどうなっちゃうんだろう……〉

胸が押し潰されそうな不安を癒《い》やしてくれたのが、サッカーだった。このシンプルで奥深いスポーツに羽中田が没頭したのは、日常生活の不安から解放されたかったからでもあった。

ある日、自宅をたずねてきた親戚に、「あなたの声を久しぶりに聞いたわ」と驚かれたことがある。それほど自宅で話をする機会が減っていたんだなと、はじめて気づかされた。

周囲の心をほぐしてきた「まーくん」は、知らず知らずのうちに笑顔を隠していた。親友の一木に語った夢は、〈好きなサッカーをもっともっと頑張って、家族みんなに楽をさせてあげたい〉という決意にも似た思いの表れだったのである。

サッカー選手になる夢から逆算して考えると、「高校はどこでもいいだろう」というのが羽中田の結論だった。中学進学時と同じように、県外の有名高校からも誘いを受けていた。それでも、サッカーをするために甲府を離れる必然性が、彼には見当たらなかったのである。

「冬の高校選手権にもそれほど興味はなかったし、上下関係が厳しい強豪校とかに行って、自分が持っているサッカーのイメージを壊されたくないな、という気持ちもあったかもしれない。地元の高校でも、全然問題ない。勝負するタイミングは高校じゃないから、って」

高校進学の先に見据える夢の舞台は、日本サッカーリーグではなかった。小学校四年生で抱いた「クライフみたいになりたい」という思いを、羽中田はまっすぐに育んでいたのである。

「1974年のワールドカップでクライフから受けた衝撃は、ずっと色褪《いろあ》せなかった」

家庭用のビデオデッキはすでに発売されていたが、広く普及するのはもう少し先である。ワールドカップ西ドイツ大会を繰り返し観ることは叶《かな》わなかったが、羽中田のクライフ像は鮮明さを保っていた。オレンジ色のユニフォームが、黒いプーマのスパイクが、瞼《まぶた》の裏側に焼き付いていた。

「クライフのようになりたい、ヨーロッパに行きたい、海外でプレーしたいと、ずっと思っていた。いま自分が過ごしている目の前の世界よりも、もっと先に楽しい世界があるんじゃないかって、いつも考えていた。空想というか、夢想というか、妄想というかね」

想像の翼が自由に羽ばたくのは、サッカーをプレーしていても変わらなかった。

戯《たわむ》れに近いものだとしても、ブレーキをかける必要はない。想像の中では何度でもやり直せるし、世界の強豪チームの中でプレーすることだってできる。そうやって彼は、独自のサッカー観を作り上げていった。

羽中田が日川高校へ進路を絞り込みつつあった同時期に、正反対の決断へ突き進もうとするライバルがいた。

韮崎東中の保坂孝である。

羽中田の甲府市立西中を下して全国大会へ出場した彼とチームメイトは、ベスト8まで勝ち残った。静岡県の藤枝中学との準々決勝も、2対3の接戦だった。優秀選手に選ばれた中学最後の大会は、保坂にとってどのような叱咤《しった》にもまさる意味を持っていた。

「一年のときも全国大会に出て、2回戦で負けた。それが三年では、優勝した藤枝中といい勝負ができた。個人的にも県外の高校でもできるなという気持ちになったので、帝京に行こうと思ったんです」

1974（昭和49）年の高校選手権で初優勝を飾った帝京は、東京の私立高校である。関東近県はもちろん九州などからも選手を集め、静岡と埼玉が牽引する高校サッカー界の新勢力として台頭していた。羽中田が参加していたトレセンのメンバーにも、帝京へ進学する選手がいた。

保坂は帝京の入学願書を取り寄せ、受験の準備を進めていた。ところが、韮崎高校に在学する姉から、思いがけないひと言を聞かされる。

「横森先生が、ちゃんと勉強しているかって言ってるわよ」

韮崎は学区内では偏差値が高い。平均以上の学力が求められる。サッカー部顧問の横森巧のひと言が何を意味するのか、保坂にはすぐに理解できた。一緒にサッカーをやろうというメッセージである。自宅への訪問も受けた。

この時点で、保坂の進路は決定した。入学願書の提出先は、自宅から自転車で通える韮崎高校になった。それだけではない。横森から、「羽中田を誘ってくれないか」と頼まれたのである。

他人の進路に口を挟むことが、保坂にははばかられた。山梨県内のサッカー関係者なら名前を知らない者のいない羽中田は、「県外のどこの学校でも通用する選手」と噂されていた。

試合会場で会えば挨拶をするが、会話が弾んだことは少なかった。羽中田は人見知りをするタイプなのか、ちょっと話しかけにくいところがあったのだ。韮崎より甲府のほうが都会で、自分たちより洗練されたサッカーをしていて、その中心が羽中田だったから、保坂が身構えていたのかもしれない。羽中田をライバル視していたことも、困惑の一因だっただろう。

受話器を握ることがためらわれる一方で、保坂は高揚感を覚えていた。

彼が3年間在籍した韮崎東中学サッカー部は、中二、中三と関東大会で準優勝していた。同級生の中心メンバーは韮崎高校へ進学し、サッカーを続けると話している。

〈僕たちのメンバーに、もし羽中田が加わったら。帝京に行かなくても、日本一になれるかもしれない〉

保坂はありったけの勇気を振り絞り、黒い固定電話のダイヤルをまわした。「来ないと言われたらしようがないんだから」と、自分に言い聞かせながらつながるのを待った。

自分はどんなふうに切り出したのか。羽中田がどのように答えてくれたのか。保坂ははっきりと覚えていない。受話器を握りしめる手がひどく汗ばんでいて、それが羽中田の発する熱のせいのように感じられた。

はっきり「韮崎へ行く」という返事は聞けなかったが、一緒に韮崎高校でサッカーをしたいという自分の思いが、羽中田の心にしっかりと沁《し》みわたった実感はあった。自然と頬が緩《ゆる》んだ。

「孝がわざわざ電話をくれたから、よしっ、行こうと思ったんだ。周りも行け、行け、と言うし。おばあちゃんが横森先生に説得されて、おばあちゃんからも行きなさいと言われてね」

志望校は決まったものの、避けて通れない問題があった。学力である。学区外から韮崎高校へ入学するには、学区外からの志望者向けの狭い特別枠に割って入らなければならない。

机に向かう時間を削り、サッカーに打ち込んできた生活を、羽中田は１８０度切り替えた。苦手な英語は塾に通った。

兄の叱咤激励も弟を奮い立たせた。仁が笑いながら述懐する。

「定期試験で頑張らないと入れないよと脅したら、それまで３７０〜３８０人中で３００番台だった試験結果が、１００番台まで上がりました。自分で韮崎高校へ行くと決めたから、頑張ることができたんでしょう。ここぞというときの集中力は、当時からありましたね」

韮崎高校への進学が決まり、甲府市立西中に登校する最後の日が訪れた。体育館での卒業式を終え、教室へ戻ってきた三年生たちに卒業アルバムが配られる。

インクの匂いが残るアルバムを拡げながら、羽中田はタイムカプセルに思いを巡らせていた。「数年後の自分」というテーマでクラス全員が文章をまとめ、カプセルに入れて校庭の隅に埋めたのだ。

テレビのサッカー中継に見立てて、羽中田は数年後の自分を書き上げた。

実況のアナウンサーが声を上げる。

「羽中田がボールを持ちました。ドリブルを仕掛けます。残り時間はあと数分、スコアは０対０。果たして日本代表は、オランダに勝つことができるでしょうか？　おっ、羽中田が抜いた。中央から突破していく」

解説者がかぶせ気味に話す。

「チャンスですよ。羽中田のドリブルには、オランダの守備陣も手を焼いていますからね」

「羽中田がまたひとり抜いた。速い、速い。中央を突破していく」

解説者が身を乗り出す。

「撃てるっ！　撃てっ！」

アナウンサーが叫ぶ。

「羽中田の放ったシュートは緩やかな放物線を描きぃぃ――」

夢の世界を現実へ変えていく日々が、いよいよ始まろうとしていた。

第2章

1980－1983年

3年連続の国立競技場、3度の不運

全国一の座に何度も手をかけながら、
目前で跳ね返され続けた

15歳で20歳以下の日本ユース代表候補合宿に参加

ハア、ハア、という荒い息が、どんどん遠くなる。二十数人が一緒にランニングをしているのに、羽中田の周りだけは静かなのだ。

羽中田の息遣いは、ハア、ハア、ハアだ。ひと呼吸多い。そのぶんだけ、走るペースが遅れていってしまう。心臓の激しい鼓動を感じながら、彼は懸命に走り続けている。

山梨県立韮崎高校への進学をまえに、羽中田は日本ユース代表候補の合宿に参加していた。20歳以下の世界選手権出場を目ざす17歳と18歳のなかに、高校進学を控えた15歳が加えられたのである。

日本サッカー協会は、1977（昭和52）年にスタートし羽中田が第1期生として参加した英才教育システム、セントラルトレーニングセンターを発展させ、1980（昭和55）年1月から、より長期的な展望に立った選手の育成に乗り出していた。中学生年代から学校の垣根を越えて全国から選手を集め、定期的に合宿を行って個々の選手の成長を促すものである。

ナショナルトレーニングセンター（以下トレセン）と名付けられたこの強化プログラムには、優秀な選手の研修制度が含まれていた。トレセンのなかでもとくに優秀な人材を、研修生としてひとつ上の年代の合宿に参加させるのだ。中学三年の羽中田も、研修生として日本ユース代表候補の合宿に加えられていた。同学年ではたったふたりの大抜擢である。

トレセンの指導スタッフには、１９６８（昭和43）年のメキシコ五輪銅メダルのメンバーが名を連ねる。国内最高のエキスパートが結集するスタッフの間で、羽中田は高い評価を得ていた。

彼のプレーを見た指導者は納得したように頷《うなず》き、口もとに笑みを浮かべた。サッカーがそれほど盛んではない甲府で生まれ育ち、オランダのヨハン・クライフに憧れてボールを蹴ってきた少年は、「将来の日本代表候補」と呼ばれるまでになっていた。

もっとも、中学三年といえばまだ成長期の真っただ中である。高校生の中に入れば、基礎体力も、身体の大きさも敵《かな》わない。

それだけに、走り込みでは後方に置いていかれた。荒い呼吸は自分と同じでも、先輩たちには余裕があると、羽中田には感じられた。

「打倒韓国」が合い言葉だった１９８０年代初頭の指導現場では、スタミナをつけることが重要な課題と位置づけられていた。足が動かなくなった後半に勝負を決められてしまうのが、韓国戦の負けパターンだったからである。

「ランニングでは体力の違いを、ボールを使った練習では身体の強さの違いを、先輩たちに見せつけられていた。ちょうど身長が伸びてきたことも、影響していたかもしれない」

小学校の朝礼では前から数えたほうが早かった身長は、クラスの真ん中あたりになっていた。

身長が伸びたのは嬉しかったが、羽中田は思わぬ悩みを抱えることになった。

思うようにステップを踏めない。

ボールタッチがうまくできない。

サッカーのプレー中に、違和感を覚えるようになった。急ぎ足で成長していく自分の身体を、操りきれていなかったのだ。中学三年の夏休みを最後に部活動が終わりを告げ、高校受験でさらに運動から離れていたことで、身体のキレが鈍っていたこともあった。

気持ちの強張《こわば》りもあっただろう。

高校サッカーにさほど興味のなかった羽中田でも、日本ユース代表候補に選ばれるほどの選手は知っている。緊張と憧れが入り混じり、彼の身体を硬くしていたのだった。

「中学生で参加したのは僕ともうひとりだけで、先輩方はすごく気を遣ってくれた。空き時間に話しかけてくれたりして」

弟のような年齢の羽中田を、何かと気にかけたひとりに勝矢寿延《かつやとしのぶ》がいた。長崎県の強豪・島原商で頭角を現した彼は、のちに屈強なDFとして日本代表にまで上りつめることとなる。

「パスを受けて前を向こうとした瞬間に、ボールを取られちゃうことが多かった。そういうプレーが続いたので、勝矢さんが『もっと周りを使ってみたら』とアドバイスをしてくれたんだ」

朝食前の走り込みから始まる一日は、午前、午後の2部練習へと続く。最年少の羽中田は、練習の準備や後片付けもしなければならない。午後の練習を終えると全身に疲労がのしかかり、夕食を口にする元気が残っていない。足だけでなく、腕も重いのだ。箸を口に運ぶことさえも苦痛だった。

ささやかな息抜きは、夕食後の散歩だった。勝矢や都並敏史《つなみさとし》らが、羽中田を宿舎から連れ出してくれた。18歳の都並は、読売サッカークラブの下部組織育ちだ。日本サッカーリーグの新興勢力で頭角を現してきた左ＳＢは、日本ユース代表でも存在感を高めていた。

「合宿が終わるまで、緊張感は抜けなかった。それでも、勝矢さんや都並さんが一緒にいてくれたおかげで、少しずつ雰囲気に慣れることはできた」

次はどんな練習をするのか迷わなくなり、どうにか自分なりのペースがつかめるようになると、合宿は終了した。ピッチ上で手応えと呼べるものはつかめなかったが、最後まで脱落しなかっただけでも中学三年には大きな収穫である。

甲府の実家へ戻った羽中田は、韮崎高校サッカー部の横森巧監督から連絡を受ける。練習に参加するように、との要請だった。

羽中田の合流を心待ちにしていたのは、横森監督だけではなかった。レギュラーのＧＫである新三年生の横川泉《よこかわいずみ》（のちに日本サッカーリーグのフジタ工業、Ｊリーグの横浜マリノスでプレー。日本代表候補）も、期待の新一年生を待ち望んでいた。

「甲府からすごい選手が来るというのは、噂になっていました。トレセンに選ばれているというのも、聞いていましたからね」

韮崎が準優勝した1月の高校選手権で、横川は大会優秀選手に選ばれている。同世代のトップクラスのFWと、様々な大会で対峙してきた。

「トレセンに選ばれているといっても、なかにはそれほどでもない選手もいたものです。でも、ハチュウは大した選手だというのが、すぐにわかりました。僕が三年時の一年生では、彼と保坂孝は別格でしたね」

韮崎のサッカーは、ロングボールを前線へ蹴り込み、敵陣に一気になだれこんでいくようなものだった。1980年代までの部活動では中学、高校を問わずに多く見られたスタイルである。

専門的に言えば「キック&ラッシュ」という戦術になるのだが、横川ら韮崎サッカー部の選手たちは、それを野暮ったく田舎臭いサッカーだと感じていた。東京や埼玉の有名高校のサッカー部員は、ユニフォームの着こなしから履いているスパイクまでが都会的で洗練されていた。自分たちのサッカーとは、明らかに毛色が違っていた。

チームに合流してきた羽中田と保坂のプレーに、横川は都会的な雰囲気を察知した。首都圏の強豪校と同じようなサッカーができるのではとの期待が、彼の胸のなかで広がっていた。

「僕が二年生までの韮崎は、ドカンと前へ蹴っていくようなサッカーしかやっていなかった。けれど、僕のひとつ下の学年にはしっかりボールを止めて、蹴ることのできる選手がいた。そこにハチュウやタカシたち一年生が加わってくる。帝京とか浦和南みたいに、パスをつなぐサッカーができる選手が揃ってきた、と思いましたよ」

羽中田らは時機にも恵まれていた。新一、二年生に有望株が多い一方で、横川らの新三年生は部員が少なかった。一、二年生を中心としたチーム作りが、進められていくのである。

韮崎高校入学をまえに、羽中田は髪の毛を切っていた。

自宅近くの理髪店で「丸坊主にする」と小声で言うと、顔馴染みの店主は「どうしたの？」と鏡に映る羽中田に聞き返した。「一年生は坊主」というのが韮崎高校サッカー部のルールなのだと羽中田が説明すると、店主は気の毒そうな表情を浮かべてバリカンの電源を入れた。

鏡に映った丸坊主の自分を見ると、恥ずかしくてたまらなかったが、それでも、気持ちは前のめりだ。高校入学をスイッチとした真新しい意欲が、15歳の小さな胸を大きく膨らませていた。

「保坂孝というライバルがいたし、孝以外の同級生にも負けたくない。身体が小さかったというのもあるから、よけいにムキになって練習に入っていった」

日本サッカーが、ワールドカップどころかオリンピックにさえメキシコ五輪以来12年も出場できずにいた１９８０（昭和55）年に、高校サッカーの勢力図を塗り替える新たなタイプのチームが、山梨県から立ち上がろうとしていた。

羽中田は入部当初からレギュラーに抜擢された。冬の高校選手権で初優勝を目ざす山梨県屈指の強豪で、同級生の保坂とともに攻撃の中核を担うことになった。羽中田は右ウイングで、保坂はCFだ。

ゴールデンウィークには高校を離れ、日本ユース代表候補の合宿に参加した。3月に続いて研修生に指名されていたのだ。

合宿中には紅白戦も行われ、映像を使ったミーティングもある。ところが、羽中田の記憶からはそうした時間が抜け落ちている。クロスカントリーのようなアップダウンの続く道を、グラウンドや陸上トラックを、ひたすら走り続けた記憶が強烈に刻まれている。

「松本育夫《いくお》さんが指導してくれたんだけど、本当にきつかった。地獄だった」

メキシコ五輪銅メダリストの松本育夫が指導の先頭に立つ合宿は、徹底した走り込みで知られていた。練習についていくことができず、千葉県の合宿所から脱走する選手もいたほどだった。ユースと呼ばれる10代後半の選手を長く指導してきた松本は、フィジカルの強化を最重要課題にあげていた。アジアの舞台で戦い続けてきた経験から導かれた指導方針だった。

「日本のライバルと言えば、当時は韓国です。日本の選手はテクニックはあるんですが、韓国の活動量とパワーに対して、それだけではちょっとしんどいかなという判断でした」

走るだけではない。食事も練習の一部だった。

「日本という国がどんどん豊かになり、食べるモノが選択できるようになっていた。その結果として、好き嫌いをする子どもが増えているように、私は感じました。当時の強豪高校には、朝からどんぶり飯を2杯食べないと練習に参加できないところもあった。やっぱりね、食が細いと逞《たくま》しくなりません。羽中田は好き嫌いをしていたわけではないようだったけど、あまり食事が進むほうではなかったですね。でも、何とか食べてほしくて」

大広間にスタッフと選手が集まっての食事で、松本は羽中田を隣に座らせた。「たくさん食べないと、練習についていけないぞ」とはっぱをかけると、頬を膨らませて無言で頷く。味わうのではなく押し込む食事は、苦痛でしかない。

「練習で疲れきっているから、食べものがのどを通らない。でも、松本さんに『ちゃんと食べないと、次から合宿に呼ばないぞ』なんて言われたりもしたから、とにかく無理やりにでも片付けるという感じだった」

日本ユース代表候補の合宿から韮崎高に戻っても、倦怠《けんたい》感を感じる日々が続いた。ダッシュを一本するだけで息が上がり、中長距離を走ると意識がぼんやりとする。喉の渇きをいやしても、身体に精気が行き渡らない。練習を終えた羽中田の身体には疲労がのしかかっていた。

「練習がキツくても無理をしてついていったし、チームメイトに練習量で負けたくなかった。中学三年くらいから身長が伸びて、イメージとプレーにギャップが生じていたのも、ムキになって練習していた理由かもしれない」

災いの気配が、羽中田を締めつける。身体の悲鳴を、抑えきれなくなった。

病院で診察を受けると、貧血と診断された。細身の運動部員に忍び寄る病気のひとつだ。身体の成長速度が激しい練習に追いつけず、疲労を蓄積させていったことが原因だった。

何よりの治療法は安静である。個人差はあるものの、1ヵ月は休んだほうがいい。

しかし羽中田は、練習を続けた。毎食後に薬を飲み、鉄分の豊富な食事を心がけた。

8月上旬に愛媛県で行われたインターハイでは、二年生にスタメンを譲った。1、2回戦は後半途中から出場し、準々決勝では先発した。対戦相手は優勝候補の清水東である。澤入重雄《さわいりしげお》や反町康治《そりまちやすはる》、望月達也《もちづきたつや》ら、テクニックに優れた好素材を揃えていた。たとえ体調が万全でなくとも、優勝候補との大一番には羽中田が必要だったのだ。韮崎は2対4で敗れたが、羽中田がいなければもっと大差がついていたかもしれない。

羽中田より1学年上の小林慎二《しんじ》が言う。

「ひと言で表せば、才能とセンスを感じました。身体はそれほど大きくなかったですし、華奢《きゃしゃ》でもありましたけれど、スピードに関しては十分なものを持っていましたね」

二年時の身長が162センチだった小林も、センス溢れるMFとしてポジションをつかんでいた。彼の攻撃能力をビルドアップに生かしたいと考えた横森巧監督は、小林をリベロに指名した。ディフェンスラインの中央で守備をまとめつつ、攻撃につながるパスを供給する役割だ。

「サッカーに対する考え方や、ピッチの上で見えているものについて、僕は周りの選手とは多少違う部分があると感じていました。羽中田とは、そこで共有できるものがあった。ですから、後輩ながらとても頼もしかったですね。ましてや彼には、抜群のスピードがありましたから」

中学生までの羽中田は、背番号9と背番号10、両方の仕事をこなしていた。チームの得点源となり、攻撃を操る司令塔でもあった。憧れのヨハン・クライフのような存在である。

韮崎サッカー部で彼に与えられたのは、背番号11の仕事だった。右サイドから相手守備陣を切り崩すウイングである。しなやかにして高速のドリブルが、韮崎の攻撃を多彩にしていた。

小林が抱くイメージもドリブラーだ。

「自分の間合いを持っていて、柔らかさよりもキレで勝負する。とくに切り返しからギアを上げてスピードアップするプレーは、他の選手とは数段違いました。そのうえでスピードがありますから、僕のパスが多少ズレてもスピードでカバーしてくれる。僕は身体が小さいので技術で勝負するタイプで、左右両足を使って、色々な種類のパスを駆使するように心がけていました。それに対しても羽中田が合わせてくれる部分があったので、やりやすかったですね」

甲府盆地を囲む山々が色づく頃には、貧血に襲われることがなくなり、身体の成長とプレーのイメージのギャップが縮まっていった。才能を解放できる環境が、整いつつあった。


夏のインターハイでベスト8まで進出した韮崎は、冬の高校選手権でも山梨県予選を勝ち抜く。準決勝で日大明誠に4対0、決勝では東海大甲府を5対0で退け、6年連続の出場を決めたのだ。

「高校サッカーは4月から一、二、三年生が揃って動き出すので、夏休みのインターハイではまだチームができ上がっていない。もちろんすべての試合に勝ちたいけれど、インターハイまでは選手権へのプロセスというとらえ方だったと思う」

　1976（昭和51）年度の第55回大会から、高校選手権は首都圏開催となった。それに伴って、日本テレビによる中継も充実する。女子中高生が冬休みに楽しむコンテンツのひとつともなり、サッカー専門誌が大会のガイド本を制作するようになった。出場校にアンケートを依頼し、各選手のポジション、身長、体重、血液型、出身中学といった基本データから、ニックネームや好きなタレント、趣味などが紹介されるようになっていった。

　1980（昭和55）年12月に発売されたサッカー専門誌『イレブン』にも、「出場32校の横顔」と題した別冊付録がついている。韮崎高校のページには、「ユース候補の羽中田―保坂コンビ中心の若駒チーム」との見出しがある。

　チームを紹介する記事には集合写真とプレー写真が添えられ、一年生FWのシュートシーンを切り取っている。

　羽中田だ。写真には「攻撃の主軸」とのキャプションが添えられ、本文でも羽中田が紹介されている。

「羽中田―保坂の一年生コンビは、相手にとって相当恐ろしい存在で、早くもユース候補に挙がっているほどだ。二人ともボールのキープ力、シュート力、戦況の読みと三拍子揃っている」

　日本サッカー協会が全国から優秀な人材を集めるトレセンに、羽中田は中学生から参加していた。同級生の保坂もトレセンにリストアップされ、彼らは日本ユース代表候補の合宿に参加するようになっていた。

痛み止めの注射を打ってプレーした初めての国立競技場

１９８１（昭和56）年1月2日、第59回全国高校サッカー選手権が開幕した。

前年に続いて国立競技場――準決勝と決勝戦のみ開催される――に立つことを目標とする韮崎で、羽中田は一年生ながら攻撃の主軸を担っていた。ところが、コンディションは万全ではなかった。

高校選手権への最終調整で、右足首を負傷してしまったのだ。

「練習試合の途中でグラウンドに足首が引っかかって、ポキッと音がした。僕は折れちゃったなと思って、すぐに病院でレントゲンを撮ったけど、何も写っていない。お医者さんは『大丈夫だよ』と言う。けれど、まったく痛みが引かない。それどころか、どんどん痛くなってね」

誰でもない自分の足である。無関心でいられるはずはない。骨折の経験はなかったが、皮膚を刺すような痛みは明らかな異変を羽中田に告げていた。

それでも彼は、ピッチに立つことをやめなかった。

「初めての選手権だし、試合に出たかったから。横森監督も、僕の意思を尊重してくれた。グルグル巻きにテーピングをして、痛み止めの注射を打って試合に出た」

1回戦は出場しなかった。2回戦は途中出場だった。温存されたのだ。

背番号9の一年生がチームを救うのは、準々決勝の広島県工戦である。2年連続8度目の出場となる強豪との一戦で、羽中田は初めてスタメンに名を連ねた。

40分ハーフのゲームが、残り6分に差し掛かったときだった。ゴール前の混戦から、羽中田が左足を振り抜いた。ゴールネットが揺れ、韮崎は2対1とリードを奪う。

一年生FWのプレーに、GKの横川は眼を奪われた。右足を引きずりながら得点をあげたからではない。羽中田の戦術眼が際立っていたからだった。

「得点を奪うまえから、ハチュウはドリブルで持ち込んでいったりと、オフサイドトラップに引っかからない工夫をしていたんです。そういう機転が利くんですよ」

2対1とリードを奪った韮崎だったが、残り時間3分で同点に追いつかれてしまう。国立競技場でプレーできるベスト4入りは、ペナルティキック戦（PK戦）に委ねられることとなった。埼玉県の大宮公園サッカー場は、劇的で残酷なドラマに巡り合えた高揚感で沸き立っている。

両チームはそれぞれのベンチ前で円陣を組み、やがてフィールドプレーヤーはセンターサークルへ、GKはゴールマウスへ向かった。

ひとりで歩き出した横川に、羽中田が近寄ってきた。うっすらと笑みを浮かべている。

「横川さん、お願いしますね」

ＰＫ戦直前の緊張感と向き合っていた横川は、「お前に言われなくても、そんなことはわかっているよ」と答えた。この試合に負けたら、彼の高校サッカーは終わりを告げる。相手のシュートを止める。絶対に勝つ。闘志を限界まで高めていた横川は、しかし、羽中田のひと言で余分な力が抜けていく気がした。

「ハチュウは人懐っこいところがあって、ニコニコしながら色々なことを考えているんですよ。苦しいときに苦しい顔をするタイプではなかった。で、勝負どころがわかるから、僕に声をかけてきたんでしょうね」

約11メートルの距離を隔ててキッカーと対峙した横川は、相手のシュートを2本止めた。4対3でＰＫ戦を制した韮崎は、2年連続で国立競技場の舞台に立つこととなった。

大会は1月7日に準決勝を迎えた。12時からの第1試合で清水東と岡崎城西（愛知）が、14時からの第2試合で古河一と韮崎が激突する。

韮崎サッカー部の17人は、文京区の旅館から電車で国立競技場へ移動した。2年ぶりだ、と羽中田は思った。

１９７９（昭和54）年に日本で開催されたワールドユース選手権の決勝戦を、羽中田は家族で観戦している。ヨハン・クライフに憧れてきた少年が、初めて生で触れる国際大会だった。

「20歳以下の選手たちが世界一を争うプレーに、ものすごく感動した。照明が眩しくて、国立って大きいなあ、ここでプレーしたらどんな気持ちになるんだろう、と思った」

第1試合で清水東が1対0で勝利し、韮崎の選手たちがウォーミングアップへ飛び出していく。羽中田は骨折している右足首の痛みも忘れ、国立の芝生を踏みしめた。身体の奥底から興奮が噴き出してくると思ったが、自分でも意外なほど気持ちがざわつかないのである。

「ワールドユースで受けた感動は身体のなかに残っていて、ピッチからスタンドを見上げたときに、『あれっ、国立って思ったほど大きくないんだな。トラックがあるからスタンドがもっと遠いのかと思っていたけど、そんなに広くないんだな』と感じたんだ」

拍子抜けしたような思いが胸に広がるなかで、羽中田は視線をスタンドからピッチへ戻した。チームメイトが真剣な表情でウォーミングアップをしている。

羽中田は気づいた。「夢の世界」だった国立は、いまこの瞬間から「戦いの舞台」へ変わったのだ。足元から闘志がせり上がり、指先まで行き渡っていく。

2年前の高校選手権で優勝を飾っている古河一は、得意のカウンターアタックで韮崎の守備陣を慌てさせた。前半8分には横川の守るゴールを破られ、いきなりビハインドを背負ってしまう。前半はそのまま0対1で終了した。

前半の羽中田は、右足をできる限り使わないようにした。時間の経過とともに麻酔の効き目が弱まり、右足首がズキズキと鼓動を打つように痛みを発してくる。だが、後半は最初から飛ばしていくつもりだった。

〈右足首が悪化しても、最後までやりきる。交代させられないように、もっと走るんだ〉

後半24分、韮崎は同点に追いついた。日本ユース代表のＧＫ永井則夫《のりお》の牙城を、ついに打ち破った。

残り時間は15分強だ。負けられない。勝ちたい。両チームの気持ちがぶつかり合う一戦は１対1のまま80分を終え、ＰＫ戦へ突入した。

羽中田はＰＫのキッカーに選ばれなかった。一年生だったということもあるし、右足がもはや限界に達していたことも理由だったただろう。

古河一は、ペナルティスポットに立った４人全員が決めた。韮崎は、２人しか決めることができなかった。５人目のキッカーの登場を待たずに、勝敗は決した。

初めての高校選手権で、ベスト４まで勝ち残ったのである。一年生部員が充足感に満たされても不思議ではない。

だが、羽中田は違った。

高校サッカーの頂点は、自分たちの手の届くところにある。これから何をしていけば、準決勝の壁を越えられるのだろう。決勝戦で勝ち切ることができるのだろう。ＰＫ戦での敗退が決まった瞬間から、羽中田は日本一への道筋をひとり思い描いていたのだ。

〈来年はもっとうまくなって、この場所に戻ってくるぞ。来年こそは、ケガのない身体で選手権を戦うぞ〉

羽中田の思考回路に、この日、「リベンジ」というスイッチが組み込まれた。

新チームの練習が始まったばかりだというのに、保坂孝は心のなかでため息をついている。韮崎高校へ入学してから、彼の心には貼り付いて離れない思いがあった。ボールを蹴ることが憂鬱なわけではない。自分のプレーに行き詰まりを感じているわけでもない。韮崎高校の新二年生となった彼は、日本ユース代表候補に名を連ねている。日本全国から19歳以下の逸材が集まるチームでも、FWとしての資質は注目を集めていた。

2人一組の基礎練習のパートナーが、彼にやるせなさを抱かせていた。

同級生の羽中田である。

「一緒に練習をすればするほど、ハチュウってホントにうまいなあ、という気持ちにさせられるんです」

羽中田は右ウイングが、保坂はCFが定位置だ。羽中田のチャンスメイクから、保坂がシュートへ持ち込むシーンは多い。グラウンドを離れても仲の良い二人は、お互いの思いを素直にぶつけられる間柄である。

しかし、羽中田には決して打ち明けられない思いを、保坂は胸に秘めていた。

「コンプレックスを抱いていたというか……。同じことをやっても、ハチュウには絶対にかなわない。たとえばドリブルにしても、彼はスピードがズバ抜けていたので、自分は違う特長で勝負しなきゃいけないといつも考えていた」

羽中田のドリブルは、方向を変える瞬間にキュッと音のするようなキレがある。スピードが速いので、急激な方向転換が際立つ。

日本ユース代表候補にリストアップされる保坂だ。ドリブルやパスなどの基本技術は、水準以上といっていい。それなのに、保坂は自分のドリブルに不満を感じるのだ。羽中田よりもスピードがない。キレ味でも劣る、と。

羽中田とチームメイトになってから、ドリブルでも、シュートでも、パスでも、保坂は自分にできていることとまだできていないことを、突き詰めて考えるようになった。保坂にとっての羽中田は、自らを客観視させてくれる存在だったのだ。

「だから僕は、ドリブルならＤＦのタイミングをいかに外すか、ということを考えていました。練習や試合でうまいプレーができても、調子に乗ることはなかった。というよりも、調子になんて乗れなかった。自分のすぐ近くに、ハチュウがいたから」

それに、と保坂は続ける。30年以上前の記憶が、頭のなかで立ち上がっている。

「ハチュウって努力家なんですよ。才能はもちろんあったけど、練習から一生懸命に取り組む。一つひとつの練習をここまで手を抜かないでやるんだなあと、ホントに感心させられました」

羽中田に刺激を受けていたのは、保坂だけではない。１学年下の有望株も、羽中田のプレーに言葉を失うような衝撃を受けていた。

新一年生の山本健二だった。

韮崎西中学在籍時に俊足FWとして山梨県選抜に名を連ねた彼は、高校進学とともに守備的なMFやSBにコンバートされる。新三年生で技巧派レフティーの大柴剛《つよし》、新二年生の羽中田と保坂が前線に並ぶ攻撃陣は、すでに超高校級と評されている。「中学校の部活にはサッカーのわかる顧問の先生がいなくて、サッカーの基本も理解していないような状態でした」という山本に、横森巧監督が違う才能を見出そうとしたのは当然だったかもしれない。

チーム全体の練習が終わると、山本は羽中田に声をかけられた。「1対1の練習に付き合ってくれないかな」と羽中田が言う。そのたびに、山本の胸中では戸惑いと興奮がひろがった。

「大柴さん、保坂さん、羽中田さんのトリオは有名でしたが、実際に羽中田さんのプレーを観たことはほとんどありませんでした。甲府から韮崎高に通っていることも、入学してから知りましたので……」

予備知識がなかったぶん、衝撃は大きかった。「すげえな、と思いました」と山本は回想する。

「ボールを扱う技術は、本当に優れていました。一例をあげれば、ドリブルですね。スピードに乗ったままの状態で、DFの取れないところにボールを置くんです。一年の僕に羽中田さんを止められるはずもなく、練習相手としたら物足りなかったのかもしれないですが、羽中田さんは自分を抜き去ったあとも、赤いマーカーを敵に見立ててドリブルを続けていました。つねに相手を想定してトレーニングをしないといけない、と言っていました」

山本自身も、スピードに対する密かな自信を育んできた。体力にも胸を張ってきた。170センチに満たない自分が中学時代に県選抜の一員となったのも、韮崎でサッカーを続けようと決意したのも、スピードと体力では負けないとの自負があったからである。

「羽中田さんって、体力面にも優れていたんですよ。短距離はもちろんですが、長距離も速いんです。他の選手なら、一度抜かれても追いつけると思えるんですが、唯一『ダメだ、追いつけない』と思わされたのが羽中田さんでした」

梅雨空が鬱陶《うっとう》しい練習後も、肌が焼けるような夏休み中も、彼らは居残り練習に打ち込んだ。羽中田の技術的なスキルに眼を奪われていた山本は、やがて、自分でも予想をしていなかったことに気づく。自分を居残り練習のパートナーに選ぶ先輩は、違う次元でサッカーを捉えているのでは、という思いに駆られていくのだ。

「羽中田さんは得意のドリブルだけでなく、しっかり状況を見て周りの選手を使うんです。僕がSBでプレーするときなら、『このタイミングで上がってきてくれよ。そうしたら使うから』と話してくれるので、羽中田さんが右サイドから中へドリブルをしたら、自分が右サイドのタッチライン際へ飛び出していくとか」

周囲を巧みに使う知性があると同時に、この先輩には旺盛な闘争心があった。ピッチ上では「負けず嫌い」と評されるものだ。

「羽中田さんはものすごく負けず嫌いですから、つまらないミスをすると怒られました。たぶんそれは、ボールを大事にするサッカーをしようという気持ちがあったからだと思うんです」

1980年代の高校サッカーに、「ボールを大切にする」という概念はほとんど浸透していなかった。パスをしっかりとつないで相手の守備陣を崩そうとするのは、本当に限られたチームが用いる戦術だった。

高校生年代ではズバ抜けたスピードと技術を持つ羽中田なら、彼ひとりで相手の守備網を切り裂くことが可能だ。自分がもっとも得意とする形で羽中田がパスを受け、ドリブルで仕掛けることはチームの利益にもなる。それだけに、「周りをうまく使う」ことにも目を向ける羽中田のサッカー観が、山本には新鮮だった。

「僕がSBでボールを持っているとしたら、羽中田さんは相手の嫌がるスペースを探して、そこでパスを受けようとする。自分で考える力、自分で判断する力が、すでにしっかりと身についていたんじゃないかと思うんです。勝つためにという前提で、中盤でパスをつなぐよりもFWへ早くボールを託すサッカーが主流だったなかで、羽中田さんはボールを大切にするサッカーを目ざしていたと思います」

当時としては異質の「ボールを大切にするサッカー」を、羽中田と同じように志向する選手が韮崎サッカー部にはいた。三年生の小林慎二はそのひとりである。

「いまの表現ならフィジカルなサッカー、当時はキック&ラッシュと呼ばれるサッカーで、僕が一年生のときに高校選手権の決勝まで勝ち進むことができた。でも、ひとつ下の学年にハチュウや保坂が入ってきて、身体はそれほど大きくないけれど、テクニックのある選手が増えたんです。練習中から選手同士で、『そこは蹴らなくていいんじゃない』とか『もっとパスをつなごうよ。そのほうが面白いよ』と、よく話していましたね。テクニックを駆使して、パスワークを使ったサッカーを自分たちで作り上げていきました。いま改めて考えると、横森監督のやりたいサッカーではなかったのかもしれませんね」

選手同士の意見交換は、学年を問わない。下級生の思いも吸い上げられていった。「僕ら三年のなかに、実力のある下級生を認める雰囲気がありましたね」と、小林は口もとを緩めた。

「コーナーキックやフリーキックを蹴るのは三年の僕らで、みんなで色々なアイディアを出し合う。僕が『こんなのがいいんじゃないか』と提案すると、ハチュウが『いや、それよりもこういうパターンのほうがいいんじゃないですか』と言うことがありました。チームが勝つために、色々なことを考えている選手でした」

チームメイトを思うように動かしたいといったエゴが、羽中田の意見には混じっていなかった。ただただ真っ直ぐな情熱に満ちていた。

「羽中田という人間は、とても優しい。誰からでも好かれるタイプで、自分から誰かとぶつかるようなことはしない。ただ、ことサッカーについては、しっかりとした芯を感じさせます。強い信念があるから、先輩にも率直に意見をするんでしょう」

１９７５（昭和50）年のインターハイ以来となる全国制覇を目ざす韮崎にとって、二年生の羽中田は絶対に欠かせない選手となっていた。

ところが、彼は心に棘《とげ》が刺さったような痛みを覚えていた。

初めての挫折。ユース代表欧州遠征メンバーから落選

１９８１（昭和56）年夏のインターハイで、韮崎は3位に食い込んだ。

１回戦で新潟工業を4対3、2回戦では高知を2対0で退けた。3回戦でも札幌光星に4対1で勝利し、準々決勝では大分工業に2対1で競り勝つ。

羽中田は全試合に先発し、三年生の大柴剛、同級生の保坂孝と強力な3トップを形成した。高知戦ではフリーキックから得点をあげた。三年生の小林慎二を起点に、保坂のアシストからゴールを奪ったのだ。練習で練り上げたセットプレーのパターンを、全国の舞台で得点へと結びつけたのだった。

準決勝の相手は前回大会の準々決勝で敗れた清水東である。全国有数の激戦区である静岡で、青いユニフォームが眩しい通称「キヨコウ」は、藤枝東、静岡学園、浜名などの強豪を押し退けて、１９７０年代から全国大会の切符をたびたび手にしていた。今回のインターハイは、前年覇者としての出場である。

高校生の大会としては珍しいナイトゲームで、準決勝は開催された。韮崎と清水東の対戦は、大会屈指の好カードとして関係者の注目を集めた。

しかし結果は、意外なワンサイドゲームとなる。

のちにJリーガーとなる澤入重雄、反町康治、大榎克己らを擁する清水東に、韮崎はシュート数2対19と圧倒された。両チームの間には、0対3というスコア以上の実力差が横たわっていた。

カクテル光線に照らされたピッチで、羽中田は苦い思いを嚙み締めていた。自分が持っているスキルを総動員しても、相手のディフェンスに致命傷を負わせることはできなかった。試合後の彼が記憶に留《とど》めたのは、1学年上のMF反町に、マタ抜きをされたことくらいである。「羽中田の個人技は清水東を苦しめた」というサッカー専門誌の評価も、彼の耳を虚しく素通りしていった。

羽中田にとって、この夏のインターハイは、悔しさを晴らす舞台となるはずだった。

大会2ヵ月前の1981（昭和56）年6月、日本ユース代表がヨーロッパへ遠征した。旧西ドイツで同年代のクラブチームと練習試合を行い、旧ユーゴスラビアのリエカで開催される国際大会に臨んだ。

社会人や大学生を中心とした18人のメンバーには、3人の高校二年生が含まれていた。そのうちのひとりは、韮崎の選手である。

だが、日の丸のユニフォームを着たのは、羽中田ではなく、保坂孝だった。自分より遅れて日本ユース代表候補となった同級生は、一歩先に「候補」の2文字を取りさった。それなのに、自分は……。

羽中田の評価が下がっていたわけではない。日本ユース代表を率いた松本育夫監督は、「ボールタッチとドリブルは素晴らしかったですよ」と話す。

「ドリブルの姿勢はやや猫背で前屈みなんだけど、スピードに乗ったなかでのボディバランスが非常にいい。シュートのうまさもありました。しかしですね……」

松本は言葉を切り、視線を上げて遠くを見つめた。Jリーグの川崎フロンターレやサガン鳥栖《とす》でも監督を務めた彼は、一瞬のためらいを呑《の》み込んで続けた。

「サッカー選手というのは、ドメスティックプレーヤーとインターナショナルプレーヤーという分類ができます。国内ではそれほど目立たないけれど、海外では強い選手がいます。逆に国内ではめざましい活躍を見せるけれど、海外のチーム相手には自分を出せない選手もいます。羽中田はいい選手でした。それは間違いない。ですが、日本ユース代表は外国人選手との戦いになりますす。その意味では少し、まだ、パワー不足かなという判断がありました。羽中田は大きな動きではなく、距離の短い動きのなかでボールを操作する選手だったので、たとえば韓国のパワーに対抗できるだろうか、という疑問もありました。しかしですね……」

先ほどと同じ接続詞を、松本は口にした。だが、今度はそこに前向きな響きが込められていた。

「サッカーに対する情熱、熱意は、誰にも負けないものがありました。これはもう、素晴らしかったですよ。勉強熱心でした。もうひと回り強さが身に付いたらチャンスはあるだろう、これからユース代表に呼ぶ機会はあるだろうと、我々スタッフは話していたものです」

18人のメンバーには選ばれなかったものの、羽中田の将来性が否定されたわけではない。まだ17歳の高校二年である。サッカー選手としてのキャンバスにはたっぷりと余白があり、これから様々な色で染めることができた。

そうはいっても、一人ひとりに詳細な選考基準を伝えることはできない。所属先の高校に届く派遣依頼の書類に、選手たちは一喜一憂するしかなかった。

下級生はもちろん同級生も、上級生も、羽中田を頼りにしている。韮崎に欠かせない選手のひとりだ。

だが、羽中田自身は胸が焼かれるほどの悔しさを嚙み締めていた。自分の思いを誰かに明かすことはなく、誰にも気づかれないように握り潰し、羽中田は練習に集中していく。「ヨハン・クライフのようになりたい。いつか海外でサッカーがしたい」という夢を実現するためにも、「今度こそ全国大会で優勝したい」という欲求や、「ユース代表に選ばれたい」という野心を、羽中田は重要な通過点ととらえるようになっていた。

高校選手権の出場をかけた山梨県予選で、羽中田はチーム最多の6ゴールを挙げた。エゴイスティックな選手に変貌したわけではない。それまでと同じようにチームの一員としての役割を果たしつつ、得点源としても機能した。

自らに付きまとう画一的な評価を、覆《くつがえ》したいとの野心もあった。

１９８０年代当時の日本サッカー界において、ドリブルは先天的才能の発露と見なされる傾向が強かった。「教えられるものではない」と言う指導者もいた。見栄えの良い表現をすれば「サッカーセンスの表れ」で、乱暴に言えば「感覚的なプレー」となるだろうか。

サッカー雑誌に掲載される羽中田の写真には、ほぼ例外なく「超高速ドリブラー」とのキャプションが添えられていた。ドリブルは自分の特長だ。嫌いではない。ただ、感覚に任せてサッカーをやっているように思われている気がして、羽中田は好きになれなかったのだ。

スピードとテクニック、それに得点能力を備えた右ウイングとして、羽中田は2度目の高校選手権に臨もうとしていた。山梨県予選を突破したあとも、ひたすらに自分を追い込んでいた。

１９８１（昭和56）年10月に始まった連続ドラマ『北の国から』が、高校のクラスで少しずつ話題になり始めた12月のことだった。羽中田は右足の付け根に痛みを感じた。病院へ急ぐ。レントゲン写真に、骨が剝《は》がれているような症状が写っていた。剝離《はくり》骨折だと、医者に告げられた。

「まだ身体が完全にできていないのに、ムキになって練習をやり過ぎたんだと思う。勉強でも何でもそこまでムキになってやることはないのに、サッカーだけは違うんだ……やり過ぎちゃうんだよね」

高校選手権では前年と同じように、痛み止めの注射を打ちながらプレーすることになった。チームとして優勝を目標に掲げ、羽中田自身も決意を秘めていた大会に、またしてもベストコンディションとは程遠い状態で臨むことになってしまった。

1982（昭和57）年1月2日、羽中田にとって2度目の高校選手権が始まった。前年3位の韮崎は、1月5日の2回戦から登場した。対戦相手は鹿児島商だ。

優勝候補にあげられる韮崎は、前半9分と12分に羽中田がゴールをあげ、23分にも追加点をあげる。三年生の大柴、二年生の羽中田、保坂のトリオは、前評判どおりの破壊力で相手守備陣を翻弄した。

ところが、3対0とリードしたことで、韮崎が持つもうひとつの面が顔をのぞかせる。ディフェンスへの不安だ。開き直った相手の攻撃を食い止めることができず、後半14分には1点差まで詰め寄られてしまうのだ。最終的には3対2で逃げ切ったが、攻撃陣と守備陣の落差が激しいとの評価を受けることになる。

2ゴールをあげた羽中田は、勝利の立て役者として試合後に取材を受けた。

「後半はちょっと動きが悪かったですが、2得点できたことは一応満足です。右足の付け根が痛かったので、自分の調子としてはあまり良くなかった。でも、今回は何としても優勝したいですし、去年の選手権はケガでフルに出られなかったので、初戦から活躍できたのは嬉しいです。鹿児島商のバックの詰めが早かったので、多少やりづらい部分はありました」

右足のケガに自分から触れているものの、骨折という単語は使っていない。これから対戦する相手に、弱みを見せるわけにはいかないからだ。ケガの痛みに耐えているのは自分だけじゃないという思いも、羽中田を支えている。言い訳をしたくないという責任感が、チームメイトとの連帯感を強固にしていたのである。

金沢西との3回戦は、さらなる苦戦を強いられた。公式記録に記された韮崎のシュート数は、実に37本である。ところが、西が丘サッカー場のスコアボードには得点が刻まれないのだ。

高校選手権では、同点の場合はPK戦に決着が委ねられる。攻めて、攻めて、攻めまくる韮崎の選手たちの表情には、次第に焦りの色が浮かんでいく。苦しむチームを救ったのは、三年生の小林だった。背番号7を付けたゲームメーカーが、76分に均衡を破ったのだった。1対0で金沢西を退けた韮崎は、何とかベスト8へ辿り着いた。

準々決勝の相手は、東京代表の帝京である。2年前の決勝戦では、0対4の完敗を喫している。試合会場の西が丘サッカー場は帝京からほど近い。東京都の大会などでたびたびこのスタジアムを使用する彼らにとっては、ホームグラウンドのようなものだ。もちろん、全校をあげての大声援もある。

アウェイのような立場の韮崎にも、プラス材料を見つけることができた。瞬間風速10メートルを超える気象条件である。試合前のロッカールームに、横森巧監督の指示が響いた。

「八ヶ岳おろしが吹きすさぶグラウンドで、我々は練習をしている。この風をうまく利用するんだ」

風下に立たされた前半は、０対０でしのいだ。１回戦から３回戦までの３試合で、合計24ゴールを量産してきた帝京の攻撃を封じた。

後半になると、韮崎の攻撃陣が牙を剝《む》く。後半24分、大柴のコーナーキックが風をとらえ、ＧＫの手をかすめて直接ゴールへ吸い込まれる。さらに32分、三年生の横森潔《きよし》が30メートルのロングシュートを突き刺した。「まさに神風が吹いた」と試合後の横森監督が話したように、韮崎は２年前の雪辱《せつじょく》を果たしたのだった。

３年連続のベスト４入りを果たし、韮崎は国立競技場に到達した。

大会の組み合わせが決まってから、選手たちは「準々決勝がヤマだ」と話していた。帝京は夏のインターハイには出場できていなかったが、選手権に照準を合わせてチーム力を上げていくのがパターンだ。油断などできるはずはなかった。それだけに、西が丘サッカー場からバスで宿舎へ戻った彼らは、大きな達成感と少しの脱力感を感じていた。

１９８０年代の日本サッカーは、テレビのコンテンツとしての魅力に乏しかった。国内最高峰の日本サッカーリーグでも、全国ネットで放映されるのは一シーズンに数回だった。国民的スターと呼べる選手が見当たらず、ワールドカップはおろか、五輪出場もかなわないサッカーよりも、バレーボールやラグビーのほうが視聴率を見込めたのだろう。

それだけに、日本テレビとその系列局がフォローする高校サッカー選手権は、サッカーファンはもちろん関係者にも貴重なコンテンツだった。

この年の大会を観戦するひとりに、都並敏史がいた。1961（昭和36）年8月生まれで、このとき20歳の彼は、前述のとおり羽中田とは日本ユース代表候補の合宿で面識があった。

韮崎のゲームに羽中田を見つけた都並は、「あ、あの選手か」とすぐに気付いた。特徴的な名前を記憶に留めていた少年のプレーが、瞬《また》く間に具体像を帯びていった。

「昔の高校サッカーには、とんでもないテクニシャンがいたんですよ。香川真司だってかなわないような選手が。そういう選手の系譜を、羽中田には感じました。ゆっくりドリブルをして、相手を引きつけながらかわすのがうまい選手はたくさんいたんです。でも、羽中田はスピードをあげながらキュッ、キュッとかわすことができていた。久しぶりにこういう選手が出てきたか、と思いましたねえ」

日本初のサッカークラブとして誕生した読売サッカークラブで、都並はレギュラーとしてプレーしている。ブラジル人の影響を強く受ける通称「ヨミウリ」で、彼は先鋭的で実戦的な感覚を身に付けていった。

「ドリブルで3人、4人と抜いても、その結果として何もできなければ意味がない。それはヨミウリでは認められない。ドリブルしながら周りを見て、考えて、ときにはパスも使う。パスをしてもう一度受けて、またドリブルをする。ドリブルしながら目の前の相手だけじゃなくCBを見るとか、GKの位置まで見るヤツしか認められないのが、ヨミウリだったんですね。それが、僕らが羽中田に注目していた理由です。感覚が通じるものがある、と言うのかな。この選手はいいねえ、なんて話していましたよ」

すでに日本代表に招集されていた都並が目を奪われる高校二年生は、右足の付け根に痛みを抱えながら高校選手権に出場しているのだ。「同年代では抜けていた」と都並が感じたように、羽中田の潜在能力は輝いている。

第60回全国高校サッカー選手権は大会7日目を迎え、7年連続22回目の出場となる韮崎は、準決勝で清水市商（現清水桜が丘、静岡）と激突した。

キックオフの余韻が残る前半開始50秒、韮崎の選手たちはピッチに立ちつくす。清水市商に先制点を許したのだ。

しかし、リードを許したのはわずか9分だった。前半10分、三年生の小林慎二がショートコーナーからヘディングシュートを決め、韮崎は同点に追いつく。さらに24分、CFの保坂が今大会初ゴールをマークする。相手DFのクリアミスを抜け目なくカットし、右足で狙いすました一撃だった。

前半のうちにリードを奪った韮崎だが、ここから先は忍耐力を問われる展開となる。とくに後半は、清水市商の波状攻撃をうけた。後半17分には相手FWにゴールネットを揺らされたが、オフサイドの判定でリードを保つ。

羽中田の胸では、疑念と不安がごちゃ混ぜになっている。

自分たちがインターハイで完敗した清水東に、清水市商は静岡県予選で勝っている。やっぱり勝てないいんじゃないかという不安を、羽中田はボールを追いかけること、ドリブルで突破を仕掛けることで塗り潰そうとしていた。

この大会には優れたGKが揃っていたが、韮崎のGKは一年生ということもあり、大会前は注目を集めていなかった。

ところが、背番号17を付けた守護神・岩下佳樹《よしき》は、清水市商攻撃陣の前に立ちはだかったのだ。GKとしては小柄な168センチのサイズながら、積極果敢なプレーで猛攻をしのいでいく。試合終了のホイッスルが鳴り響いた瞬間、両手を突き上げたのは韮崎だった。

清水市商との激闘を終えた選手たちは、東京都文京区の宿舎へバスで戻った。18時半からの夕食では、箸がなかなか進まない選手が多かった。

それも当然だったかもしれない。

選手権が始まってから、テーピングに使うテープの消費量が著しく増えていた。患部を固定するためである。右足の付け根に痛みのある羽中田は、試合の合間に病院へ通っていた。保坂は準々決勝で右足のひざを痛め、疲労から胃腸を患《わずら》ってもいた。三年生の横森潔は左足の靭帯《じんたい》を損傷し、ドクターストップがかかっていた。明日の試合が日本一を決めるゲームでなければ、スタメンは大幅に入れ替わっていただろう。

身体が限界に達しているものの、選手たちの表情に悲愴感はなかった。

決勝戦で対戦することになった武南（埼玉）には、練習試合で快勝していた。「キヨショウ（清水市商）に勝てたんだから、明日はイケるよ」と誰かが声をあげても、諌《いさ》める者はいない。

ほぼ同じ時刻に、武南はミーティングを開いていた。宿舎の大広間に、大山照人《てるひと》監督の声が響く。選手たちの表情は、どれも引き締まっている。

「ここまで来たからには、自分が持っているものをすべて出せばいい。韮崎は与《くみ》しやすいと思っているだろう。プレッシャーがかかるのはあっちだ。チャンスがあるぞ」

練習試合の結果を頼りに韮崎が油断をすると、大山監督は考えていたのである。

決戦前夜の空気は、かくも対照的だった。すでにこの時点から、日本一を決める一戦は動き出していたのかもしれない。

主審と線審に先導されて、緑色と白のユニフォームがピッチに登場した。選手たちの足元には、長い影が伸びている。１９８２（昭和57）年1月9日、国立競技場には穏やかな日差しが降り注いでいた。

序盤の主導権を握ったのは韮崎だ。三年生でキャプテンの小尾公徳《おびきみのり》、同じく三年の小林、二年生の小沢栄一が中盤でゲームをコントロールし、三年生の大柴剛、二年生の羽中田、保坂のＦＷ陣がゴールに迫る。韮崎が誇る３トップは、それぞれの名字のイニシャルから「Ｈ２Ｏトリオ」と呼ばれていた。

ところが、シュートはことごとくＧＫの正面を突いてしまう。スコアは動かない。

この日最初の歓喜をスタジアムに爆発させたのは、韮崎ではなく、カウンターアタックから得点をあげた白いユニフォームの武南だった。

勝てると思っていた相手に、先制点を許してしまった。高校生には重すぎる展開だ。しかも、揺らぎ始めた自信をたて直すまえに、韮崎は追加点を奪われた。８人の選手が点滴を打って試合に臨んでいた現実が、韮崎に急激にのしかかる。一人ひとりの選手は力を出し切っているのだが、個人の頑張りが組織としての連動性に結びつかない。時間ばかりが過ぎていく。

０対２のままスコアは動かず、羽中田と彼のチームメイトは試合終了とともにピッチに崩れ落ちた。武南が初優勝を飾り、関東勢が８年連続で大会を制覇することとなった。

バックスタンドの応援団へ挨拶をするときも、試合後の集合写真におさまるときも、韮崎の選手は視線を足元へ落としたままだった。後列中央でカメラと向き合う羽中田だけが、真っ直ぐ前を向いていた。

「準決勝が終わったあと、僕たちは決勝に勝ったつもりになっていた。それがいけなかったんだと思う。一年で３位、二年で２位になったから、次はもう優勝しかない。絶対に日本一になりたい。決勝戦が終わった瞬間に、そう思ったんだ」

腎臓病により10ヵ月間チームから離脱

高校選手権で決勝まで勝ち残ったということは、新チームの立ち上げが全国でもっとも遅いことになる。地元の山梨県へ戻った韮崎は、あわただしく新人戦を迎えた。一、二年生だけのチームによる初の公式戦だ。

三年生が抜けた新チームで、羽中田はFWからMFへポジションを下げた。チームメイトからパスを受け、前後左右にボールを動かしながら相手守備陣の急所へラストパスを通す。自らドリブルで持ち込み、シュートを放つ。ゲームメーカーと呼ばれる仕事だ。

「自分たちが最高学年になって、僕はゲームを作る仕事を初めてやって、新人戦で優勝できた。自分はこれからが勝負で、ＭＦで勝負できるぞ、という手ごたえをつかめた」

３月には日本高校選抜のヨーロッパ遠征に参加する。１月の高校選手権で優秀選手に選ばれた30人が、20人まで絞り込まれてチームが結成される。韮崎からは、卒業を控えた三年生を含めて５人が名を連ねた。

ヨーロッパでは国際大会に参加する。

同世代のクラブチームとの対戦で、僕は何ができるだろう。何ができないだろう。そのとき、何を感じるだろう。

初めてのヨーロッパ行きを控えて、羽中田はかつて味わったことのない興奮に包まれていた。遠征に思いを馳せると表情が自然と緩み、頬が赤みを増していくようだった。


2度目の高校選手権を終えると、羽中田の生活は一変した。

甲府市内の自宅から、自転車で甲府駅に向かう。女子高生が待っている。ファンレターやプレゼントとともに、「行ってらっしゃい、頑張ってください!」と、笑顔で送り出される。

一日の練習を終えて、甲府駅に着く。女子高生が待っている。今度もまたファンレターやプレゼントを渡され、「今日もお疲れさまでした。明日も頑張ってくださいね」と笑顔を向けられる。駐輪場に停めておいた自転車のかごにも、ファンレターやプレゼントが入っていた。

高校選手権で活躍した選手は、女子高生に人気の雑誌で紹介される。羽中田の人気は爆発していた。2月14日のバレンタインデーには、学校と自宅に大量のチョコレートが届いた。段ボール箱がいっぱいになるほどだった。

自宅近くの文房具店に、羽中田は、「色紙あります」の張り紙を見つけた。自分のサインを求める女子高生が、ひっきりなしに訪れるからだった。

「朝はお見送り、夜はお出迎えがすごかった。ファンレターに写真が入っていて、付き合ってくださいとかいうのもあった。高校選手権のまえに発売された雑誌のアンケートに、カバン集めが趣味って書いたら、学校にかなり送られてきた。サッカーボール形のクッションとか、珍しいものだと油絵とかも送られてきた」

ところが、羽中田は居心地の悪さを覚えている。自分の身体を舐《な》めるような視線から、彼はいつも足早に逃げていた。

「いま考えると後悔するぐらいに、女の子たちを遠ざけたなあ。そのくせ、サッカー部の同級生たちとは、ファンレターが一番多いのは誰なのかって気にしたりしてましたが」

新チーム初の山梨県新人戦で優勝を飾り、韮崎は好スタートを切った。右ウイングからゲームメーカーにポジションを変えた羽中田は、新しい役割に手ごたえを感じていた。

自分の考え方次第で、ゲーム展開は良くも悪くもなる。ドリブルだけでなくパスで、さらには指示の声でチームを動かす。ゲームの行方を自分が決めていくという感覚は、中学校時代に参加したトレセン以来のことだった。

〈サッカーが楽しいな〉

そんな思いを、羽中田はグラウンドで嚙み締めていた。

目の前の景色が、突如として暗転したのは１９８２（昭和57）年2月である。

練習前のグラウンドで、羽中田は横森巧監督に呼び止められた。風邪をこじらせていた羽中田は、この日から練習に復帰した。

数時間後、羽中田は甲府市内の病院にいた。横森に「尿を調べてもらえ」と言われて保健室へ行き、簡単な検査をした。保健室の先生は「すぐに病院へ行こう」と言ったきり口をつぐんだ。羽中田にはわからないことばかりだ。不安が募る。

診察を担当した医師から、羽中田は「急性腎炎」と告げられた。

キュウセイ、ジンエン？

いまから試合をやれと言われれば、全力で走ることができる。身体のどの部分も痛くない。食欲はある。睡眠も取っている。

それなのに、なぜ自分が、聞いたこともないような病気に襲われなければならないのか？　こんなに元気なのに、何をすればいいんだ？

3月下旬には、日本高校選抜のヨーロッパ遠征がある。ヨハン・クライフに憧れ、いつか欧州でプロになりたいとの夢を育む羽中田には、個人的に大きな意味を持つ遠征になるはずだ。

診察室を出た羽中田は、学校でも自宅でもなく病室へ向かう。すぐに入院をすることになった。安静、投薬、食事による治療が、この日から強制的に始まった。

「ヨーロッパ遠征には行けないだろうと、この時点で覚悟した。でも、来年また選抜のメンバーに選ばれればいいんだ、今回はきっぱり諦めよう、という気持ちになった。すぐに治るものだと思っていたから、気持ちを切り替えることができたんだと思う」

退院の許可が出たのは4月中旬だった。日常生活に戻りながら、経過を観察するためだった。

激しい運動は許されていないが、羽中田の心に曇りはない。「しばらくすれば、元通りの身体でサッカーができる」という希望が、胸中でどんどんと膨らんでいる。

1週間後、再び羽中田は病院を訪れた。尿検査を受けるためだった。数値が良ければ、今後は定期的な通院だけとなる。

小さな丸椅子に座る羽中田に、主治医は憂いを含んだ表情で切り出した。

「再入院してください」

地元で有名なサッカー選手に、主治医は乾いた声で続ける。

「尿の数値が正常に戻っても、必ずしも病気が治癒したわけではありません。発症から半年は、激しい運動を控えてもらいます。その後も通院をして、経過を観察していきます」

半年は運動ができない。退院しても経過を観察する。自分なりに思い描く復活へのカレンダーは、主治医の宣告によって破り捨てられた。

〈オレ、二度とサッカーができないんじゃないか……〉

冷たく暗い海へ引きずりこまれたかのように、羽中田の心は不安でいっぱいになっていた。

〈うわあ、やっぱり外は気持ちいいなあ〉

急性腎炎の発症からおよそ4ヵ月後の6月30日、羽中田は退院した。主治医からは通学を許されたものの、定期的な通院と激しい運動を控えることを繰り返し確認させられた。

一学期はすでに半分以上が過ぎており、三年生になってクラス替えが行われていた。サッカー部の練習に参加できない羽中田は、新しいクラスメイトと放課後の時間を過ごした。

サッカーのことは考えなかった。考えないようにしていたところもあるし、無理なく忘れることもできていた。

「サッカーを嫌いになったわけじゃないけれど、サッカーをできないことがそれほど苦しくなかった。色々な人がアドバイスをしてくれて、そのなかに『高校を卒業してからのことを考えなさい。未来を見つめなさい』というものがあって。しっかり病気を治してからまたサッカーをやろうと気持ちを切り替えていたので、冬の選手権は諦めていたところもあった」

サッカー部のチームメイトたちは、羽中田との接し方を探っていた。

チームのエースストライカーである保坂孝は、羽中田に声をかけることにためらいがあった。親友の気持ちをかき乱したくなかった。

「励ますつもりの言葉がどう受け取られるのかわからないので、とにかく選手権の出場権を取ることに集中していました」

夏のインターハイ予選で、韮崎は県代表を逃していた。「羽中田を高校選手権に連れていく」という保坂らチームメイトの思いは、「選手権に出られない学年に、なるわけにはいかない」という彼らなりのプライドによって、より強固になっていくのである。

チームメイトの思い「ハチュウを国立へ連れていく」

1982（昭和57）年12月12日、羽中田は10ヵ月ぶりに韮崎のユニフォームを着ていた。山梨県予選を突破したチームは、社会人チームの本田技研との練習試合に臨んでいる。

後半終了間際に、横森監督から羽中田に声がかかった。ボールが外へ出るのを、タッチライン際で待つ。スコアは2対3だ。

羽中田の表情は硬い。唇はきつく引き結ばれている。ゲームに臨むのは、2月の県新人戦以来である。日本ユース代表候補に名を連ねてきた羽中田にも、10ヵ月のブランクは重くのしかかっていた。

思い描くプレーに、身体はついてきてくれるのか。成功と失敗のイメージが、頭のなかでごちゃまぜになっていた。

ボールがタッチラインを割り、羽中田がピッチへ入る。なかなかボールに触れない。試合の流れに乗れない。

ようやくボールを受けた。保坂からのパスだ。羽中田がドリブルする。20メートルほど突き進み、ゴール前へラストパスを送る。走り込んだ味方選手が押し込む。

「ナイス、ハチュウ！」

チームメイトが羽中田のもとに集まる。ぶつかるように抱きついてくる。忘れかけていた感覚だ。荒っぽいほどの祝福に心が騒いだ。嬉しかった。

定期的に検診を受けている主治医からは、「一試合15分か20分くらいならいいですよ」との許可が出ている。急ピッチで身体を作ってきたが、実戦のスピードや接触プレーに耐えられるかどうかは、ピッチに立ってみないとわからない。

この日対戦した本田技研は、日本サッカーリーグ1部のチームだ。プレーのスピードは高校生を上回り、身体のぶつかり合いも激しい。羽中田の身体がどれぐらい回復しているのかをはかるのに、これ以上の相手はなかった。

練習着に着替え、スパイクを履き、グラウンドに出る。ボールを止めて、蹴って、シュートする。それまで当たり前だった「サッカーをする」ことが、こんなにも楽しいなんて。自分にとってサッカーがどれほど大切なのかを、10ヵ月のブランクは教えてくれた。

高校選手権の出場権を勝ち取った県予選に、羽中田は出場していない。自分がメンバーに入れば、予選を勝ち抜いたメンバーの誰かが弾かれてしまう。チームメイトは快く復帰を受け入れてくれたが、羽中田の心には澱《おり》のようなものが沈殿していた。

だが、彼は迷いを振り切る。

〈高校選手権が終わったら、感謝の気持ちを伝えよう。それまでは、自分にできることを精いっぱい表現しよう〉

高校選手権のメンバーは、一チーム17名だ。羽中田は背番号15を与えられた。本田技研との練習試合と同じように、勝負どころで攻撃を活性化する役割を担う。

表舞台から長く遠ざかっていた大会の主役は、スーパーサブの立場で最後の高校選手権に臨もうとしていた。


高校生活最後の選手権に臨む羽中田は、2回戦の旭高校戦でほぼ1年ぶりに公式戦のピッチに立ち、準決勝の守山《もりやま》高校（滋賀）戦では後半19分から出場する。スコアは1対1だ。試合の流れを変える〝ジョーカー〟となるのが、羽中田に課せられた唯一にして最大の仕事である。

背番号15を付けた羽中田の存在は、韮崎サッカー部の推進力であり、接着剤でもあった。同級生でエースストライカーの保坂孝が、チームの雰囲気を代弁する。

「ハチュウは病気になってしまって、大好きなサッカーをずっとできなかった。何とか選手権に間に合ったんだからアイツを国立に連れていこうと、チームがひとつにまとまっていったと思うんですよ」

チームメイトの思いを、羽中田ははっきりと感じ取っている。感謝の気持ちをエネルギーに変えて、限られた時間に力のすべてを注ぐと心に誓っていた。

だからこそ、この準決勝の試合終了を待たずに、羽中田は涙をこぼしていた。試合は1対1のまま終了し、3番手として登場したＰＫ戦でシュートを止められてしまったからだ。

「みんなに国立まで連れてきてもらったのに、自分がPKを外して負けたら……。ホントに自分の責任で、仲間に申し訳ない。そう思ったら、自然と涙が流れてきちゃって」

羽中田の心が真っ黒に染まってしまいそうな状況を、一年生GKの浅川学《まなぶ》が鮮やかに転換する。守山の4人目のシュートを、見事な反応でストップするのだ。

先攻の韮崎高が3対2とリードするPK戦は、5人目のキッカーを迎える。背番号10を付けた保坂だ。

満員の国立競技場全体がのしかかるような重圧に、エースはのみ込まれなかった。短く素早い助走から放たれた保坂の右足シュートは、GKの逆を突いてゴール左へ転がっていく。2年連続5度目の決勝戦に、韮崎は辿り着いた。

PK戦を終えた両チームの選手は、一礼をして互いに歩み寄った。緑と青のユニフォームが、冬枯れの国立競技場で交じり合う。

整列した場所から、ひとりだけ動けない選手がいた。羽中田だった。左腕で顔を覆うようにして、彼は泣き続けていた。

「PKって、普通はインサイドかインステップで蹴るもの。でも、なぜか右足のアウトサイドで蹴った。イキがってたのか、カッコつけてたのか、自分でもよくわからないんだけど……」

自分のせいで負けたらどうなっていたのかという恐怖感と、いつもとは違う蹴りかたで外した嫌悪感に苛《さいな》まれ、羽中田は勝利に浸《ひた》ることができなかったのだ。

チームメイトが用意してくれた舞台で、自分は何をしなければならないのか。チームメイトへの感謝を、プレーで表すことだ。それしかできないし、それ以外に考えてはいけない。限られた時間に自分のすべてをぶつける決意を固めて、羽中田は決勝戦のピッチに立った。

残り時間は25分で、スコアは0対3だった。対戦相手の清水東（静岡）は、準決勝までの4試合すべてを無失点で乗り切っている。鉄壁のディフェンスを支配するのは、羽中田が中学時代から知る浄見哲士《きよみてつじ》である。日本サッカー協会が優秀な選手を集めるトレセンで、彼らは同期生だった。

羽中田の登場によって、6万人を超える観衆のテンションは一気に上がる。

やっと出てきたか、さあ、何をしてくれるのだろう——。

「ホントに歓声が変わりましたからね。清水東を応援している観客も、ひとつになって拍手をしてくれていた。僕にはそう感じられました」

こう語るのは、韮崎の二年生だった、山本健二である。羽中田とともに居残り練習に励んだこのSBは、日本ユース代表に選ばれるほどに成長を遂げていた。

「もちろん自分も、奮い立ちました！　羽中田さん、早く出てきてくださいよって、ずっと思っていましたから」

6万人の観衆が巻き起こす熱気が、ピッチ上まで放射していた。国立競技場が、韮崎のホームスタジアムになったかのようだ。後半26分、韮崎は1点を返した。

1対3となった直後、羽中田に好機が巡ってきた。スピードに乗ったドリブルで独走し、GKの頭越しを狙う。

「0対3から1対3になって、あのループシュートが入っていたら。1点差になって、もっと面白い展開に持ち込めた。残り時間もまだ、10分以上あったから」

ピンチをしのいだチームにチャンスが訪れるのは、スポーツのセオリーである。後半32分、韮崎は4点目の失点を喫した。

もはや、スコアは動かなかった。

不世出のストライカーからの誘いを断った理由

高校選手権を終えた羽中田は、チームとともに山梨県へ戻り、すぐにまた東京へ向かった。羽田空港から伊丹《いたみ》空港行きのフライトに乗り、大阪市内の病院を訪れる。

急性腎炎の治療ではない。知人のお見舞いでもない。釜本邦茂に会うためだった。日本サッカー界不世出のストライカーは、アキレス腱断裂の重傷を負って入院をしていた。

日本サッカーリーグで4度の優勝を数えるヤンマーディーゼルサッカー部（セレッソ大阪の前身）で、釜本は選手兼任監督を務めていた。新卒選手のひとりとして、羽中田に入団を打診して

羽中田が高校を卒業した翌年、
第62回全国高校サッカー選手権大会のチケットには、
清水東戦でプレーする羽中田の写真が使われた。
だが、この大会が開催されているころ、
羽中田は思いもよらない運命と闘っていた

きたのだ。急性腎炎からの回復過程にあることも承知のうえで、「まずはしっかり身体を治せばいい」とも言ってくれた。プロ野球ならドラフト1位のオファーである。点を取ることにズバぬけた才能を持つ釜本は、その必然として優れたパートナーを求める。すでにキャリアの絶頂期を過ぎたとはいえ、ヤンマーディーゼルへ入団すれば釜本の薫陶《くんとう》を受けられる。

ところが、羽中田は意外な答えを用意していた。

「日本リーグでやる気持ちはなかった。せっかく誘ってもらったのに電話で断るのは失礼だから、ちゃんとお会いして話そうと思って大阪へ行ったんだ。大学でサッカーを続ける予定ですと言うと、釜本さんは、『そうか、じゃあ頑張れ』という感じだった」

日本リーグの名門のオファーを断った理由は、実はもうひとつあった。

1983（昭和58）年1月の高校選手権を伝えるサッカー雑誌は、羽中田の卒業後の進路について「明治大学への進学が決定している」と書いていた。具体的な方向性には触れずに、「1年間はサッカーを離れて治療に専念する」と説明する新聞記事もあった。

どちらも正解であり、どちらも少し現実と違っていた。

サッカー部が強い関東のいくつかの大学から、羽中田は誘いを受けていた。そのなかから明治大学を選んだのは事実だが、無試験や面接だけで合格通知を受けていたわけではなかった。筆記試験の合格ラインが、一般入試より低めに設定されていただけである。釜本からの誘いを「大学でサッカーを続ける予定です」という言い方で断ったのも、現実として入学が決まっていなかったからだ。

無試験の推薦でも受け入れ先を探せたのでは、との疑問は残るだろう。高校選手権で3位、準優勝、準優勝という羽中田の実績は、どの大学でも推薦入学の条件を満たせるはずだ。三年時はほとんどプレーできなかったものの、非凡なサッカーセンスを見せつけている。

「サッカー推薦で入学したら、4年間しっかり部活をやらなきゃいけない。途中で辞めるわけにはいかない。そうしないと、自分のあとから入ってくる後輩たちに、迷惑がかかっちゃう。でも、僕には違う希望があったんだよね」

羽中田が胸に秘める「違う希望」とは——。

「ヨーロッパでサッカーをやりたい、と。プロテストがあるのかどうかもわからないけど、あるなら受けたいと思っていた。なくてもクラブに押しかけてテストしてもらおう、と思っていた。高校のサッカー部のツテで大学のサッカー部へ入ると、そんなことはできないから」

問題は学力である。三年時は部活から離れていたが、勉強に打ち込んでいたわけではない。高校選手権を終えた羽中田は、睡眠や食事の時間をギリギリまで削って受験勉強に打ち込んだ。

明治大学法学部の入学試験は、20分が経過したらいつでも離席可能だった。20分で全設問に答えるのは、間違いなく不可能である。試験官が伝えた注意事項は、あくまでも事務的なものに過ぎなかったはずだ。

「試験は3教科ですべて記述式だった。まったくわからなくて、20分で試験場から出ていった」

慌てたのは明治大学である。サッカー部の有望な戦力と見込む受験生が、試験に合格できなかったのだ。善後策が提案された。

「大学側は、もう一度違う学部を受けてみないかと言ってくれた。でも、自分で勉強したいと思った。このままじゃダメだ、ちゃんと勉強したいという気持ちが膨らんできたんだ」

羽中田は浪人を決意する。

高校サッカー界のスーパースターが、就職も進学もせずに浪人をする。伸び盛りの時期に、グラウンドから1年も離れる。日本サッカー界は大切な財産を失った、との観測が広がっていく。

周囲の焦りをよそに、羽中田は落ち着いていた。

ひとりの大人として恥ずかしくない知識を身に付ける。浪人中は激しい運動をせずに、急性腎炎を完治させる。大学進学後はサッカー部には入らず、ヨーロッパでプロテストを受ける。ヨハン・クライフへの憧れとともに育んできた夢の扉が、いままさに開かれようとしていた。

クラスメイトに告白、失恋、そして――

甲府駅に背を向けて立っている羽中田は、背中越しに声をかけられた。

「ごめんねっ、待った？」

息を弾ませながら近づいてきたのは、同級生の高木まゆみだ。韮崎在住の彼女は、国鉄（現在のＪＲ）の中央本線で甲府にやってくる。

ビジネスマンや学生の利用客が多い甲府駅にも、平日の午後はごく短い静寂が訪れる。時刻表に記される電車の本数も少ないので、彼らの約束には電車の到着時刻が使われることが多い。携帯電話がなくても、待ち合わせに困ることはなかった。

「いや、待ってなんていないよ。ちょっと、歩こうか？」

最後まで言い終わらないうちに、羽中田が歩きだす。高木は「うん」と頷いていてついていく。

「短大、合格して良かったね」

幼稚園の先生になりたいという彼女は、地元の短大の幼児教育科へ進学する。

「卒業式が終わっても進路が決まってなかったの、クラスで私だけだったでしょ？　もし落ちたらどうしようって、内心ドキドキだったんだから」

ふたりで会うのは2回目だった。初めての時はテニスをしたので、身体を動かしているだけで笑顔がこぼれた。テニスを終えたあとも、お互いが量産したミスが会話を転がしてくれた。

沈黙を作っちゃいけない。羽中田の気持ちはザワつく。

でも、何を話せばいいのだろう。

どういう話の流れから、あの話題につなげたら自然かな。

電話なら気軽に出てくる言葉が、一緒にいると喉の奥で詰まってしまう。サッカーなら相手の心理状態が推測できるのに、女の子が相手だとそうもいかない。

「羽中田くん、東京に行くのは明日だよね？　荷物はどうするの？　もう準備は終わったの？」

おおっ、なんて素晴らしい！　羽中田は心のなかで拳を握った。

最高のパスがきた。あとはもう、言うしかない。

「そう、明日から東京なんで、タカギに、言っておきたいことがあって……」

「なになに？」

そんなに軽く返事をしないでくれ。心の揺れを悟られないように、羽中田は空疎な笑いを漏らした。これから彼は、２度目の告白をしようとしている。


この卒業式直後の告白を遡ること、半年前――。

三年生にとって最後のイベントである文化祭が終わり、黒板の横に貼ってあるカレンダーは最後の一枚になった。教室にはストーブが焚《た》かれている。授業の終わりを告げるチャイムが鳴ると、教室が解放感に包まれた。ガタガタッと椅子を引く音が重なり合い、授業中の静寂がざわめきに変わっていく。

今日は土曜日だ。４時間目で授業は終わりである。クラスメイトは教科書とノートをカバンにしまい、教室をあとにしていった。

羽中田は座ったままだった。黒板を掃除している小さな背中を、緊張しながら見つめている。高木まゆみという女子だった。成績はつねにクラスの上位で、真面目なタイプだった。教室側へ振り向いた女子は、自分の席へ戻っていく。制服の袖についたチョークの粉を、丁寧に落としていた。

羽中田は心を決めたように頷き、女子に近づいていった。声がのどに引っかかるようだったが、予定どおりのひと言を伝えることができた。

「図書室に来てくれないかな」

土曜日の図書室は静かだった。羽中田は一番奥の席に腰を下ろし、高木は隣に座った。図書室は貸し切りのような状態だったが、自分たちのあとから誰かが入ってくるかもしれない。できるだけ人目につきにくい場所で、羽中田は話をしたかった。

前夜に繰り返したシナリオでは、最初は何気ない会話をして、雰囲気がほぐれたところで告白をするつもりだった。ところが、ふたりきりになると頭が真っ白になってしまった。心臓の鼓動が聞こえてきそうで、呼吸が浅く早くなる。高校サッカー選手権の決勝戦でも味わったことのない緊張感に、羽中田は耐えきれなかった。心の中でシナリオを破り捨て、いきなり切り出した。

「突然、こんなところに呼び出してゴメン。だいたい何を言うかわかっていると思うんだけど……。オレと付き合ってくれないかな？」

高木は無表情だった。羽中田がひそかにチャームポイントだと思っている八重歯がのぞき、笑顔で返事をもらえる……彼の空想はあっさりと砕かれた。「イエス」でも「ノー」でもなく、高木はただ羽中田の眼を見つめている。一秒でも早く沈黙を埋めたくて、羽中田は言葉をつないだ。

「返事はいまじゃなくてもいい。もしOKだったら月曜日に、いまと同じスニーカーを履いてきてほしいんだ」

高木は何も言わずに頷いた。

月曜日の朝、羽中田はいつもより早めに登校した。教室の自分の席に座り、落ち着かない気持ちで高木を待つ。

土曜日と同じスニーカーを履いている彼女を、頭のなかで想像した。三つ折りの白いソックスが眩しい。

別の靴を履いている彼女が、記憶のなかで大きくなる。頭を振って消去する。

高木がもし学校を休んだら、答えはどうなるんだろう?

あのスニーカーが土曜と日曜の間に汚れちゃって、今日は履けないことはないかな。まさか裸足で来たりして——まとまるはずのない考えが、頭のなかで渦を巻いている。

高木は来ない。朝礼を告げるチャイムが鳴る。

〈今日は休みか……〉

羽中田が人知れず落胆したそのとき、教室の扉が開いた。高木だった。羽中田は心のなかで叫んだ。誰かにすがらずにはいられず、思いつくのはそのひと言だけだった。

〈神様！〉

羽中田が座っているところからは、机に遮《さえぎ》られてすぐに足元が見えない。一秒が永遠に感じられる。慌てて席へ座ろうとする彼女の足元が、ついに羽中田の視界に飛び込んできた。

1時間目の授業は何だったのか。羽中田の記憶からすっぽりと抜け落ちている。それどころか、その日受けた授業のすべてが、彼の耳を素通りしていった。

土曜日に高木が履いていたのは、コンバースのスニーカーだった。

月曜日の彼女が履いていたのは、コインローファーだった。

翌日、高木は学校を休んだ。羽中田と顔を合わせるのが、何となくバツが悪かったのだ。

学校には風邪を引いたと連絡したが、身体は元気だ。翌日から登校すると、羽中田が声をかけてきた。

「風邪、大丈夫？」

嘘をついたことが恥ずかしくて、高木は答えに戸惑った。羽中田は、「あ、それから」と、少し声をひそめて続けた。

「振ったことは気にしないでね」

羽中田が高校サッカー界のスター選手でも、韮崎高に通う彼女にはクラスメイトのひとりだ。アイドル視するようなところはなかった。羽中田が「オレもやる」と宣言して放課後の掃除に加わると、「そんなの当たり前のことなのに、どうしてわざわざ『オレもやる』なんて言うのかしら」と小さな反発を覚えたりした。

付き合うかどうかを考える以前に、高木は羽中田昌がどういう人間なのかをほとんど知らない。クラスメイトになったのは三年生からで、急性腎炎で入院していた羽中田は一学期のほとんどを欠席した。教室での席が近くないこともあって、話をした記憶がなかった。

羽中田の喜びにも悲しみにも、優しさにも冷たさにも、高木は触れたことがない。「付き合ってくれないか」と言われても、「好きか、嫌いか」のふたつの感情の間で、気持ちが揺れることがなかったのだ。

同級生から告白されたのは、初めてではなかった。が、「気にしないで」と言われたのは、初めてだった。

〈羽中田くんて、自然な気遣いができる人なんだ。いいな〉

高木にとっての羽中田が、「何も知らない同級生」から「気になる人」へ昇格した。

交際には発展しなかったものの、羽中田と高木の距離は自然と縮まっていった。授業の合間の会話が増え、高校選手権が終わると電話で話をするようにもなった。高木は少しずつ、羽中田はそれまで以上に、相手に惹かれていった。

夜の電話が互いの生活に組み込まれてきたところで、羽中田は電話をかけなくなった。学校ではそれまでと同じように接するが、受話器越しの会話は控えた。

「お兄ちゃんがアドバイスをしてくれて、何日か連続で電話をして、そのあとしばらく間を空けるんだって」

前触れもなく、理由もわからずに電話が途絶えたら、誰だって気になるものだ。「どうしたんだろう」とか「何かあったのかな」という不安や心配が、新しい感情のドアを開けることにつながる。彼（や彼女）は、自分にとって大切な存在なのだと気づかされるのだ。７歳年下の弟から高木とのやり取りを聞いた兄は、かなりの成算を抱いてアドバイスをしたのだろう。

だが、羽中田には相当な勇気を必要とする冒険だった。

自分のことを忘れられたらどうしよう。

友だちとしか思っていないと、誤解されたらどうしよう。

最悪の結末ばかりが脳裏をよぎる。瞼《まぶた》の内側に、八重歯がキュートな笑顔が浮かぶ。声を聞きたい、という衝動が襲ってくる。自分の存在を相手の心に植え付けるまえに、羽中田の心が折れてしまいそうだった。

高木もまた、漠然とした不安に駆られていく。心の片隅に引っかかりながらも、意識の表層に上がってこなかった思いを、彼女は感じていくことになる。

電話、来ないな。羽中田くん、どうしたのかな。

数日間の空白を経て、羽中田は久しぶりに電話をかけた。高木をテニスに誘った。別れ際に次の約束をした。

羽中田は甲府に、高木は韮崎に家があり、どちらも受験生である。頻繁《ひんぱん》に会うことはできなかったが、それがまた相手への思いを育んでいった。


いま告白しなければ、明日からは、東京の予備校に通うただの元同級生になってしまう。羽中田はありったけの勇気をかき集め、高木の眼を見つめて言った。シチュエーションや言い回しにこだわるより、真っ直ぐ気持ちを伝えたほうが彼女には響くのでは、と思ったからだ。

「オレと付き合ってくれないかな?」

真剣な表情の羽中田に、高木は「えっ?」と聞き返した。

「私たちって、もう付き合っているんじゃないの? デートもしてるし、電話もしてるから、私はそういうものだと思ってたけど」

羽中田が「じゃあ、OK?」と聞き直すと、高木は「うん」と笑顔を向けてきた。さっきまで肌寒いと感じられた風の冷たさが、何とも言えず心地好い。

高木の笑顔には、人を勇気づけたり元気づけたりするあたたかさがある。彼女の笑顔をずっと見ていたいと、羽中田は思った。

第3章

1983–1994年

突然の事故！ 奪われた黄金の足

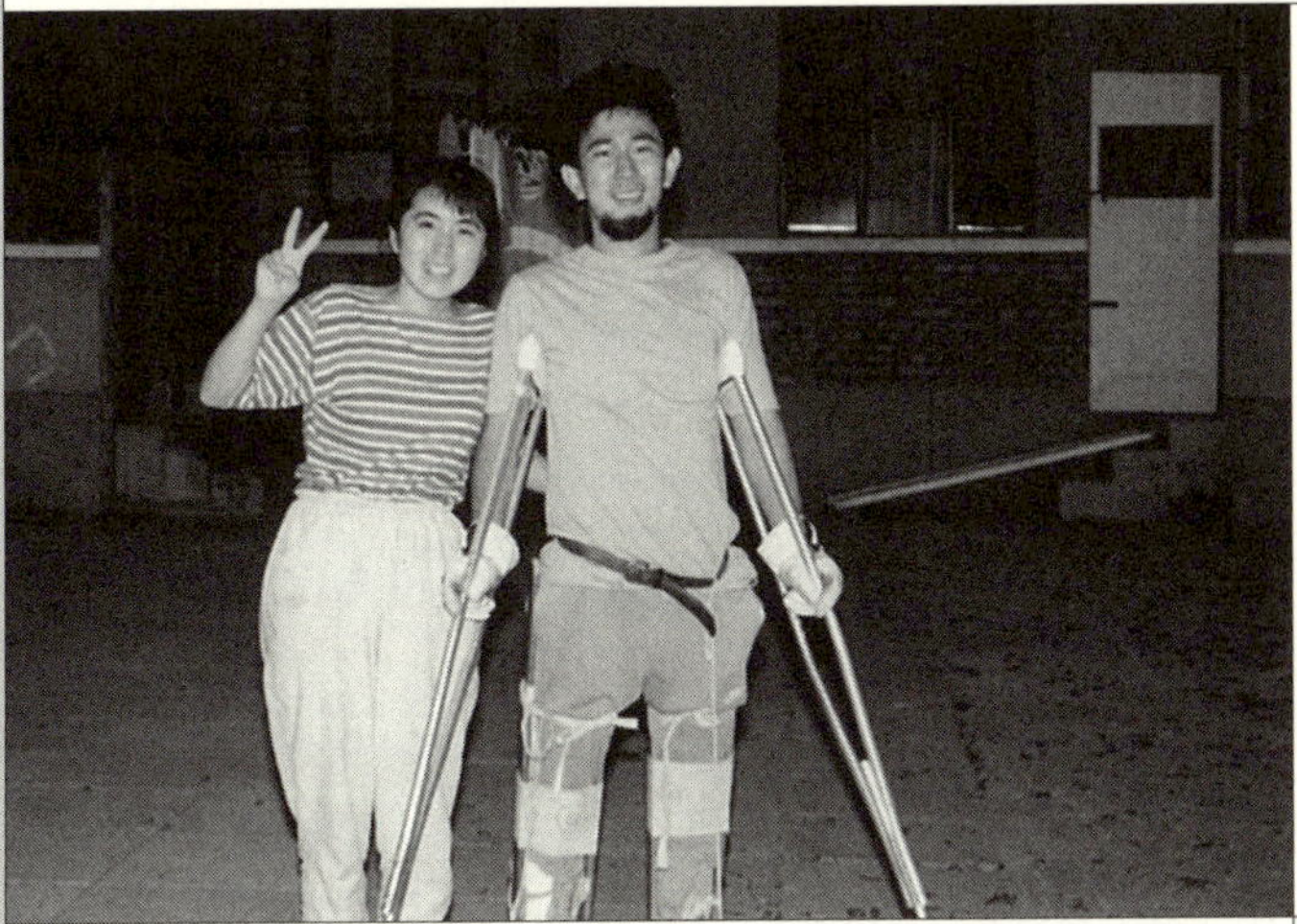

わずかな可能性にかけて北京に渡ったころ

無情の事故「何でオレばっかり！」

ポケットでジャラジャラと音を立てる10円玉を、羽中田昌は電話の上に並べた。1週間の生活で貯めた鈍い土色のコインは、20枚ほどある。公園の片隅に設置された電話ボックスは、街灯の少ない道路に細く明るい光を放っていた。

「0、5、5、1……」

山梨県韮崎市の市外局番を、ひとつずつしっかりとまわしていく。電話のダイヤルが戻る間が、羽中田には少しだけもどかしい。相手の声を早く聞きたかった。

何度目かの呼び出し音のあと、ガチャッと音がした。電話がつながる。

「あっ、もしもし、まゆみちゃん？」

「もしもし、まーくん？」

交際がスタートしてから、お互いの呼び方が変わった。羽中田は「高木」から「まゆみちゃん」に、高木は「羽中田くん」から「まーくん」になっている。

何気ない会話が、とにかく楽しい。話は尽きなかった。山梨を離れて東京に出てきた羽中田にとって、まゆみとの電話は故郷を感じられる唯一の時間だった。予備校では訛《なま》りを気にしてイントネーションや語尾に気を遣うが、まゆみとの会話はありのままの自分でいられる。それがまた、羽中田には心地よい。

気が付けば、10円玉がどんどんと電話に吸い込まれていく。別れの挨拶をする前に、通話が終わってしまうこともあった。

1983（昭和58）年3月に韮崎高校を卒業した羽中田は、4月から東京都内の予備校に通っている。浪人生が集う下宿先の部屋には、電話もテレビも、冷蔵庫もお風呂もなかった。

「でも、不自由を感じることはなかったなあ。甲府にも予備校があったから実家から通うこともできたのに、自分は東京に出てきている。ちゃんと勉強しないと、意味がないからね」

浪人生活は意外なほど楽しかった。知識を身に付けていく楽しさに、羽中田は目覚めていた。

「明治大学の受験で、ほとんど何も答えを書けなかった。受験に失敗したショックというよりも、このままじゃ恥ずかしい、と思った。サッカー選手を目ざすとしても、サッカーとは関係のない仕事をするにしても、ひとりの社会人として最低限の知識がないと生きていけない。一度はしっかり勉強をしなきゃいけないと感じて、それがいまこのタイミングなんだと思っていた」

予備校では定期的に試験が行われる。成績上位者の名前が貼り出される掲示板に、羽中田は自分の名前を見つけたことがあった。年号と出来事を暗記するのが苦にならないことに気づき、世界史が得意科目になった。

「試験は志望校別のコースごとに行われるもので、同じコースでも学力によってクラス分けされる。僕のクラスは、決してレベルが高くなかった。でも、試験で上位に入るのは、やっぱり励みになった。オレもやればできるじゃないか、ってね」

私立文系のコースで学ぶ羽中田の第1志望は、受験に失敗した明治大学だった。そのほかに、偏差値が同レベルの大学を候補にあげていた。

サッカー部が強いかどうかは、大学選びの基準に含まれていない。関東大学サッカーリーグの強豪校へ入学することになっても、体育会と呼ばれる部活動でプレーする意思を固めていたわけではなかった。サッカー選手としての羽中田の視線は、国内ではなく海外へ向けられていたからである。

下宿生活を過ごす羽中田は、朝と夜に漢方薬を服用していた。高校二年の冬に急性腎炎を患ってから、彼の生活に強制的に組み込まれたルーティーンだ。

塩分を控えめにした食事は通常のものへ戻ったが、漢方薬は上京後も飲み続けていた。急性腎炎の経過観察は長期に及ぶ。上京後も腎機能の数値を睨《にら》みつつ、激しい運動を控えていた。

浪人せずに明治大学へ進学していたとしても、サッカー部の練習をすぐに消化するのは難しかっただろう。いましばらくは、安静が必要だった。

遠距離恋愛をしているまゆみと再会したのは、関東地方が梅雨入りした6月上旬だった。週末を利用して、彼女が東京へ出てきたのだ。

2ヵ月ぶりに会ったふたりは、代々木公園へ出かけた。原宿でクレープ屋の行列に並ぶよりも、緑に囲まれてゆったりと過ごすことが、彼らには心がときめく時間だった。

梅雨だというのに夏を思わせる日差しが照りつけていたので、羽中田とまゆみはできるだけ涼しげな場所を探した。日差しが足元までしか当たらないベンチに腰を下ろし、羽中田がウォークマンを取り出す。小さなスピーカーを接続して、サザンオールスターズのテープをセットした。『バラッド』というベストアルバムである。

TBSテレビで5月末に始まったドラマ『ふぞろいの林檎たち』で、サザンオールスターズのヒット曲とアルバム収録曲が使われていた。東京の無名大学に通う3人組の青春群像を、桑田佳《けい》祐《すけ》と原由子の歌声が彩っていた。ドラマは、羽中田の予備校でも、まゆみの短大でも話題となっていた。下宿先にテレビのない羽中田は、『ふぞろいの林檎たち』を銭湯で観ている。

その日のうちに韮崎へ戻るまゆみを、羽中田は新宿駅まで送った。特急列車に乗る彼女を、ホームで見送る……ことはできなかった。まゆみと別れるのが惜しまれて、韮崎までついていったのだった。

浪人生には夏休みも関係ない。任天堂から発売された「ファミリーコンピュータ」も、「KKコンビ」と呼ばれるPL学園の一年生二人が甲子園で大活躍していることも、ひたすら下宿と予備校を往復し、自宅にテレビもない羽中田には縁のない話題だった。人気絶頂のアイドル・松田聖子や中森明菜のヒット曲も、最寄り駅の商店街で耳にする程度だ。

だが、その日だけは違った。８月６日だけは、朝から落ち着かなかった。

顔馴染みのメンバーでお昼ご飯を食べたあと、羽中田は同じ予備校に通う韮崎高校の同級生と顔を見合わせた。その日の夜に同窓会があるとの連絡が、彼らの心をざわつかせていたのだ。

「どうしようか……」

「うん……」

羽中田も友人も、本心を明かそうとしない。何となく硬い空気が、彼らを包んでいる。

「いまから行けば、間に合うな……」

「みんな、元気かな……」

ふたりの吐息が、足元へ零《こぼ》れ落ちた。沈黙が彼らを支配する。

やがて、羽中田が言葉を押し出すように言った。

「行こう！　１日ぐらい予備校を休んでも、バチは当たらないよ」

友人の表情に笑みが広がっていく。それを見た羽中田も、心が解《ほぐ》れていった。

浮き立つ気持ちで新宿駅から中央本線の鈍行列車に乗り込む。せめて列車のなかは勉強しようと羽中田は参考書を取り出したが、ページをめくるペースは徐々に落ちていった。

車窓を流れる景色が、彼の心を潤していく。アスファルトやビル群が消え、木々の緑が目立つようになる。懐かしさが身体のなかを駆け巡る。

「就職したヤツ、進学したヤツ、実家の仕事を継いだヤツ……みんな、どうしているかな。家族に会うのも久しぶりだな、まゆみちゃんにも会えるな」

韮崎駅に降りた羽中田は、大きく息を吸い込んだ。数ヵ月ぶりに訪れた韮崎の街は、何も変わっていないのに新鮮な気持ちを呼び覚ました。

羽中田は弾むような足取りで、同窓会の会場へ向かった。


8月6日に開かれた韮崎高校三年二組の同窓会は、店を替えて深夜まで続いた。

大学や専門学校へ進学した者がいる。会社に勤める者、家業を継いだ者がいる。髪を整え、化粧をしている女子の変わりように羽中田は驚かされた。東京の大学へ進学し、標準語をマスターしている者もいた。3月まで同じ制服を着ていた同級生たちが、ひどく眩《まぶ》しく見えた。

来年は必ず大学に合格する。彼らに追いついて、いつか追い越してやるぞ。

下宿と予備校を往復する毎日から抜け出したことで、勉強をしたいという気持ちが強くなったのは不思議だった。同級生たちとの会話を通して、サッカーをやっていた当時の負けず嫌いの性分が湧き上がってきたのだ。たくさんの刺激をもらうことができた、本当に参加して良かった、と羽中田は思った。

翌7日の早朝に甲府市内の実家へ帰宅した羽中田は、午後3時に目を覚ました。2時55分でも3時5分でもなく3時に起きたと記憶しているのは、隣家から漏れ伝わるテレビのワイドショーの音楽が目覚まし時計の代わりになったからだ。『3時のあなた』という番組のオープニングソングを聞いて、羽中田はベッドから身体を剝《は》がした。

朝まで騒いでいた疲れは、身体の芯に残っていた。暑さも厳しい。扇風機のスイッチを「入」にしても、室内に充満する湿っぽい空気がかきまわされるだけだった。汗でべっとりと濡れたTシャツに我慢ができなくなり、羽中田は浴室へ向かった。

シャワーを浴びてすっきりすると、原付きバイクで韮崎へ出かけた。

まゆみと会うためである。ふたりは三年二組のクラスメイトだったから、前夜の同窓会でも顔を合わせている。ただ、羽中田にもまゆみにも、久しぶりに話をしたい同級生がいた。ふたりでゆっくりと話すことはできなかったので、改めて時間を作ることにしたのだった。

まゆみの自宅から5分ほどの駐車場で、ふたりは落ち合った。しばらくすると、雨粒がぽつぽつとアスファルトを濡らし始めた。雨を避けられる場所がなかったわけではないが、羽中田もまゆみも天気予報を見ていなかった。雨雲はすぐに通過するのか、それともしばらく居座るのか、彼らにはわからない。

土砂降りの雨になったら、原付きバイクで甲府まで戻るのは大変だ。もっと一緒にいたかったが、本降りにならないうちに羽中田は自宅へ戻ることにした。

原付きバイクのエンジンをかけた羽中田に、まゆみは声をかけた。

「雨が降ってバイクの運転は危ないから気をつけて。ウチに着いたら電話をしてね」

まだ雨は小降りだったが、何となく心配だったのだ。

いつもよりスピードを落として走り、羽中田は自宅へ帰り着いた。まゆみから言われたひと言が、運転を慎重にさせていた。

原付きバイクを止めて部屋に荷物を置き、すぐにシャワーを浴びる。雨に降られた身体をほぐすと、中学時代の友人の顔がふいに浮かんだ。

明日には東京へ帰る。予備校生としての生活を再開する。次はいつ、甲府へ帰ってこれるのかわからない。会いたいと思う友だちには、今日のうちに会っておきたかった。

〈ちょっとアイツの家に行ってみるか〉

友人が自宅にいるかどうかを確認するために、電話をしようかとも思った。だが、羽中田は受話器ではなく原付きバイクのカギを手にした。

いきなり訪ねて友人を驚かせたいといういたずら心があり、いなければ帰ってくればいいという気軽な気持ちもあった。

案の定、友人は留守だった。家族も不在だったので、何時に帰ってくるのかもわからない。自分の運のなさに苦笑いをしながら、羽中田は原付きバイクのシートに腰を下ろした。雨はもう止んでいて、蒸し暑かった街全体が涼しくなっている。体感温度が少し下がったような気がした。風に吹かれて自宅に帰るのも悪くない。

羽中田のバイクは、中央本線の跨線橋《こせんきょう》を上っていた。片側一車線の道路に交通量は少なく、羽中田は慎重に、それでいて心爽やかに、バイクを飛ばしていた。身体を滑っていく風が心地好かった。

緩やかな登り坂が終わり、跨線橋の真ん中あたりから下り坂に差しかかったときだった。

バンッ！

羽中田は聞いたことのない破裂音を耳にした。何が起こったのかを自覚するまえに、ハンドルが異常なほど揺れ出した。前輪のタイヤがパンクしてしまったバイクは、運転者の意思を残酷なほどに拒む。

無意識のうちにブレーキをかけたが、余計にバイクのバランスを乱してしまう。羽中田にできることは、すでにほとんどなかった。１６９センチ、56キロの身体が、空中へ投げ出された。

「うわっ、うわあああっ！」

景色が反転した。二度、三度と、天地が引っ繰り返った。身体を支えてくれるものを両手で探すが、掌《てのひら》にも指先にも手ごたえはない。アスファルトの上へ激しく叩きつけられ、そのままの勢いで何度も身体がバウンドした。

「ううっ……ううう」

時間にすればわずか数秒の出来事だが、かつて味わったことのない恐怖が羽中田の感覚を狂わせる。自分の身に何が起こったのか、すぐには整理できない。

最初に左目を、次に右目を開く。何度か瞬きをして、視界をはっきりさせた。

白いガードレールが、視界の隅に入ってきた。跨線橋の下は、国鉄の線路である。もし、ガードレールを飛び越えて10メートル以上も下の線路へ転落していたら、いったい自分はどうなっていたか……。

転倒した原付きバイクのタイヤが、カラカラと音を立てている。タイヤのゴムが焦げたような臭いがする。耳も、鼻も、大丈夫だ。

意識ははっきりしている。両手も動く。

〈対向車や後続車の邪魔にならないように、バイクを動かさなきゃ〉

羽中田はゆっくりと起き上がろうとした。

ところが、足が動かない。上半身を起こすこともできない。羽中田の胸中で、最悪の想像が広がる。主人公が脊髄《せきずい》損傷で下半身不随になる人気ドラマの記憶が、鮮明に輪郭を帯びていった。

〈ガードレールか道路に背中をぶつけて、脊髄を傷つけちゃったのかもしれない〉

自分でも気づかないうちに、羽中田は声を出していた。

「動け」

足の指先に力を入れてみる。靴のなかで親指を曲げてみようとする。

「動けっ、動け！」

焦《じ》れったい。歯痒《はがゆ》い。声が大きくなる。

「動けよ、おいっ！」

羽中田の頭のなかで、様々な思いが暴れだす。

まさかこのまま、足が動かないわけじゃないよな？

ちゃんと治療をしたら、またサッカーができるようになるよな？

身体の芯が挫《くじ》けてしまい、前向きな考えが思い浮かばない。

これからオレは、どうなっちゃうんだ？

急性腎炎でサッカーができなくなって、大学受験にも失敗して、今度は交通事故か……。不安と絶望が爆発して、羽中田は叫んだ。悲しくて、恐ろしくて、怖くて、涙がこぼれてきた。

「何でオレばっかり、こんなことになるんだっ！　何でオレばっかり！」

騒然とした空気が漂う事故現場に、赤色灯が近づいてきた。現場に居合わせた誰かが、救急車を呼んでくれたのだろうか。

「世の中、悪いことばかりじゃないよ」

人ごみから身を乗り出した主婦らしき女性が、羽中田に声をかけた。羽中田は涙で潤んだ眼を女性に向けたが、言葉を返すことはできなかった。

〈いまこの状況でそんなことを言われて、そうだなあって納得できる人間がいるか？〉

目の前の景色から、色が抜け落ちていた。羽中田はストレッチャーに乗せられ、救急車へ運び込まれていった。

まゆみの自宅の電話が鳴ったのは、その夜だった。胸騒ぎがしてひったくるように受話器を取った彼女の耳に、友人の動揺した声が飛び込んできた。

「ハチュウが事故ったらしいんだ！ まゆみちゃん、何か知ってる？」

まゆみの全身に衝撃が駆け巡った。呼吸が整わず、息が苦しい。自分が何をすべきかわからず、まゆみはその場に呆然と立ちつくした。

募る不安と焦燥。そして恋人・まゆみの決意

白い天井を見上げる自分がどこにいるのか、羽中田はすぐにはわからなかった。単調な電子音を耳が拾い、消毒液の匂いに鼻腔《びこう》が反応する。カーテンの隙間《すきま》から漏れる朝日が、ベッドの上に細い線を描いていた。

〈ここ、どこだ……？〉

上半身を起こそうとする。動かない。足を曲げようとする。動かない。

〈何でだっ、どうして身体が動かないんだ？〉と思った瞬間、足元から突き刺すような痛みがせりあがってきた。羽中田の頭のなかで、前日の事故の記憶が断片的に浮かび上がってきた。

〈何でこんなことになっちゃったんだ……〉

１９８３（昭和58）年8月7日に原付きバイクで転倒した羽中田は、事故現場から救急車で最

寄りの病院へ運ばれた。すぐにレントゲンを撮ると、ただでさえ険しかった医師の表情がさらに硬くなった。

「大変申し訳ありませんが、こちらの病院では対応できません。すぐに大きな病院へ移っていただきます」

医師と看護婦は、羽中田の身体を慎重に支えてストレッチャーに乗せた。だが、ほんのわずかでも身体を動かされるだけで、鈍器で殴りつけられたような痛みが胸からつま先までを襲う。

救急車に乗せられての移動も、羽中田を限界まで苦しめた。路面の凹凸《おうとつ》で救急車が揺れるたびに、羽中田は「痛いっ！」と叫んだ。叫んでもどうにもならないのはわかっている。それでも、言葉を叩きつけないと痛みに耐えきれなかった。

甲府市内にある、より医療設備の整った病院へ着くと、そのまま手術室へ運ばれた。頭蓋骨《ずがいこつ》と腰骨に穴を開けられ、ステンレスの棒を穴に通された。羽中田の全身は、空中に固定された――

事故当日の記憶は、ここで止まっている。

原付きバイクで事故を起こし、緊急の大手術を受けた現実が、羽中田の心に襲い掛かる。息が荒くなる。呼吸ができない。呼吸困難と過呼吸に、同時に見舞われているかのようだった。息苦しくて、悲しくて、気持ちがしぼんでいく。気がつくと、涙がこぼれた。水分を摂《と》っていないのに、涙はいつまでも溢れて止まらない。

翌朝もまた、眼が覚めると息が詰まった。

羽中田は閉所恐怖症の気《け》がある。病室が特別に狭いわけではなかったが、身動きが取れないことへの恐怖に耐えられなかった。眼が覚めて動けないことを自覚するたびに、狭い空間へ閉じ込められた気分になるのだった。

できることなら、ずっと起きていたいと思った。睡眠は彼にとって、悪夢を呼び起こす時間だった。

羽中田が事故に遭ったとのニュースは、すぐに各方面へ伝わっていった。

韮崎高校サッカー部OBの羽中田といえば、山梨県では誰もが知っている存在である。地元紙の記者が病院を訪れ、取材をさせてほしいと告げてきた。

家族は拒絶した。7歳年上の兄・仁が、「傷ついたのは本人だけなのだから、記事にはしないでほしい」と押し通した。

病室の入り口から「面会謝絶」の札が消えたのは、入院から数日後だった。

面会が可能な時間になると、すぐに病室のドアをノックする音が聞こえてきた。良く日に焼けた男性が、静かにドアを開けてベッドサイドに近づいてきた。

日本サッカー協会の平木《ひらき》隆三《りゅうぞう》だった。

1964（昭和39）年の東京オリンピックに選手として出場し、引退後は日本ユース代表や日本代表で監督とコーチを歴任した人物である。羽中田が第1期生として参加したトレセンには、立ち上げ当初から関わっている。組織の最高責任者の指導本部長として、平木は若い才能の発掘と育成に力を注いでいた。

羽中田がトレセンに参加するようになってから、彼の実家に絵葉書が届くようになった。日本代表などの海外遠征に同行した平木が、旅先から送ってくれる便りだった。

力強い筆跡の短い文章に励まされ、海外の街角を切り取った写真に見入った。羽中田がヨーロッパサッカーへの憧憬を膨らませていったのは、平木の絵葉書から想像の翼を広げていったところもあったのだろう。

真夏にもかかわらずきちんとスーツを着た平木と、羽中田は目を合わせられなかった。自分に目をかけてくれていたのに、浪人生活を過ごすことになったばかりか、選手生命が危ぶまれるケガまでしてしまった。申し訳ない気持ちばかりが湧いてきて、頭を上げられなかったのだ。

グラウンドで指導を受けていた頃のように、平木は優しい口調で羽中田に語りかけてきた。

「焦らないで、とにかく、しっかり治すんだよ」

羽中田の胸に空いた大きくて暗い穴を、平木の言葉が埋めていく。硬かった病室の空気が、少しずつほぐれていった。

「それから」と、平木は続けた。

「日本代表のハチュウのポジションは、いつでも取ってあるからな。くれぐれも焦らないで、しっかり治すんだ。また一緒に、グラウンドで戦おう」

「えっ……は、はい、ありがとうございます」

事故に遭ってしまった運命を呪い、絶望に打ちひしがれていた羽中田の声に、この日、初めて感情が通った。「希望」という感情が、彼の胸のなかで明かりを灯した。

顔馴染みの鍼灸師《しんきゅうし》は、毎日のように面会に来てくれた。急性腎炎を患った羽中田に、鍼治療《はり》をしてくれた先生である。

「もし何かあっても、オレが治してあげるから」

「はい」

相槌《あいづち》を打つ羽中田の声は、少しずつ熱を帯びていった。

もちろん、事故に遭ったショックからすぐに立ち直ったわけではない。

消灯時間が近づくと憂鬱になり、眼が覚めると息苦しさに襲われた。

病室の窓から真っ青な空を見るだけで、どこにもぶつけようのない怒りに駆られることがあった。いつになったら、自分はあの空の下を走ることができるんだろう？　自分と同じケガをした人たちは、どうやって現実を受け入れたのだろう？　どんなふうにして、日常を取り戻していったのだろうか？　というよりも、自分は日常を取り戻せるのだろうか？

乾いた気持ちはやがて擦《す》り切れ、心に風が吹き抜ける。真夏でも、冷たい風が……。

面会に足を運んでくれる知人や友人を、羽中田は決して拒まなかった。

だが、自分に向けられる同情の視線は、すぐに察することができる。そんな目で見ないでくれ、と心のなかで叫ぶ。訪問者の慰めに対して、機械的に返事をしてしまうこともあった。

それでも、羽中田の怒りが病室の外へ響くことはない。

バイク事故を起こした夜から、母の益江《ますえ》は付きっ切りで看病してくれている。母がオープンさせたばかりの喫茶店は、会社員の兄が仕事をやりくりしながら続けていた。1983（昭和58）年8月7日を運命の境界線として、家族全員の日常が一変した。その原因を作ってしまった自分が、これ以上家族に心配をかけるわけにはいかなかった。できるかぎり普通に振る舞うことで、羽中田は家族や知人との距離を保とうとした。

面会を断り続けている相手が、たったひとりだけいた。

恋人のまゆみである。

〈まゆみちゃんとだけは、もう会っちゃいけない〉

彼女には短大生としての生活がある。幼稚園の先生になる夢もある。何よりも、自分の将来が不透明になってしまった。予備校生だった数日前から、何万歩も後退してしまった気がする。このまま付き合っていても、まゆみが笑顔になる日は来ないだろう。彼女の悲しそうな表情を見るのは、羽中田には耐えられなかった。悲しませてはいけない、と羽中田は思った。

3人きょうだいの末っ子がまゆみを遠ざけているのは、家族も理解している。全員が羽中田の気持ちを汲《く》み取っているなかで、兄の仁が申し訳なさそうに切り出した。入院から1週間が経過した夜だった。

「まーくん、もう断りきれないよ。明日、まゆみちゃんを病院に連れてくるよ」

羽中田がバイク事故を起こした夜から、仁は連日、まゆみの連絡を受けていた。最初の数日は「面会謝絶だから」と説明したが、仁もまゆみの人柄には触れている。電話で話をしているだけでも、彼女の気持ちが波のように伝わってきた。「絶対にまーくんに会うんだ」という決意は、まゆみの心から決して引き剝《は》がせないように感じられた。

この日はついに、家族で営む甲府市内の喫茶店にまでやってきた。友人とふたりで来店したまゆみは、仁に不満げな視線を向けることもなく、19歳の短大生らしい明るさを感じさせていた。注文されたフルーツパフェをテーブルに届けると、友だちと顔を見合わせて「おいしそう〜」とはしゃいだ。

まゆみのまっすぐな思いを間近で感じて、仁の心は激しく揺らいだ。弟の気持ちは何よりも優先したいが、「明日、病院に行こうか」と思わず問いかけたのだった。

甲府市内の病院に車が着くと、まゆみは全身が強張《こわば》るのを感じた。

昌が原付きバイクで事故を起こしてから、頭のなかは彼のことでいっぱいだった。起きている間はずっと、昌のことを考えていた。

やっと、まーくんに会える——久しぶりの再会に高まる気持ちと、いまはまだ知らない現実を目《ま》の当たりにする不安が、まゆみの胸の中でぶつかり合っている。

病院には昌の兄の仁が付き添ってくれた。公共交通機関では少し不便な場所にあるので、車を出してくれたのだった。

エレベーターに乗る。パネルに表示された赤い数字が1から2、2から3と上昇していく。まゆみは胸の鼓動が激しくなった。

昌の病室は個室だった。仁は軽くノックをして、ドアを静かにスライドさせた。まゆみがあとに続く。花束を持つまゆみの掌は、じんわりと汗ばんでいた。

窓際にある左奥のベッド脇で、女性が立ちあがった。昌の母の益江だった。

「わざわざありがとうね、まゆみちゃん」

ベッド脇に歩み寄ったまゆみは、昌がなぜ自分を拒んでいたのかをすぐに理解した。どうして会ってくれないの、と思っていた自分の浅はかさを、いますぐにでも叱《しか》りつけたくなった。

「こんなんなっちゃったよ、オレ」

頭と腰をボルトで固定された昌は、悲しさと照れくささがごちゃまぜになったような表情でまゆみに言った。頭には包帯が巻かれており、白く覆われていない部分は剃《そ》り上げられていた。

頰はげっそりと削《そ》げ落ちていた。首筋が細くなっているようにも感じられる。最低限の食事しか摂ることができないのかもしれない、とまゆみは察した。

国立競技場で観たサッカー選手の昌が、代々木公園で一緒に音楽を聴いた昌が、東京からの電話で「勉強が楽しい」と声を弾ませていた昌が、一気に甦《よみがえ》る。何事にも前向きで、明るくて、いつも楽しそうな彼の日常を一変させた事故が、とてつもなく恨めしかった。

まゆみは、父親を交通事故で亡くしている。大切な父を失った彼女と家族に、親戚や知人は精いっぱいの優しさで接してくれた。絶望に打ちひしがれていたなかで、救いになったひと言もある。言葉の力というものに触れたことのあるまゆみだったが、いまこの瞬間に何を言えばいいのかが思い浮かばなかった。

いったい自分は何を話したのか、そもそもまともに話すことができたのか、まゆみは覚えていない。はっきりと記憶しているのは、昌の母親も、兄の仁も、他ならぬ昌も、とても落ち着いていたことだった。空気に色があるならば、灰色でも黒でもなかった。

病室にいる間ずっと、まゆみは手の甲をつねっていた。皮膚が紫色になるくらいに、きつく、きつく。

そうしていないと、涙がこぼれてしまうからだった。

韮崎高校のユニフォームを着た自分が、国立競技場を疾走している。ドリブルでボールを前へ運ぶたびに、６万人の観衆の声援が大きくなる。

清水東高校のＤＦが追いかけてきているはずだが、彼らの足音も、息遣いも、聞こえてこない。全国高校サッカー選手権決勝という最高の舞台で、国立競技場という巨大な空間を自分が支配している。

なんて気持ちいいんだろう。なんて幸せなんだろう。

緑と白のユニフォームに身を包んだ背番号15が、清水東のゴールへ迫る。

相手GKの頭上を、ループシュートで破ろう。右足ですくいあげるようにシュートする。ボールの軌道を追いかける観衆の歓声が、さらにボリュームをあげる——。

「うわああっ」

声をあげて眼が覚める。付き添ってくれている母親が、心配そうに自分の顔をのぞき込む。

〈また、同じ夢を見たんだ〉

昌は現実に引き戻されていった。

入院とは決められた時間どおりに生活することであり、患者がしなければならないことは意外に少ない。食事や回診を除けば、とにかく安静にしているだけだ。

考え込む時間が、自然と多くなった。サッカーをやっていた当時を思い返し、これからの自分に考えを巡らせる。頭のなかで過去と未来を行ったり来たりしながら、昌は決められた時間どおりに毎日を過ごしていた。

気持ちはどうしても、後ろ向きになる。今日よりも素晴らしい明日が来ると信じたくても、その根拠が見つからない。

仁に連れられてお見舞いに来た翌日から、まゆみが一人で病室を訪れるようになっていた。最初のうちは授業の合間に慌ただしく顔を出していたが、そのうちに授業を休むようになってしまった。面会時間は午後7時までだが、消灯時間まで粘ることもあった。短大の単位が昌には気がかりだったが、まゆみは「大丈夫よ」と張りのある声で答えるのだった。

入院から3ヵ月が過ぎ、昌は個室から4人部屋へ移された。容態が安定してきたからだった。昌を含めた4人は、同世代だった。昌と同じように、脊髄を損傷した者もいた。すぐには退院できない症状の重さは全員に共通しており、それもまたお互いが心を通わせる理由だったのかもしれない。

まゆみを加えた5人は、よく彼らオリジナルのゲームで盛り上がった。「いまの自分にできないことを言い合う」のだ。

「和式のトイレは無理！」

「うさぎとびはできない」

「スキップも」

「成人式は行けないいな」

「ていうか、行きたくないな」

自虐的だということは、全員がわかっている。だから、彼らは共感できた。連帯感を抱くことができた。まゆみも声をあげて笑った。ゲラゲラと笑った。病院では不謹慎だと注意されかねないくらいに。

重いケガを負った昌らの自虐ネタを笑い飛ばすことに、抵抗がなかったわけではない。彼らがときおり見せる苦痛の表情は、まゆみの心に棘《とげ》となって刺さる。治療の痛みに耐えきれずに、病室に響き渡る叫びを聞いたこともあった。

誰でもないまゆみも、不安と向き合っていた。

これからまーくんは、どうなるのだろう。まーくんと私は、どうなるのだろう。答えの出ない自問自答を繰り返しながら、それでも彼女は昌から離れようとはしなかった。

ふたりの付き合いが始まってから、〈今日は5時間一緒にいられたな〉とか、〈今日は8時間もふたりで過ごせたな〉と、まゆみは過ぎた時間を慈《いつく》しむ。そのたびに胸が温かくなる。

昌が入院してからも、彼女の気持ちには一ミリたりとも変化はなかった。病院から自宅へ向かう帰り道で、まゆみは〈明日はどれくらい一緒にいられるかな〉と胸を弾ませるのだった。

主治医の宣告「羽中田くんの足は一生動かない」

1983（昭和58）年11月22日、静岡県掛川市のレクリエーション施設でプロパンガスが爆発する事故が起こった。死者14人、負傷者27人の大惨事だった。

日本サッカー界にとっても、この事故は無関係ではなかった。負傷者のなかに、松本育夫が含まれていたのである。

羽中田がトレセンやユース代表候補合宿で何度も指導を受けた松本は、平木隆三とともに、羽中田の才能を高く評価していた。

全身火傷《やけど》と両手両足骨折という重傷を負った松本は、東京都内の病院で治療を受けていた。羽中田のケガを知った彼は、カセットテープにメッセージを吹き込み、知人を通じて甲府の病院へ届けた。

「羽中田へ、慈恵医大の松本より。先日、NHKの番組で、こんなことを言っていました。人間の運命で、もっとも大切なものは何か、という質問に対して、出会いという答えを、出していました。自分の持っているものを、すべて出し、また、自分というものを、すべてさらけ出したとき、相手になってくれる方、ないしはモノが、すべてを出してくれる、ということが結論だったようです。自分の持っている力を、あますことなく出し、相手の力を引き出しながら、自分のモノにしていく、君のそのサッカーに対する姿勢が、この話に当てはまると、思います」

松本のメッセージは、ところどころで言葉が途切れたり、声がかすれたりしている。それがまた、羽中田の心に響いた。試合前の円陣にいるかのような気持ちになった。選手たちを奮い立たせる松本の情熱的な語り口が、まざまざと甦ってきた。

「羽中田、病気もケガも気力だよ。自分で治そうとしなかったら治らない。あの、検見川《けみがわ》のグラウンドでいっぱいやったサッカーを思い出して頑張れ。羽中田、ケガは、自分で、なお、せ」

原付きバイクでの事故から3ヵ月以上が過ぎ、季節は秋を通り越して冬になりつつあった。病室の窓から外を眺めるだけでは、季節の移ろいを感じることさえできない。この小さな部屋が自分の全世界になっていることに、羽中田は切なさや虚しさを感じることがあった。

松本の声には次第に疲労が滲《にじ》み、最後には震えていた。それなのに、眼の前で叱咤《しった》されているような迫力があった。

思いがけず届けられたメッセージに、羽中田は希望の芽を見つけた。

様々な思いが胸中で渦巻いているのは変わらない。それでも、光を発するように浮かび上がってくる道標《みちしるべ》を、彼は見つけたような気がした。

〈松本さんも頑張っている。自分もいつかまた、グラウンドに立ってやろう〉

いつも自分を支えてくれている家族以外にも、羽中田昌の未来を信じてくれている人がいる。そういう人たちの思いに応えたい、応えなきゃいけない、と思うのだった。

1983(昭和58)年11月、日本サッカーに新たな時代が到来した。

第19回日本サッカーリーグ(以下JSL)1部で、読売サッカークラブが初優勝を成し遂げたのである。東洋工業、三菱重工、ヤンマー、古河電工といった企業チームが牽引してきたJSLで、クラブチームが初めて国内リーグの頂点に立ったのだ。

甲府市内の病院で治療を続ける羽中田も、環境を変える日が近づいていた。

身体を固定していた4本のステンレス棒は、入院から3ヵ月で取り除かれた。寝たきりの状態から、車イスに乗れるようになった。自分の意思で動けるようになったことで、羽中田の心は少しずつ晴れていった。

車イスでの生活が1ヵ月を過ぎ、リハビリに充てられる時間が長くなってきた。より高度に、より柔軟にリハビリを進めていくには、現在の環境では限りがある。神奈川県厚木市にリハビリに優れる病院があると聞いた羽中田は、家族と相談したすえに転院を決めた。

転院の前日に、羽中田は主治医の部屋を訪ねた。外来患者の問診をする空間には、消毒薬と包帯の匂いが満ちている。中学、高校時代、ケガをするとこういうところで治療をしてもらったものだよなと、羽中田は思いがけず懐かしさを覚えた。

右手を机の上に乗せた主治医の正面に、羽中田は車イスを滑り込ませた。タイヤが動かないように固定する。患者用の丸いイスには、付き添いの母親が座った。

羽中田の心は、ささやかな期待に満ちていた。脊髄損傷という大変なケガが、すぐに完治するとは考えにくい。完治しないかもしれない。それでも、勇気や希望を膨らませる言葉を聞くことができるかもしれないと、彼は思っていた。

レントゲン写真を取り出した主治医は、机の上のライトボックスの電源を入れた。白く灯った光のなかに、黒い影が浮かび上がる。

硬い表情の主治医は、写真を指差しながら切り出した。

「羽中田くんの背骨はこのように折れていて、その影響で脊髄が刺激されています」

羽中田の心から、希望が、勇気が、急速に塗り潰されていく。ひょっとしたら言われるかもしれない、でも、絶対に聞きたくないと思っていた言葉が、自分に向かって猛スピードで接近しているように感じられた。

「大変残念ですが、羽中田くんの足は一生動かないでしょう。厚木の病院へ移ったら、車イスで生活をするためのリハビリをしてください」

真っ先に反応したのは母だった。眼に涙をためながら、主治医につかみかかるような勢いで言った。

「明日からリハビリの病院へ行くときに、そんなことを言わなくてもいいじゃないですか！　少しでも希望を持って、リハビリを始めさせてあげたいじゃないですか！」

怒りの感情をここまで剝《む》き出しにする母を、羽中田は初めて見た。19歳の息子は、本能的に母をなだめた。立ち上がった母に手を伸ばし、「とにかく座って、落ち着いて」と声をかけた。

羽中田の胸には、忘れてはいけない記憶が刻まれている。

入院から1週間後だったか、それとも2週間後だったか。魂《たましい》を抜かれたような日々を送っていた羽中田は、その日、母との何気ない会話のなかで、「ああ、そうなんだ」と相槌を打った。

羽中田の表情を見た母が、いきなり病室を飛び出した。ドアが開いたままなので、看護婦を捜していることがわかる。「あっ、いたいた。看護婦さん、看護婦さん、ちょっと！」と、病院には似つかわしくない大きな声をあげる。

「昌がね、いま笑ったの！　初めて笑ったのよ！」

羽中田は驚いて、戸惑った。笑ったつもりはなかった。そうやって言われてみれば、ほんの少し頬が緩んだかな、と思う。

たったそれだけで、母が嬉しさに包まれている。暗い顔をしてばかりではいけない。この日から羽中田は、できるだけ笑顔でいようと心に誓った。

残酷といっていい宣告を受けた瞬間も、羽中田は母を気遣った。

「お母さん、僕は大丈夫だよ。ひょっとしたらそうかもしれないかな、と思っていたから」

心の中は、違う。声にならない叫びを、19歳の少年は上げている。

ウソだろっ！

もう一生動かないって、何だよ、それっ！

サッカーができなくなってしまったことについての絶望感は、脳裏をよぎらなかった。サッカーは本当にかけがえのないものだが、それさえも考えられないほどのショックを、羽中田は受けていた。

病室へ戻ると、まゆみが待っていた。

主治医と会ってきたことは、彼女も知っている。羽中田はできるだけ軽い調子で「ちょっと話があるんだ」と言い、まゆみを連れ出した。

まゆみに車イスを押してもらい、羽中田は外来病棟へ行った。診察時間はすでに終了し、ロビーに人影はない。緑色の光を投げかける非常口の照明が、ぼんやりとあたりを照らしていた。

羽中田は話すべきことだけを告げた。言葉を尽くして自分の気持ちを説明すると、言ってはいけないことが口から滑り出てしまいそうだからだった。

「オレの足、もう動かないんだって」

まゆみが「えっ」と小さな声をあげたが、羽中田は間を置かずに続けた。

「明日、神奈川の病院に行く。会うのは今日で最後にしよう。いままで本当に、色々とありがとう」

羽中田は頭を下げた。これまでお世話になった御礼の意味もあったし、まゆみの顔を見るのがつらいからでもあった。

ひんやりとした空気が漂うロビーに、まゆみのすすり泣きが響く。彼女の悲しみが、波のように伝わってくる。

入院生活を過ごしながら、羽中田はいつもまゆみのことを考えていた。寝たきりで過ごした3ヵ月の間、夕食を食べさせてくれたのは母の益江やまゆみだった。食後のフルーツを口に運んでくれたのも、爪を切ってくれたのもまゆみだ。

まゆみが面倒そうな表情をのぞかせたことは、一度としてなかった。だからこそ、「一生、足は動かない」と宣告されたいま、もう一緒にいてはいけないと思った。このままでは彼女の人生が台無しになってしまうという考えが、頭に染み込んでいく。

まゆみは両手で顔を覆い、羽中田の眼の前で立ち尽くしていた。

〈自分は彼女を幸せにできない。誰よりも大切な人だからこそ、別れなきゃいけないんだ〉

羽中田は目を閉じて天井を仰ぎ、大きく深呼吸をした。

「じゃあ、もう帰りな」

縛り付けられたように動けないまゆみを、羽中田は出口まで連れていった。

まゆみを見送ることなく、病室へ戻る。絶望の淵につき落された19歳の少年の、精いっぱいの優しさだった。


神奈川リハビリテーション病院での日々は、羽中田が想像していた以上に過酷だった。

病院の周りを囲んでいる道に、一日に1度は必ず車イスの軌跡を刻んだ。病院のスタッフやリハビリ患者が、「外周」と呼ぶリハビリのひとつである。

路面を青く塗った坂と、赤く塗った坂もあった。「青坂」と「赤坂」と言われる急勾配を登るのも、リハビリを始めたばかりの羽中田にはこたえた。

高校野球の練習で見るような、リハビリのメニューもあった。車イスにタイヤを結びつけて引っ張るのだ。

車イスを動かすには、両手の力が頼りだ。腕力をつけるために、腕立て伏せは欠かせない。上半身を徹底的に鍛える日々が続く。

この病院でのリハビリというものは、必ずしも元の身体を取り戻すためのものではありません。失われたものを嘆くのではなく、自分にある機能を活用していくことが重要なのです——担当医から聞かされた。理屈はわかっている。車イスで生活していく以上は、目の前のリハビリをしっかりやらなければいけない、と自分に言い聞かせる。

それなのに、気持ちは萎《しぼ》んでしまうのだ。

こんなに大変なリハビリを、何でやらなきゃいけないいんだ。頑張ったってしようがない。

投げやりな気持ちが、頭のなかで渦巻く。

希望を見出せない羽中田は、リハビリを苦痛と感じていた。やらないと担当医に怒られるから、決められた距離を車イスで漕《こ》ぎ、決められた回数の腕立て伏せをした。リハビリに取り組むモチベーションが、最初から涸《か》れていた。

食事をすることさえも、気が進まなかった。運ばれてきた食事が、冷めたまま残っていることがしばしばだった。

羽中田の身体を心配した婦長に、「武田信玄の名が泣くわよ！」と怒鳴られたこともある。郷土の英雄である戦国武将を持ち出されても、気持ちは奮い立たない。「食べたくないものは、食べたくないいんですよ」と、口を尖《とが》らせた。

リハビリを始めて10日が過ぎ、羽中田の頭のなかで「脱走」や「逃亡」といった文字が大きくなっていた。最寄り駅から車で30分もかかる施設から、本気で抜け出すことを考えていた。

そんなときだった。

病室のベッドで休んでいると、看護婦が「面会ですよ」と羽中田に告げた。

誰かが来る予定はなかった。そもそも、厚木でリハビリをしていることは、ごく限られた人間にしか知らせていない。

面会室はエレベーター前にある。病室からは決して遠くないが、わずかな移動さえひどく苦痛に感じられた。

羽中田を待っていたのは、身体の小さな女性だった。

「へへっ、来ちゃった」

神奈川県厚木市のリハビリテーション病院の待合室に、山梨にいるはずのまゆみが懐かしい笑みを浮かべて立っている。

彼女とは転院する前日に別れたはずで、この病院についても知らせていない。

羽中田は自分の目を疑った。驚きと戸惑いの表情が入り混じる。

「なっ、なんで……」

「とりあえず座っていい？」と言って、まゆみはパイプイスに腰を下ろした。

優しくて、懐かしい香りがした。

清潔でも無機質な病院の空気に触れてきた羽中田には、19歳の女性が放つふんわりとした香りが新鮮だった。それがシャンプーなのか、リンスなのか、それともボディソープなのか、あるいは香水なのかはわからない。彼女がどんなものを使っているのか、羽中田昌は知らなかった。ひとつだけはっきりしているのは、病院で過ごす生活では感じられない温もりを、彼女が運んできてくれたことだった。日差しをいっぱい浴びた布団に包まれたような、何ともいえない心地好さがある。

まゆみはちょっと拗《す》ねたように切り出した。

「まーくんには別れようって言われたけど、私は全然そのつもりはなかったから」

「じゃっ、じゃあ、どうして今日まで来なかったの?」

まゆみの口もとに、笑みがこぼれた。「クスッ」と音がするような微笑《ほほえ》みだ。数えきれないほど見てきた表情なのに、今日は特別に眩しい。

「甲府の病院とは違うからね。だって、遠いじゃな〜い。一応だけど、短大の授業もあるし」

それはそうだ、と羽中田は心のなかで頷いた。

韮崎から厚木へ来るとしたら、中央本線に乗って八王子で横浜線に乗り換え、町田からは小田急線に乗り継ぐことになる。そして、最寄りの本厚木駅からは、バスに乗らなければいけない。電車の接続がうまくいっても、2時間半から3時間はかかるはずだ。

彼女の気持ちを想像すると、羽中田は胸をかきむしられるようだった。申し訳なくて、嬉しくて、思わず頭を下げた。

「どうも、ありがとう」

「ホントに大変だったんだからねー。ひとりで東京に来るなんて初めてだったから、ちょっとした旅行よ」

「まゆみちゃん、ここは東京じゃなくて神奈川だよ」

「どっちでもいいじゃな〜い。大変だったのは同じなんだから。少しは褒めてもらわないと」

これだ。このリズムだ。まゆみの大らかさはいつも、自分の心を解してくれる。他人の苦しみや痛みをやわらげる不思議な力を、彼女は持っている。「まゆみと会ってはいけない」という自分への戒《いまし》めが、羽中田の心から急速に抜け落ちていった。

〈まゆみちゃんとはもう別れたんだと自分に言い聞かせていた。でも、心の奥ではこうして来てくれることを待っていた。車イスに乗った身体では、彼女を幸せにすることはできないかもしれない。でも、彼女のために生きていきたい。もっと前向きに生きていこう〉

まゆみとの再会をきっかけに、羽中田は変わった。

リハビリに全力で取り組み、食事を残さず食べるようになった。明日も頑張ろうという意欲を抱きしめて、眠りにつくようにもなった。

歯を食いしばって車イスのタイヤを回しながら、羽中田はまゆみの顔を思い浮かべる。それまで自分で決めていた「限界」を、超えられる気がした。実際に、超えることができた。心の中にまゆみがいることで、限界のレベルが上がっていく。心に硬い芯が通っている。

車イスを動かすことに違和感がなくなると、リハビリは次のステップへ移った。外出訓練と呼ばれるものだ。タクシーで本厚木駅まで出かけて、自分の欲しいものを買うのだ。

タクシーに乗るには、車イスから後部座席へ移らなければならない。降りるときはその逆で、車イスへ乗り移る。どちらも「力の加減」が「コツ」だ。

外出訓練にはふたりで取り組む。タクシーの乗車に慣れている患者がリーダーとなり、〝後輩〟をサポートするのだ。

健常者なら当たり前のことに、車イスに乗り始めたばかりの羽中田は時間と労力を必要とする。外出に「訓練」という二文字がつくことに対して、気恥ずかしさがなかったと言えば嘘になる。子ども扱いをされているような気がして、暗い思いが心に忍び込むこともあった。

それでも、外出は気分転換になった。活動範囲が広がることで、社会とのつながりが増えていく気がした。

リハビリのペースは上がっていった。外出訓練では、リーダーに指名されるようになった。

退院の日が、近づいていた。

退院。自立への苦闘始まる

１９８４（昭和59）年2月29日は仏滅だった。人生の門出にはふさわしくない六曜のひとつを、羽中田はあえて避けないことにした。大安を選んで退院をした同室の患者が、数日後に病院へ戻ってくることが続いたからだった。

病院には母親とまゆみ、それに隣家のおじさんが来てくれた。

羽中田の見送りに集まった看護婦と婦長は、白衣の上に紺色のカーディガンを羽織っていた。ダウンジャケットを着た羽中田も、チャックを一番上まで引き上げた。人々の吐く息が、綿あめのようになって玄関先に漂う。

羽中田は病院を見上げた。リハビリに没頭した日々が思い出される。まゆみとの再会がエネルギーとなり、青坂にも、赤坂にも、タイヤ引きにも、耐えることができた。腕立て伏せもサボらずにやった。二の腕が太くなった気がする。車イスの操作は、かなりスムーズだ。

羽中田と向かい合う看護婦の列から、婦長が一歩前へ出た。「今日まで良く頑張ったわね、退院おめでとう」と、柔らかい声で言う。ひと足早く桜が開花したように、看護婦たちが笑みをこぼす。患者の見送りにふさわしい明るいざわめきが、玄関先に広がっていった。

母親のような年齢の婦長には、食事を残すたびに怒鳴られた。婦長の気遣いを受け入れる精神的な余裕がなくて、心を通い合わせることができなかった。言葉で反論しなくても、不満そうな空気を振りまいていた。

自分に厳しく接してきた婦長が、待ち望んでいたような優しさを溢れさせている。自分を支えてくれる人が、ここにもいる——羽中田は胸が熱くなった。

「お世話になりました。どうもありがとうございました」と、ほとんど条件反射的に頭を下げていた。

初めてこの病院を訪れた日を思い起こす。希望も、夢も、持てなかった。心に暗い空洞を抱えていた。

だが、いまはもう、違う。

綱渡りをしているかのように揺れ動いていた気持ちは、ストレスのゲージを格段に下げている。

肌に冷たくて感傷的な朝の空気を、婦長の激励が切り裂いた。

「羽中田くん、負けるんじゃないわよ！　もうここには、帰ってきちゃだめよ！」

婦長は眼に涙をためている。いつもの厳しい口調を維持することで、何とかして感情を保っているようだった。

羽中田も泣いた。

事故を起こしてから、何度も泣いた。悲しみを抑えきれなくて、涙がこぼれた。だが、この日流した涙は、それまでとは別の感情が誘い出したものだった。

〈もう、ここには戻らない。新しい人生を一から始めよう〉

希望の光に満ちた瞳から、涙が溢れ出た。


7ヵ月ぶりに帰った自宅は、新しい木材の匂いがした。

玄関にはスロープが取りつけられ、段差はすべて10センチ以下で統一されていた。車イスの羽中田でも、無理なく移動できる。

コンセントの位置が変わっていた。羽中田が身体を折り曲げなくてもいいように、床からかなり高い位置に移されていた。トイレも、お風呂も、羽中田がひとりで使える工夫が施されている。家族の心配りが、至るところにちりばめられていた。

自宅に戻ってからちょうど1週間後、羽中田はささやかな冒険に出かける。外出訓練の成果を、試してみようと思ったのだ。

室内着のトレーニングウェアを脱ぎ、きれいに折り目のついたパンツを用意した。着替えには、ためらいを振り払うスイッチの役割もある。

目ざすのは甲府駅である。自宅からおよそ1キロの距離だ。徒歩なら10分ほどで、車イスでも15分あれば着くはずだ。ひとりで外出するのは初めてなので、慌てずにゆっくり行こうと羽中田は考えた。

自宅を出ると、すぐに小学校がある。羽中田が6年間通った春日小学校だ。小学校の前を通るのが怖かった。車イスで生活をするようになってから、羽中田は子どもたちの視線に圧力を感じていた。

どうしてこの人は、車イスを使っているんだろう？

幼稚園児や小学生が羽中田に注ぐ視線には、真っ直ぐな疑問が含まれている。大人たちのような遠慮がない。さりげなく視線を向けるのではなく、「ジロジロ」と見つめられる。

子どもたちに悪気がないのはもちろんわかっている。それでも、不思議そうに自分を見つめる視線は、羽中田の気持ちをざわつかせる。慣れることも、馴染むことも、難しい。車イスで一からやり直そうという決意が、ほんの少しだけ揺らいでしまう。

小学校の前に差し掛かった。羽中田は両腕に力を込めた。車イスが後ろへ引っ張られるような感覚が、掌を強張らせる。自宅から小学校までの道のりは、緩やかな登り坂だったのだ。

道路が必ずしも平らではないことにも、強制的に気づかされた。雨水などの流れを良くするために、道路には中央から両端へ傾斜が設けられている。これが、車イスには苦しい。外側の車輪が低くなり、身体のバランスが微妙に狂う。徒歩では気づけないほどの凹凸や起伏を、車イスは敏感に感じ取る。

小さな空き缶がひとつ落ちていれば、それだけで進路をずらさなければならない。短い間隔でごみが落ちていたら、スラロームのように右へ左へと車イスを操作する必要がある。徒歩なら簡単に拾い上げられるゴミでも、車イスには障害になりかねない。

甲府駅へつながる大通りに出た。歩道が広くなる。人通りも多い。ここもまた、緩やかな上りの道である。

韮崎高校のスター選手として名を馳《は》せていた当時は、通行人がすれ違いざまに振り返ったり、「韮高の羽中田だよ」といった囁《ささや》き声を聞いたりした。周りから見られることには慣れていたし、それでも普通に過ごすことができていたが、車イスになった羽中田は居心地の悪さを覚えている。

額にじんわりと汗がにじんできた。甲府駅までは、まだ少し距離がある。

甲高《かんだか》い声が、羽中田の頭上に降り注いだ。

「羽中田くん、こんにちは。がんばれしよ」

通りかかったエプロン姿の女性が、甲州弁で励ましてくれた。目もとにしわの寄った表情が優しい。羽中田には誰なのかがわからなかったが、たぶん母親の知り合いだろう。軽く会釈《えしゃく》をした。自宅を出てから初めて、人の顔を見た。

甲府駅には15分で到着した。帰り道は下り坂が多いので、もう少し時間を短縮できた。車イスで生活するようになって最初の冒険は、26分間で終了した。

翌日も、甲府駅まで車イスを漕いだ。玄関を出て視線を上げてみると、青空が眩しかった。

「空ってこんなに広かったんだ」と、羽中田は感じた。

甲府駅への道のりで、羽中田は父親のアドバイスを思い出した。「周りの眼がどうしても気になる」と打ち明けた次男に、父親はいつもより強い口調で答えた。

「いいか、人の眼が怖いときは、こっちから先に見ちゃえばいいんだぞ」

車イスで生活するようになった羽中田が、胸のなかで大切に育てていく人生訓のひとつである。


2017（平成29）年の日本にあって、1984（昭和59）年の日本にないものは——ひとつやふたつではない。車イスで過ごす人間が日常生活で感じ取る大きな変化は、「バリアフリー」という概念だろう。障害者や高齢者が社会生活を営んでいくうえでの物理的な障害が、20世紀の日本にはあちらこちらに存在した。

公共の施設でも、エレベーターやスロープがもれなく設置されているわけではなかった。スペースの広いトイレや公衆電話を見つけるのも、利用する側からすれば大変である。

物理的な障害だけではない。精神的な障害も、羽中田に立ちふさがった。

タクシーを利用しようとして、歩道で手を挙げる。フロントガラス越しに「空車」の赤い文字を示す車が近づいてくるが、そのまま通過してしまう。

乗車拒否である。羽中田が車イスだから、というのが理由だった。

ひとりでタクシーを使うには、車イスを畳んでトランクに収納してもらわなければならない。

車イスの利用者には欠かせない作業を、面倒だと感じる運転手がいた。いったんは止まってくれたものの、「車イスはトランクに入らない」とか、「トランクの中に傷がつく」といった理由を盾《たて》にして、羽中田を乗せることなく走り去っていくタクシーもあった。

乗車拒否を受けるのが当たり前となっていたので、まゆみがタクシーに手を挙げ、止まったあとに羽中田が出ていくこともあった。それでも、車イスを見つけた途端に断られることがあった。

拒絶され続ける羽中田の心には、「またか……」という絶望的な感情が広がる。快く補助をしてくれるドライバーもいたが、タクシーという選択肢は彼のなかで優先順位が下がっていった。

電車での移動は、さらにハードルが高かった。

鉄道会社に利用の可否を問い合わせると、「何時何分発の電車を利用するのか、目的地はどこなのかを１ヵ月前までに連絡してほしい」と告げられた。車イスの乗客をホームへ案内するエレベーターや、車イス用の階段昇降機がないなどの構造的な問題を持ち出し、駅員は「安全を確保できません」と眉をひそめた。「自己責任で移動します。もし何かあっても、そちらの責任を問うようなことはしません」と羽中田が頭を下げても、鉄道会社側は彼の言い分を撥《は》ねつけた。

「もし何かあったら、世間はあなたではなく鉄道会社の責任を追及するものです」

日常の足として電車を使うことが、羽中田には許されなかったのである。海外へ留学する従妹《いとこ》も、ホームではなく改札口で見送った。

タクシーも、電車も、自由に使うことのできない羽中田が、自家用車に頼ったのは必然的だったといっていい。若者に人気のあるホンダのプレリュードを、手動式で操作できるようにした。改造というほど大掛かりなものではなく、予算は10万円ほどである。普通自動車の運転免許は、高校時代に取得していた。

羽中田が運転する車の助手席は、まゆみの指定席だった。

短大の二年生になった彼女は、ほとんど毎日のように羽中田の自宅を訪れていた。就職活動とアルバイトを並行させながら、まゆみは羽中田との時間を捻《ひね》り出していた。

思いのままに移動できるドライブを、羽中田もまゆみも楽しんだ。もっとも、「どこにでも行ける」ことと「どこにでも入れる」ことは、彼らにとって同じではない。観光地やレジャー施設を訪れても、段差が障害となって入場できないことがあった。美味《おい》しいと評判のレストランへ行ったのに、入り口が狭いために入店できないこともあった。

普通のカップルなら障害とならないものが、ふたりには立ちふさがる。障害の大きさにかかわらず、彼らにはできないことが少なくない。

それでも、感情をぶつけ合いながら障害を乗り越えていくことで、羽中田とまゆみは結びつきを強めていく。ふたりは歩調を合わせて、心の芯を太くしていった。

1984（昭和59）年8月、羽中田は一本の電話を受けた。ロサンゼルス五輪の余韻を夏の高校野球が追いかけ、日本中がスポーツに沸いている夏の一日だった。

「こちらは甲府のタウン誌の編集部ですが、エッセイの連載をお願いできませんか？」

まとまった文章を書いた記憶といえば、小学校時代の反省文か読書感想文くらいしか思いつかない。まったく予想をしていなかった依頼に、羽中田は答えに窮した。

「えっ、れっ、連載ですかっ？ 僕は、ちゃんとした文章なんか書いたことがありませんよ」

羽中田のやんわりとした拒絶は、電話越しの相手にとって想定内だったらしい。男性の編集者は落ち着いた口調で答えた。

「羽中田さんがこれまで経験してきたこと、いま考えていることなどを、そのまま綴《つづ》ってくれればいいんです」

「そのままと言われても、何しろ素人《しろうと》ですから」

「ウチは月刊誌ですので、連載のペースは月に1回で、原稿枚数は400字詰めで5枚です。どうでしょうか……サッカーにまつわる話題ではなくても、構いませんので」

400字詰めで5枚！ 合計で2000字！

小学校時代の反省文は、原稿用紙一枚を埋めるのが精いっぱいだった。読書感想文でも、2枚ぐらいまでしか書いたことがない。いますぐ断ろうという衝動に駆《か》られつつも、羽中田の胸では興味の種が芽生えていた。

文章を書くのは、自宅でできる仕事だ。会社を作る必要はないし、仕事場を借りなくてもいい。文才があるのかどうかはわからないが、「書いたことがない」という理由で断るのは、ちょっぴりもったいない気がしたのだ。

「ちょっと考えさせてもらえますか？」とひとまず電話を切ると、羽中田はすぐに「03」から始まる番号をダイヤルした。東京で幼稚園の園長をしている横山昭作《よこやましょうさく》に、原稿執筆の依頼を受けるべきかどうかを相談するためだった。

横山は韮崎高校の卒業生である。羽中田よりだいぶ上の先輩だ。サッカー部の応援に熱心で、全国大会はもちろん練習試合などにも足を運んでいた。サッカー部の出身者なら、誰もが彼との思い出を胸にしまっている。

原付きバイクで事故を起こした羽中田を元気づけるために、横山は週1回のペースで甲府の病院に後輩を見舞った。月に4回の来訪は、神奈川県厚木市でのリハビリ中も続いた。

横山は幼児教育のかたわら執筆活動をしており、著名な賞を受けたこともある。編集者から電話を受けた羽中田は、自らが「先生」と呼ぶ男性の顔を思い浮かべていた。

羽中田から相談を持ちかけられると、横山は声を弾ませた。これまで何度も勇気をもらってきた笑みが、受話器越しにも感じ取れる。

「それはいい話じゃないですか！　ぜひやってみたらいいですよ。キミは素晴らしい感性の持ち主ですから。サッカーを通した色々な経験も、きっといい材料になりますよ」

横山の答えは予想どおりだった。背中を押してくれるのは嬉しいが、本当に書けるのかという不安もある。

「編集者に原稿を渡すまえに、先生に読んでもらうことはできますか？」

羽中田が遠慮がちに尋ねると、横山はほとんど間を置かずに答えた。

「もちろんです」

初めての執筆活動に、羽中田は取り組むことになった。

さあ、何を書こう。「テーマは何でもいい」と言われているが、すぐには思いつかない。

自宅にやってきたまゆみが机に向かう羽中田の背中に問いかける。彼女がやってきても、彼氏は身体の向きを変えない。

「何を書くのか、決まったの？」

「うーん、まだ……」

まゆみとのこんなやり取りが1週間ほど続いて、羽中田はようやくテーマを決めることができた。しかし、大変なのはここからである。

〈起承転結をつけて、きちんとオチをつけないと。オチをつけるには、伏線が必要だよな〉

書いて、消して、また書く。何度も消した原稿用紙は、最初の数行だけがしわしわになってしまった。新しい一枚を広げて、また書き始める。

自分の気持ちをそのまま表す言葉が、頭に浮かんでこない。語彙《ごい》の少なさが歯がゆかった。読書の習慣はほとんどなかったが、横山の随筆を手に取った。何度も読み返した。向田邦子《むこうだくにこ》のエッセイを参考にした。

夕方から書き始めて、朝になってもまだ完成には至らない。いったんベッドで休んで、午後から続きに取りかかる。構想に1週間、執筆に3日間で、初めてのエッセイは完成した。

原稿が仕上がると、羽中田は東京へ車を走らせた。横山にエッセイを読んでもらうためだ。ファックスはまだ一般家庭にまでは普及していない。助手席にはまゆみがいる。東京行きは月に1度の恒例行事となり、ふたりはドライブを楽しんだ。

羽中田の原稿に目を通すと、横山は眩しそうな笑みを浮かべた。

「すごくいいですね。羽中田くんの素直な気持ちが、とてもよく伝わってきますよ」

次に訪れたときも、横山は褒め言葉を用意していた。

「いやあ、面白いですね。私を羽中田くんの弟子にしてくださいよ」

「そんな大げさな！」と羽中田はすぐに返すが、もちろん悪い気持ちはしない。

東京へ何度か通ううちに、羽中田は横山の配慮に気づいた。

原稿を読んだ先生は、3つのフレーズを使い分けていた。「私を弟子にしてください」と「すごくいいですね」と「いいですね」だ。そのうえで、「ひとつひとつのセンテンスは短めに」とか、「読者に想像させることを意識して」といったアドバイスを与えてくれる。横山から「面白くない」と言われたことは一度もなく、それでいて修正すべき点はしっかりと指摘された。

書き手として素人の自分が自信を失わないように、書くことを楽しいと感じられるように──

横山の心配りが嬉しかった。

連載は1年間続いた。最後まで書くことはつらかった。それでも、原稿を書き上げた瞬間の充実感は、サッカーのゴールに通じるところがあった。

〈次はいつ書く仕事をもらえるかわからないけれど、これからも書くことは続けていこう〉

一本の電話から、羽中田は自立への小さなきっかけをつかんだ。

心を惑わされる電話を、受けたこともあった。

自宅療養をスタートさせると、見知らぬ人物から電話がかかってくるようになった。「私は羽中田さんの友人の○○さんの知り合いで、あなたが事故に遭ってしまったと聞いて連絡をしたんです」と切り出す。

友人や知人の名前を出されたら、失礼な対応はできない。行き先のわからない話に耳を傾けていると、「東洋医学の名医を紹介します。下半身の麻痺《まひ》を治した実績もあります」といった説明が待っていた。

韮崎高校サッカー部在籍時には、山梨県内のメディアに何度も取り上げられた羽中田である。県内ではちょっとした有名人であり、バイク事故に遭ったニュースも流布していた。羽中田への気遣いを見せながら近づいてきて、宗教や治療、薬を薦めてくる者が何人もいた。

宗教に頼ることはなかった。

だが、治療や薬の薦めは抗《あらが》いがたかった。

「この先生は車イスの患者を立たせたことがある」とか、「この薬は神経の麻痺《まひ》に効きます」と聞かされたら、真偽はともかく試してみたくなる。「騙《だま》されているのでは」という疑念を、「可能性があるなら賭けたい」という意欲が上回る。

兄の仁は、7歳年下の弟の胸中を察していた。

「これはちょっと怪しいだろうな、という電話や勧誘はたくさんありました。まーくんもそれはわかっているし、家族に経済的な負担をかけたくないと思っている。だから、自分からあの治療を受けたいとか、この薬を試したいとは決して言いませんでした。でも、可能性に賭けたいという気持ちがないはずはない。僕らだって、できることは何でもしたいと思っていましたから……」

山梨県甲府市から東京へ出かけて、一回5万円の鍼治療を受けたことがある。一粒3000円の薬を買ったこともある。

しかし、目に見える効果は得られない。その度《たび》に羽中田は、深い悲しみと怒りの狭間《はざま》に立たされるのだった。「人によって治療の効果は違うので」という説明を、何度聞かされたことだろう。「数回では効き目が表れにくいので、もっとやったほうがいいですよ」という勧誘の言葉を、身体に染みついてしまうぐらい耳にした。

決して少なくはないお金を注ぎ込んでいった。両親や兄姉に対して、申し訳ない気持ちでいっぱいになる。だが、羽中田は表情の変化を顔の奥に押し込める。家族の前で落ち込むわけにはいかない。自分が笑うことで家族に笑顔が広がることに、彼は入院生活で気づかされていた。

だからといって、気持ちの整理がついているわけではない。誰もいない山奥にでも――日常から切り離された世界へ行って、思い切り叫びたかった。

お願いだから、オレに希望を持たせないでくれ！　歩くことは諦《あきら》めろと、誰か言ってくれ！

突然の事故で病院に運び込まれ、車イスでの生活を強《し》いられるようになってから２年が過ぎた。「羽中田くんの足は一生動かないでしょう」という市立甲府病院の主治医の言葉が、記憶から消えることはない。それでも、決して口にはしない思いを、羽中田はずっと抱えている。

オレの身体に合った治療が、薬が、どこかにあるのではないだろうか――。

最高のパートナーとの結婚

カツカツカツ、カツ、カツカツカツ、カツ――答案用紙の上を滑る筆記用具の音が、静かな会議室に響いている。

〈去年はこの音に、すごく焦ったよな〉

１９８５（昭和60）年夏、羽中田は山梨県庁の職員採用試験を受ける。２度目の挑戦だ。

身体障害者を対象とした職員採用は、健常者と別枠で設けられている。倍率はそれほど高くないものの、採用人数は少ない。

1度目の試験は、自宅療養を始めてから数ヵ月後だった。受験対策は十分でなかった。過去の問題集を開いても、気持ちが向かっていかなかった。父親に勧められて「何となく」試験会場へ行き、不合格の通知が届いても気持ちは平坦だった。

だが、今回は違った。通信教育で学び、家庭教師にもついた。政治や経済などの一般的な知識を蓄え、読解力を高めた。毎月のエッセイの執筆も、作文に役立った。

「一年間を通してこれだけ勉強したのは初めて、というぐらい。それまで勉強をしていなかったというのはあるけど、自分なりに頑張った手応えはあった」

弟の部屋から漏れる明かりに、兄の仁は古い記憶が甦った。募集人数の少ない学区外から韮崎高校を受験した中学三年当時も、昌は深夜まで机に向かっていたものだった。

「勉強は得意じゃなかったかもしれませんが、まーくんはやるときはやるんです。県庁受験前は本当に頑張っていましたし、自分を追い込んでいました。『受からなかったら、過程は評価してもらえない』って。サッカーをやっているときも、同じようなことを言っていたなあ、と思いました。まゆみちゃんのために、という気持ちもあったんでしょうね」

短大の幼児教育科を卒業したまゆみは、希望どおり幼稚園に勤めていた。地元での就職はかなりの狭き門だったが、卒業間近に舞い込んだ欠員募集を射止めた。子どものころからの夢を、彼女は叶えたのだった。

社会人となったまゆみは、持ち前の明るさを失うことなく仕事に取り組んでいた。子どもたちと一緒になって遊んで、笑って、ときには涙に寄り添う。羽中田の自宅へ顔を出しながら、園で行われる催し物の準備をすることもあった。

「まゆみちゃん、仕事、大変そうだね」と聞いたことがある。まゆみは無邪気といってもいい笑みを浮かべ、「全然そんなことないよ」と答える。

「でも、ウチに来てまで仕事をしないといけないんだから……」と、羽中田は遠慮がちに食い下がる。まゆみは作業をしていた手を止め、彼氏に向き直った。

「好きなことを仕事にできているんだから、頑張らなくっちゃね」

まゆみとの将来について、羽中田は漠然と考えるようになっていた。いますぐにというわけではないが、「結婚」という二文字が頭のなかに浮かぶ。

〈まゆみちゃんが働いているのに、オレが家でぼんやり過ごしているわけにはいかない。車イスでもできる仕事を見つけて、自立していかないといけない〉

２度目の県庁職員採用試験受験は、自立のためであり、まゆみのためでもあったのだ。

試験場に響くカツ、カツ、カツという音に、羽中田もリズムを与えている。去年は重苦しく感じられた静寂が、今年は集中力を高めてくれる。

〈大丈夫だ。イケる〉

結果は合格だった。

家族が労《ねぎら》ってくれた。まゆみは跳び上がって喜んでくれた。

車イスで生活する自分を支えてくれている人たちに、ほんの少しでも喜びや安らぎを与えたい――初めて恩返しができた気がした。細くて凸凹《でこぼこ》に感じられる自分の人生が、ちょっぴり舗装されたかもしれない。本当に、本当に久しぶりに噛み締める充実感が胸に溢れていた。


1986（昭和61）年4月1日早朝、羽中田は真新しいスーツに身を包んでいた。

玄関で革靴を履こうとした息子の背中に、母親が心配そうにたずねる。

「ハンカチ持った？　忘れ物はないかしら」

「大丈夫だよ、ありがとう」

兄の仁もそわそわしている。

「もし忘れ物があったら、すぐに届けるから」

「大丈夫だよ、ありがとう。それに、職場はすぐ近くなんだから」

勤務先は甲府駅近くのビルだ。車イスでも通勤できる。だが、サラリーマンや学生の人波に交じることが、羽中田には不安だった。

始業は8時30分である。甲府駅へ向かう人々の行進は、まだ途絶えていない。朝の空気に白い息をたなびかせたかったが、やむを得ず車で通勤することにしたのだった。

羽中田が配属されたのは、納税収納課、納税を管理する部署だった。仕事場はバリアフリーで、車イスでも不自由なく移動できた。

割り当てられたデスクに車イスを滑り込ませた羽中田は、帳簿に記載された数字を追いかけていく。税金が納められているのかをチェックし、未納の事業者や個人に督促状を送る。12時のお昼休みまで、電卓が手離せなかった。

17時15分に仕事を終え、自宅に戻る。羽中田は息を吐いた。勤務時間中はずっと息を止めていたと思えるぐらいに大きく。

〈はあぁ、疲れた〉

一円でも計算が間違っていたら、上司や同僚にも、納税者にも迷惑がかかってしまう。お金にまつわる仕事の大変さ、公務員として働く重みを、羽中田は出勤初日にして感じた。

仕事を始めてからしばらくは、肉体的な疲れよりも精神的な疲れが大きかった。

〈サッカーしかやってこなかった自分に、事務職がちゃんと務まるのだろうか〉

上司には何度も注意された。

「羽中田くん、また点の位置が違いますよ。だから桁《けた》を間違えるんですよ」

３桁ごとにカンマを打つことを、羽中田は知らなかった。知らないことばかりだった。耳が熱くなるような恥ずかしさを何度も覚えるが、居心地の悪さは感じない。

障害者だからといって、特別扱いをされなかったからだ。立場を能力と勘違いしたり、無理強いを鍛錬と履き違えたりするような上司はいなかった。互いに改善点を指摘し、不得手な部分を補い合って、納税収納課全体で仕事を進めていく。サッカーとの共通点を見出せたのも、仕事に打ち込んでいった理由かもしれない。

もっとも、羽中田はサッカーと距離を置いていた。

この年、メキシコ・ワールドカップ・アジア1次予選に臨んでいる日本代表は、北朝鮮とのアウェイゲームを0対0でしのぎ、2次予選に進出した。ここでも香港に連勝し、韓国との最終予選に挑むこととなった。初のワールドカップ出場へ向けて、日本サッカー界は久しぶりの盛り上がりを見せていた。

森孝慈《たかじ》監督が率いるこの代表チームには、かつてユースの合宿でお世話になった都並敏史や勝矢寿延が選ばれている。それでも、羽中田が関心を寄せることはなかった。

「サッカーを意図的に遠ざけていたというのはある。それと、とにかく仕事をきちんとこなすことで頭がいっぱいだった」

職場の上司や同僚の自分への接しかたが、過去ではなく未来に目を向けさせてくれたところもあった。

「僕が韮崎高校でサッカーをしていたことを、周りの人たちはもちろん知っている。でも、高校サッカーで活躍した元選手という感じはなく、障害者として仕事をしているひとりの人間として接してもらった。ひと言でまとめちゃえば、すごく良くしてもらった。それなのに、過去の栄光にしがみついたりしたら申し訳ない。だから、周りに迷惑をかけないようにしなきゃいけないと必死だったし、きちんと仕事をこなすことで社会人として自立したい、とも考えていた」

ここまでは、周囲への気遣いを含んだ思いである。

剝き出しの感情はどうだったのか。家族にもまゆみにも、決して明かさなかった燃え上がる思いが、羽中田の胸中では渦巻いていた。

〈オレはもう、サッカーがやりたくてもできない身体になってしまった。でも、もしサッカーを続けることができていたら、オレはすごい選手になっていたかもしれないんだ。日本代表だって夢じゃないって、言われていたんだ！〉

羽中田の心の奥底に流れる冷たい風が、サッカーに対して距離を置かせていたのだ。明るく振る舞いながら、車イスで生活している自分を疎《うと》ましく思う気持ちが消えることはなかった。

点《つ》けっぱなしにしているだけのテレビから、「脊髄損傷」という単語が聞こえてきた。羽中田は弾《はじ》かれたように反応し、リモコンの音量ボタンの「＋」を押した。車イスを回転させ、テレビ画面に向き直る。

白衣を着た男性が、ベッドに横たわる患者の背中に手を添えたり、手をかざしたりしている。中国に伝わる気功治療だった。羽中田と同じ脊髄損傷を負った患者が、気功によって回復の兆しを見せているという。

〈こんなことがあるのか〉

心がざわついた。

〈もしかしたら、自分も……〉

逸《はや》る気持ちを抑えて翌朝を待ち、テレビ局に電話をかけた。何度も保留音を聞かされ、ようやく担当者に辿《たど》り着く。「自分も脊髄を損傷しているので、番組で取り上げた気功について詳しく教えてもらえませんか」と、羽中田は切り出した。「放送したもの以外の情報には責任が持てない」と、担当者は申し訳なさそうに説明した。

窓から差し込んだはずの明かりを、いきなりカーテンで遮《さえぎ》られたような気分になる。だが、諦めるわけにはいかない。「気功」という二文字を頼りに、羽中田は本や雑誌を手当たり次第に漁《あさ》った。か細いツテにもすがり、「気功に詳しい人を知らないか」と聞いて回り、やっとのことで何人かの人物に話を聞くことができた。

「気功治療によって脊髄損傷が治るのでしょうか?」という羽中田の問いかけに、首を縦に振る人物はいなかった。

気功治療は人間の自然治癒力を高めることによって、病《やまい》を治すことが基本である。人間の身体には眼に見えない気が流れており、気の流れが滞ることで病は発症する。気功によって気の流れをスムーズにすることはできるが、それは外気治療であって、患者の手伝いをすることに過ぎない――。

それでも、羽中田は気功に惹《ひ》かれていく。自分のなかに眠っているはずの自然治癒力に、興味を膨らませていった。

いつ切り出そう、どこで話そうと、羽中田はずっと考えてきた。

甲府市内の動物園を、羽中田はまゆみと一緒に歩いている。ふたりきりではない。姉の子どもを遊びに連れてきた。会話をリードしているのは姪《めい》っ子で、デートといえるような甘い空気は漂っていない。

3人はサル山の前で足を止めた。

年号が「平成」に変わったばかりの1989年1月である。冷たい風が頬を叩く平日の午後なので来園客は少なかった。時間の流れが穏やかに感じられる。

繰り返し自問自答してきた「いつ」が「いま」なのか、羽中田にははかりかねた。ただ、切り出すタイミングとしては悪くない気がした。いまこの瞬間に言いたい、と思った。

首を左右に振って、頭のなかから迷いを追い出す。姪っ子が迷子にならないように目を離さないでいるまゆみに、「ちょっといいかな」と声をかける。これまでの人生で1度も言ったことはなく、今後の人生で2度目があるとは考えにくいひと言を、羽中田は言葉にした。

「まゆみちゃん、結婚しよう」

微電流のような緊張が全身を走り抜けるなかで、ありったけの勇気を振り絞って届けたひと言である。「私たち、いつ結婚するの?」が口癖のようになっていたまゆみなら、姪っ子を放り出して抱きついてくるくらいに喜んでくれると、羽中田は想像していた。テレビドラマのようなシーンを期待していた、といってもいい。

ところが、まゆみの反応は羽中田の予想をあっけなく裏切るものだった。

「……なに……当たり前のことを、いまさらかしこまって」

前年から中国での気功治療を考えるようになった羽中田は、実現の可能性を探り始めていた。年末恒例の異動先希望のヒアリングで、上司に中国行きを相談すると、「治療のためなら県庁を辞めずに、休職という扱いも可能」という回答を得た。それをすぐにまゆみへ伝えた。まゆみはあれこれと質問をすることもなく、「いいよ」と笑顔で頷いてくれた。旅行へ出かけるような気軽さで即答するまゆみの姿に、羽中田は自分にのしかかる責任の大きさを感じた。

〈これまでどおり付き合ったままで中国へ行こうかとも思ったけど、それじゃやっぱり中途半端だ。まゆみちゃんにも、まゆみちゃんのお母さんにも、お姉さんと妹さんにも申し訳ない。日本を離れて中国へふたりで行くなら、きちんと結婚してからじゃないとダメだ〉

結婚をためらう理由がひとつだけあるとすれば、自分の身体に対する不安だった。

車イスで生活をするようになってから、風邪を引きやすくなった。高熱に見舞われることもある。片頭痛にも悩まされる。サッカーに打ち込んでいた当時とは、体質が変わっているのだろうか。原付きバイクで事故を起こした直後に、医師から告げられた言葉が脳裏をよぎる。

「脊髄損傷の場合、寿命が縮むこともあるんです」

答えの出ない疑問が、頭のなかで行列を作る。

〈オレは何歳まで生きられるのだろう？ 40歳くらいで死んじゃうのか？ もっと早く死んでしまうのか？ まゆみちゃんと結婚しても、苦労をさせてしまうばかりじゃないか？ オレなんかと一緒にいるより違う人生を選んだほうが、幸せになるんじゃないか？〉

不安は拭《ぬぐ》いがたい。だが、彼女と一緒にいたい。結婚したい。男として、社会人として責任を背負う意味で、きちんと結婚を申し込もう――自宅の部屋で天井を見上げ、逡巡《しゅんじゅん》と希望を行き来しながら導き出した人生の決断である。

これまでふたりで過ごしてきた時間は、お互いを思いやる気持ちを磨き上げるものだった。だからこそ、プロポーズをしたら喜んでくれるに違いないと思っていた。

それなのに、まゆみは拍子抜けするような表情を浮かべている。「何をいまさら」などと言う。想定していなかった答えに羽中田が戸惑っていると、まゆみは小さな声で言った。表情にはいたずらっぽい笑みが浮かんでいる。

「はい」

羽中田は息を吐いた。身体中から緊張が出ていったかのように、身体が軽くなった。

お互いの意思を確認したふたりは、それぞれの家族に結婚の報告をした。

まゆみの自宅を訪れた羽中田は、遠慮がちな笑みに迎えられた。

「まーくん、本当にまゆみでいいの？」

「えっ？　それは僕が言うべきことで……」

「まゆみと一緒にいるのは大変よう。こちらこそ、お願いしますねえ」

羽中田家を訪れたまゆみは、兄の仁にトントンと肩を叩かれた。いつもは気軽に話をする昌の兄が、初めて見るような真剣な眼差《まなざ》しで見つめてくる。

「いつもまーくんの面倒を見ているから、自分のやりたいことができないんじゃないの？」

仁の気遣いは嬉しかったが、愛想笑いで流すことはできなかった。

「お兄ちゃん、何を言っているの？　それは違うよ。私が一番望んでいるのは、まーくんと一緒にいること。それだけで楽しいの。何にも犠牲になんてしていないから」

仁だけではない。羽中田の家族や親戚は、ほぼ例外なく「ありがとうね」か「ごめんね」と切り出し、「まーくんをよろしくね」とまゆみに頭を下げた。

まゆみの心のなかでは疑問符が大きくなっていく。

「まーくんと結婚することが、そんなに大変なことなのかしら……」

なぜ彼らは、自分に感謝や労いの言葉をかけるのか。おそらく彼らは、自分が絶えず彼に付き添い世話をしていると考えているに違いない。だが、実際は違うのだ。トイレにも、お風呂場にも、ベッドにも、羽中田は自分ひとりで移動できる。山梨県庁への車通勤も、誰の手も借りていない。

〈まーくんは車イスで生活しているけど、自宅のなかではほとんどのことを自分でできる。私は何も大変じゃないし、負担なんて大したことない〉

どちらの家族も、ふたりの結婚を認めてくれた。反対の声は皆無だった。たくさんの祝福と拍手が嬉しかった。ただ、あまりにスムーズに事が運ぶのがちょっぴりつまらなくて、羽中田とまゆみは「駆け落ちでもしちゃおうか」と顔を見合わせた。ふたりで一緒にいると、どんなことでも笑顔の入り口になるのだ。


結婚式は１９８９（平成元）年3月26日、長野県南佐久《みなみさく》郡の八ヶ岳高原ロッジであげた。レストランやホテルなどの複合施設で、コンサートも開かれる高原の空間は、ふたりで食事をしたこともある思い出の場所だ。

当日の朝は、甲府市内の美容院で髪をセットしたまゆみを、羽中田がピックアップすることになっていた。

ところが、日曜日の行楽渋滞に巻き込まれた車は、美容院になかなか辿り着けない。髪を整えたものの服装は普段着という不釣り合いな格好で、まゆみは美容院の前に立ち続けることになってしまった。

約束の時間をかなりオーバーして車が到着すると、まゆみはストレスを一気に吐き出した。

「花嫁をこんなところで待たせて、なに考えてるのよっ！」

羽中田にも言い分はある。

「渋滞なんだから、しようがないだろっ！」

「それぐらい計算しておくのが普通でしょ！」

「そんなに文句を言うなら、結婚式なんてやめだ！」

車には仁が同乗している。結婚式当日の朝にケンカを始めたカップルと一緒にいれば、なだめるのが普通だろうが、兄はピリピリとした空気に戸惑うことなく見守っている。弟とまゆみのケンカはごく日常的で、コミュニケーションのひとつだからだ。

甲府市内を離れた車は、山間《やまあい》の道を滑らかに走り抜けていく。車窓を流れる景色に緑が増え、残雪が日差しを浴びて輝いていた。ふたりの気持ちが、自然とほぐれていく。

「綺麗だね」と、まゆみが言う。

「綺麗だね」と、羽中田が答える。結婚式場に着くころには、結婚式を控えた新郎と新婦にふさわしい笑顔を取り戻していた。

標高1500メートルの結婚式場へ着くと、羽中田は緊張感に襲われた。喜びと背中合わせの不安が、足元からせりあがってくる。

控え室に「うわあ」という歓声が上がった。ウェディングドレスに着替えたまゆみが入ってきたのだ。ドレスアップしたまゆみに眼を奪われながら、羽中田は胸のなかで膨らむ高揚感に顔がほころぶのを抑えきれなかった。

〈今日という日を境にして、いままで経験したことのない、想像もできないような面白い出来事に巡り合える気がする〉

牧師さんの前にまゆみと並んだ羽中田は、「楽しくやろうね」と囁いた。新婦はニッコリという音がするような笑みを浮かべ、「うん」と頷いた。

自力歩行の可能性を求め、北京の気功師のもとへ

少し埃《ほこり》っぽいな、と羽中田は感じた。工事現場に舞い散る粉塵《ふんじん》のようなものが、空気に混じっている気がする。

１９８９（平成元）年４月９日の午後、羽中田とまゆみは成田空港発の飛行機で中国・北京へ到着した。空港の地上係員と乗客に交じって、ヘルメットを被った作業員が働いている。

１９９０（平成２）年９月にアジア競技大会を開催するため、玄関口となる空港の改修が進められているのだった。工事現場にいるようだな、と羽中田は苦笑いをした。

入国審査を済ませ、スーツケースをピックアップしたふたりは、タクシーでホテルへ向かった。北京市内のメインストリートに面する高級ホテルが、この日の宿泊先だ。

1年を想定する気功治療の第一歩ぐらいは、ゆったりとした時間を過ごそうという羽中田の心配りだった。結婚したばかりのまゆみへの、ささやかなプレゼントでもある。

チェックインをしてひと息つくと、羽中田は空腹を覚えた。

「ちょっとお腹が減ったね」と言おうとすると、まゆみが先回りするように口を開いた。

「まーくん、散歩しながら何か食べない？　落ち着いたらお腹が空いちゃった」

〈これがまゆみちゃんのいいところだよなあ〉と、羽中田は思う。

ふたりとも初めての海外である。羽中田は車イスだ。不自由することが多いかもしれないが、まゆみは警戒心や恐怖心よりも、探求心や好奇心が勝《まさ》るのである。等身大で自然体なのだ。

それが、羽中田には心地好い。「まーくんと一緒にいると、まーくんが車イスだってことを忘れちゃうのよね」という妻の思いは中国でも変わらないな、と羽中田は嬉しくなった。

北京の中心部を歩いていると、外国へ来たことを実感した。

「コンニチハ。オイシイヨ」

「オニイサン、オネエサン、ヤスイヨ」

「ニイハオ、●×■▲」

羽中田もまゆみも、中国語をほとんど理解できない。聞き取れるのは日本でも耳にしたことのある挨拶だけだった。たどたどしい日本語を話す売り子は多いが、ふたりが観光客でいられるのはこの日限りである。北京で生活を始めることになれば、日本語をまったく話せない相手に意思を伝えていかなければならない。買い物をするにも、困るかもしれない。

知り合いのいない北京で生活をしていくのだから、たくさんの困難に直面するに違いない。それでも挫けることなく、自分の人生を変えたい。妻に頼りきりにならずに、むしろ彼女を支えていきたい。人混みにのまれながら、車イスを漕ぐ羽中田の腕には自然と力がこもっていた。

車イスで生活するようになってから、羽中田の心には自分を疎《うと》ましく思う気持ちが貼りついていた。

〈もし歩けるようになったら、エスカレーターもエレベーターもないところに、いつでも自由に行ける。八ヶ岳にだって登れる。もう一度、サッカーボールを蹴ることができる。グラウンドを思い切り走ることができる〉

なんで、どうして、という言葉が、繰り返し心に押し寄せ、深層心理にひっかき傷をつける。

〈事故に遭わずに歩けていたら、もっと楽しい人生を過ごすことができるのに……〉

現実から逃げ出そうとする自分は、もちろん好きになれない。大嫌いだった。自分への怒りから、髪の毛を掻《か》きむしったこともある。苦悩を通り越して、表情を失ったことも一度や二度ではない。

〈もういい加減に、歩けない自分を受け入れなきゃいけない。そうじゃないと、オレの人生はずっと不完全燃焼のままだ〉

治りたい、歩きたいという思いは、いますぐにでも破裂しそうなぐらいの勢いを保っている。ただ、治りたいという欲求の着地先を、羽中田は見つけつつあった。気功の可能性を疑うわけではないが、気功の治療を受けることは、「できるだけのことはやった」と自分を納得させるためでもあった。

それだけに、依頼した気功師から「歩けるようになることは保証できない」と言われても、無力感に襲われることはない。「次の気功師に聞いてみよう」と、気持ちを切り替えていった。「治らないとわかるための努力でもいいんだ」という意識が、羽中田を支えていた。

長い治療になるはずだから、気功師との相性は大切である。「できるだけのことはやった」という気持ちへ到達するために、「この人なら自分の運命を委ねられる」という巡り合いは大前提だった。

人間の自然治癒力に興味を持つ羽中田のアンテナが、敏感に反応した治療があった。気功治療だけでなく運動訓練の重要性を説く中国人・程志仁《ていしじん》の施術だった。

一夜限りの新婚旅行を終えたふたりは、翌日、程志仁を訪ねた。日本で相談役となってくれた人物の協力で彼とのアポイントメントを取り付けていた。

気功師は、日本からの来訪者の眼をまっすぐに見つめて言った。

「いまのあなたの身体は、神経が遮断《しゃだん》されたために脳からの命令が伝わっていません。足が歩き方を忘れているので、鍛錬によって歩き方を思い出さなければなりません。歩く動作を何度も繰り返し、足から脳へ信号を送り、新しい回路を作ってあげるのです」

「歩く動作を繰り返すといっても、完全に麻痺している足をどうやって動かすのですか」

「私にできることは鍛錬の方法を細かく教えること。気功、鍼、按摩《あんま》治療で、自然治癒力を高めるお手伝いをします。鍛錬は日々の積み重ねですから、非常に厳しいですよ」

話し相手を籠絡《ろうらく》しようとするようなところがなく、言葉を濁《にご》すこともない語り口に、羽中田は好感を抱いた。鍛錬ということは、自分から積極的に治療へ参加できる。誰かに結果を押しつけることはできない。「できることを精いっぱいやる」という自らの姿勢が問われる。

程志仁のもとで治療を受ける間、病院の敷地内にある職員用のアパートを貸してくれるという。ベッドを使った治療は、アパートの自室でできる。「私とあなたは隣の部屋に住むことになりますから。そのほうがお互いに便利でしょう」と、程志仁は控え目な笑みを浮かべた。羽中田は「程先生」と、程は「まさし」と、お互いを呼ぶことになった。

治療の方針と住まいが、まとめて決まった。通訳を務めてくれた日本人の学生は、程志仁に気功を学んでいる。翌日以降も時間が合えば、治療をサポートしてくれることになった。中国語をほとんど喋れない羽中田とまゆみには、心強い存在だ。

程志仁との邂逅《かいこう》を、ふたりは喜んだ。アパートのカギを受け取り、弾むような気持ちでドアを開けた。

「えーっ!?」

まゆみの悲鳴が、ひんやりとした廊下に響きわたる。肩にかけていた彼女のバッグが、足元に滑り落ちた。

まゆみを押し退《の》けるように、羽中田は玄関に入る。

「これって……」

8畳ほどの広さの部屋には、錆《さ》びついたパイプベッドが置いてあった。その横には、薄いマットが敷いてある。小中学校の体育の授業で、体育館に用意されていた体操マットに似ていた。

部屋には、それだけしかなかった。

トイレも、風呂場もない。小さな台所はついているが、ところどころに黒い染みがこびりついていた。

部屋全体はコンクリートが剝き出しである。窓を開けると、セメントがところどころ剝がれ落ち、錆びた骨組みの鉄が露出して赤茶けてしまった壁が目に飛び込んで来た。擦り寄るように建てられた建物が、視界を遮っていたのだ。ドラマや映画で見たことのある牢獄が、羽中田の頭に思い浮かんだ。

まゆみは顔色《がんしょく》を失っていた。無理もない、と羽中田は申し訳ない気持ちでいっぱいになった。新婚生活の本格的なスタートを、こんなにも無機質で寂しい部屋から始めることになるとは――。まゆみにどんな言葉をかけていいのか、羽中田には考えつかなかった。

季節は春だというのに、空気がひんやりと感じられる。ありがたくない想像が、羽中田の胸を駆け巡る。

〈真冬になったらどれくらい寒いんだろう〉

翌日は買い物に出かけた。必要最低限の電化製品を揃えるために、外国人が利用するというデパートへ足を運んだ。テレビと冷蔵庫は、ロシア製の安価なものを選んだ。貯金を取り崩して生活をしていくのだ。贅沢《ぜいたく》はできない。

そのほかにも、炊飯器と電気コンロを買った。コンロはまゆみが調理をするとき以外にも、生活に欠かせないものとなっていく。

羽中田には忘れられない日がいくつかある。記憶に貼りついた一日が。

１９８９（平成元）年４月13日はそのひとつだ。北京に到着して５日目、程先生のもとでの治療が始まった日である。１９８３（昭和58）年８月７日の交通事故からおよそ５年半のときを経て、羽中田は自力で歩行するために中国までやってきた。１年間は帰国しない予定である。

朝８時に起きて、23時に寝る。三度の食事を除く時間は、すべて治療と鍛錬にあてる。気功、鍼、按摩治療は自室で行われ、鍛錬はアパート前にある柳の木の下の壁際に場所を移す。休みは月に１日（！）だけだ。

程志仁先生から与えられた最初の鍛錬は、背中で壁にもたれかかりながら立つことだった。松葉杖をつき、両足それぞれの内側と外側に添え木をあて、とにかくできるだけ立った状態を保つ。

5年半という月日をベッドと車イスで過ごしてきた羽中田である。その間、立つという姿勢をとったことはなかったのだ。足の関節は潤滑油が切れたように固くなっていた。「足が歩き方を忘れています」という程先生の指摘を、羽中田はまざまざと実感した。

実感という表現は、ひょっとしたらふさわしくなかったかもしれない。羽中田の両足は彼のものでありながら、彼の意思を聞き取ることができなくなっていた。

初日の鍛錬では、立ち上がって数分で身体がぐらついた。炎天下にランニングをしているかのように、頭がクラクラとしてきた。高校時代に体験した貧血の症状を、羽中田は思い出した。

〈歩く動作を脳へ伝える新たな回路を、本当に作ることができるのだろうか〉

日本全国からサッカーエリートが集うトレセンの練習に、全国大会準優勝の韮崎高校サッカー部の練習に、羽中田は耐えてきた。車イスで生活するためのリハビリにも耐え抜いた。両腕の筋肉が逞《たくま》しくなり、掌には固いマメができた。素振りを繰り返す野球選手のようだった。

気力には自信がある。

だが、一度失った歩く機能を取り戻すための鍛錬は、人生で最も困難な時間になる。とてつもないほどの労力を注がなければ、5年半の空白を埋めることはできない。万里の長城をたったひとりで造り上げろ、と言われているような気がした。

一日の鍛錬を終え、薄い布団を敷いたベッドに身体を横たえても、羽中田の苦闘は続く。座ったままの姿勢が刷り込まれた彼の膝は、立つ、歩く、走るという機能を忘れてしまっている。また、睡眠をとるとき以外は座ったままだったので、膝が飛び出したように変形していた。

「膝を整形しなければいけません」と言って、程先生は土嚢《どのう》を持ってきた。土木工事や水害対策の現場で見たことのある麻袋を、膝の上に載せながら寝るのである。

「まるで虎の穴みたいだね」

麻袋に驚いたまゆみは、再放送で観たテレビアニメを思い出していた。主人公のタイガーマスクや敵役として送り込まれる悪役レスラーの恐ろしい秘密養成機関が、「虎の穴」と呼ばれていたのである。

羽中田とまゆみが住む職員用アパートには、風呂もシャワーもついていなかった。1989（平成元）年当時の中国では、入浴施設はもちろんトイレのないアパートが一般的だった。

彼らは別棟の共同シャワー室へ出かけるのだが、利用できるのは週に2回で、それも午後4時から6時までの2時間だけだった。

当然のことながら、シャワー室の前にはいつも行列ができる。限られた時間を無駄なく使うために、利用者は髪の毛にシャンプーをつけたまま順番を待つ。

羽中田はそうもいかない。脱衣所で服を脱ぎ、車イスから降りる。体操の平行棒のように両手で身体を支え、お尻を持ち上げながらシャワーの下まで身体を運んでいく。せっかく汗を流しても、脱衣所へ戻るまでにまた汗をかいてしまう。治療と鍛錬に集中できる環境だが、日常生活には不便を感じることが少なくなかった。

鍛錬を始めてから、最初の休みがやってきた。ふたりは、北京市内の繁華街へ向かった。観光ではない。街並みを楽しむ気持ちは、彼らのなかでは限りなく小さなものでしかない。治療と鍛錬の日々を過ごしてきた羽中田は、身体中が悲鳴をあげている。

まゆみにしても、治療や鍛錬の補助をしている。家事もすべて彼女の仕事だ。言葉遣いが荒くなるようなことはないふたりだが、自分でも気づかないうちに身体と心がすり減っていた。

目的地はホテルだった。半日利用できるプランを知り、思い切って予約したのだ。

貯金を取り崩して生活をしている彼らには、少しばかり贅沢である。だが、週2回のシャワーでは、身体の疲れが抜けない。気持ちが癒やされない。「月に1度くらいは、いいよね」と、ふたりはお互いを許すように声を揃えた。

もしまゆみが「やめよう」と言っても、羽中田は「行く」と押し通すつもりだった。週に2回しかシャワーを使えないことに、24歳の若い女性がストレスを感じないはずがない。日本で過ごしているときと変わらない快活さで接してくれているが、まゆみにゆとりのある時間を過ごしてほしかった。

バスタブにお湯をため、ゆっくりと身体を沈める。中国に来てから初めてのひと言が、羽中田の口から自然とこぼれた。

「気持ちいい～」

羽中田のあとに入浴を楽しんだまゆみも、同じ言葉を漏らした。

「あー、気持ち良かった！」

真っ白いタオルで髪の毛を拭《ふ》くまゆみを見ながら、羽中田は治療と鍛錬を始めてからずっと温めていた思いを告げようとした。

〈いつも不自由をかけて、ごめんね〉

だが、言わなかった。いまこの瞬間の穏やかな空気を、感傷的なものに変えたくなかった。

自分が謝れば、まゆみは「何にも不自由なんてしてないよ」と、当たり前のように答えるだろう。それが偽りのない気持ちだということは、普段の生活から感じ取ることができる。一日24時間のほとんどを、ふたりで過ごしているのだ。お互いに本音を隠すことはできない。

ただ、羽中田は思うのだ。「不自由をしていない」のは本心だとしても、まゆみが肩の力を抜く時間は少ないはずだ、と。

炊事、洗濯、掃除のすべてをひとりでこなすだけでなく、食材の買い出しもまゆみの担当だ。北京の中心地にあるデパートへ行くことが、彼女の週間スケジュールには書き込まれている。近所のスーパーでは手に入らない食材——日本ならどこでも手に入るものだが——があるため、在留邦人が利用する市内のデパートへ行く必要があった。

北京郊外の病院からデパートまでは、路線バスと地下鉄を乗り継ぎ、最寄り駅からは徒歩で――片道およそ2時間を要する。帰宅したまゆみは、いまにも張り裂けそうなリュックを背負い、両手にも溢れんばかりの荷物を抱えている。テレビで観たことのある終戦後の買い出しの女性のようだ、と羽中田は思う。逞しい、という言葉が、頭のなかに浮かぶ。

彼女の支えに言葉で感謝するのではなく、鍛錬に打ち込むことで報いたいと、羽中田は思った。ここでの頑張りが、5年後、10年後のふたりの人生を決定づけるのだ。

簡単に挫けるわけにはいかない。

鍛錬を始めてから、1週間が過ぎた。相変わらず、めまいに襲われる。立っているだけで精いっぱいだった。

2週間が過ぎると、頭がクラクラしなくなってきた。3週間が経ったころには、立ったままで壁から背中を剝がせるようになった。最初のうちはほんの数秒だった。松葉づえを使っているが、とにかく立っていられるのだ！　ケガをする以前と同じ高さの世界が、目の前に広がっているのだ！　155センチのまゆみよりも、目線が高いのだ！

1ヵ月を過ぎたころには、壁にもたれかからないで立てるようになった。頭のなかで足の動きをイメージし、身体の重心を松葉づえと軸足に乗せる。

足が、一歩前に出た。靴を引きずるようにしながらだが、確かに前へ出た。

「まゆみちゃん、見た⁉ 動いたよ」

羽中田が倒れないように、まゆみはそばで身構えている。見落とすはずがない。

「見たよ、見たっ！ すごいよ、まーくん!!」

息継ぎすらもったいないほどの勢いで、まゆみが大きな声をあげた。怪訝《けげん》な表情を浮かべる中国人の視線も、彼らの視界には入らなかった。鍛錬を終えて部屋へ戻ると、ふたりで祝杯をあげた。アルコールが喜びを増幅させる。

〈鍛錬を始めてからまだ1ヵ月なのに、こんな日が来るなんて。このままなら予定の1年で、本当に歩けるようになるんじゃないか〉

北京に降り立ったときに抱いたささやかな希望が、胸いっぱいに膨らんでいた。

天安門事件。混乱と不安の夜

いつもと変わらない朝の始まりだった。NHKの短波放送から流れてくる日本語に、「無政府状態」という単語が交じっていた。

えっ、どういうこと？

羽中田の心のなかで、黄色い信号が灯《とも》った。まゆみの表情にも、はっきりとした不安が浮かんでいる。

アパートの住民が共同で使っている電話で、北京市内に住む日本人の友だちを呼び出した。回線がつながる機械音に続いて、友人の叫ぶような声が受話器越しに響いた。

「もしもしっ、聞こえてる？　ウチの窓の外で、戦車が燃えているのっ！　すぐに逃げなきゃダメよっ！」

１９８９（平成元）年6月4日、中国全土から北京に集められた人民解放軍が、民主化を求めて天安門広場に集結したデモ隊の鎮圧に乗り出した。広場の周辺を装甲車が固め、完全武装した軍の部隊が発砲を繰り返す。威嚇射撃ではない。学生と市民をはっきりと狙った無差別な発砲だった。

天安門事件が勃発《ぼっぱつ》したのだ。

北京在住の友人から知らされた内容を羽中田は、自分を見つめるまゆみに伝えた。いつもの快活さを失った妻は、不安な表情で強張っている。

程志仁先生による鍛錬と治療に、羽中田は手ごたえをつかんでいる。だが、北京の中心部から20キロほどしか離れていない病院が、安全とは言い切れない。内戦状態が長く続けば、病院のスタッフも避難してしまうかもしれない。食糧の確保も難しくなるだろう。

羽中田はまゆみに言った。

「急いで日本へ戻ろう」

まゆみはすぐにスーツケースを開き、荷物を詰めていった。羽中田は在中国日本大使館に電話をかけた。荷造りに時間はかからなかったが、大使館には連絡がつかない。何度かけてもつながらないが、諦めるわけにはいかない。

北京はどうなっているのか。自分たちにも危険が迫っているのか。何でもいい。とにかく情報が欲しかった。

アパートの住民が共同で使う電話を、2時間以上は占領していただろう。ようやく電話がつながった。羽中田は喉元で止まっていた言葉を、一気に吐き出した。

「北京の郊外でケガの治療をしている羽中田と申します。いま、北京市内はどんな状態でしょうか？」

「こちらも情報が錯綜《さくそう》しているのですが、非常に危険な状態であることはまちがいないです。街なかを出歩くことはやめてください」

大使館員の頬を汗が伝わるのが、容易に想像できた。

やはりそうなのか。心臓の鼓動が速くなる。

「すぐに帰国したほうがいいでしょうか？」

「命の保証ができませんので、帰国してもらわなければなりません。夕方にはそちらへ迎えにいきます」

羽中田は急いで住所を伝えた。受話器のスピーカーは電話口の大使館員の声だけでなく、違う電話の呼び出し音も拾っている。在留邦人からの問い合わせが、殺到しているのだろう。

「病院の前で待っていてください」

羽中田の返事を待たずに、通話は途絶えた。

やることはまだあった。治療費と家賃を精算し、程志仁先生に挨拶をした。「混乱が収まったらまた戻ってきます」と頭を下げると、程志仁先生は身体を折りたたみ、羽中田に視線を合わせた。

「気をつけて帰ってください。そして、いつでも戻ってきてください」

大使館員は「夕方」と話していたが、それが16時なのか、17時なのか、それとも18時なのかはわからなかった。

羽中田の住居があるアパートと病院は、人民解放軍の施設に近い。日本の国旗をつけた大使館の車が、病院の手前で足止めをされる可能性もある。様々な状況を想定して、羽中田とまゆみは15時には病院の前で待つことにした。


不安だった。わからないことが多過ぎた。ときおり聞こえてくる砲撃音に、羽中田とまゆみは顔を見合わせる。ふたりとも言葉を失う。お互いを励ますことができない。

羽中田の気持ちは落ち着かない。

自分は治療のためにここへ来た。その代償として事件や事故に巻き込まれたとしても、どうにかして自分を納得させることができる。

まゆみは違う。彼女に危険が及ぶことは、絶対に避けなければいけない。いま自分たちが直面しているこの状況は、百も千もあったはずのまゆみの人生の選択肢のなかで、最悪の道を歩かせてしまっているのではないだろうか。強い悔恨の念が、羽中田の胸を高波のように襲ってきた。

17時になった。迎えの車は来ない。

18時になった。彼らはまだ、病院の前に立っている。

19時になった。墨で塗り潰《つぶ》したような暗闇のなかに、羽中田とまゆみは依然として立ち尽くしている。

連絡手段はアパートの固定電話しかなく、もう一度電話がつながるとも思えない。とにかく、待つしかなかった。

病院の前の一本道は、暗がりに包まれたままである。20時になっても、21時になっても、ヘッドライトが浮かび上がることはなかった。

〈このまま迎えの車が来ないんじゃないか。大使館の車がどこかで襲われてしまったのだろうか？　北京に取り残されてしまうんじゃないか〉

羽中田の胸の奥では、赤信号が点滅している。しかし、増幅するばかりの焦りを、まゆみに見せるわけにはいかない。まゆみはずっと黙ったままで、不安に押し潰されそうだった。

22時になった。羽中田はありったけの勇気をかき集めて、できるだけ明るい調子でまゆみに言った。

「今日はもう来ないよ。部屋に戻って寝よう」

「寝るって……」というまゆみの反応を背中で受け止め、羽中田はアパートへ引き返した。

〈とにかく、いつもどおりに振る舞うんだ。まゆみちゃんに心細い思いをさせちゃいけない〉

静まり返る病院の敷地内に、彼らの足音が静かに響いていた。


在中国日本大使館の車は、約束の翌日に羽中田とまゆみを迎えに来た。アパートの前の一本道に、日本の国旗をつけた車を見つけた瞬間は、全身が溶けるような安堵に包まれた。

「遅くなって申し訳ありません」

運転席から出てきた大使館員は、謝罪会見に臨んでいるかのように頭を下げた。羽中田の表情に、腹立たしさはうかがえない。待たされ続ける苛立《いらだ》ちから解放されたことが嬉しく、久しぶりに聞く第三者の日本語が心に沁み渡る。

「いえいえ、こちらは大丈夫でした。でも、なぜ昨日は来られなかったのですか?」

羽中田の率直な疑問に、大使館員は眉間にしわを寄せた。

「実はこちらへ向かう途中に、銃撃戦が行われているという情報があったんです。それで、引き返すしかなかったのです。ご心配をおかけしたと思います。誠に申し訳ありませんでした」

「そうだったんですか」という羽中田の答えは、語尾が先細りした。

目の前にいる大使館員は、危険と隣り合わせのなかで迎えに来てくれた。彼の責任感の前では、自分の不安などちっぽけなものでしかなかった、と感じた。

黒い革張りのシートに身体を預け、羽中田とまゆみは、北京市内を抜けて北京首都国際空港へと送られた。

天安門事件の勃発から2日後の6月6日、羽中田とまゆみは日本に一時帰国した。


中国へ戻ったのは7月上旬である。北京市郊外にある病院の敷地内で、織姫と彦星が出会う夜空を見上げ、羽中田は鍛錬の成果が上がることを願った。

学生と市民が銃弾に倒れてから、まだ1ヵ月しか経っていない。北京市内がかつての機能を取り戻すには、もうしばらく時間がかかるだろうと羽中田は考えていた。

ところが、街は騒乱前となにも変わらない景色を映し出していた。「内乱」や「事件」といった単語を想起させるような場所はどこにもなく、それどころか一時帰国前よりも穏やかな時間が流れていた。

〈何も変わっていないように見えて、実は何が変わったのだろう……？〉

北京の空港に降り立ってからアパートへ戻るまでの間に、1ヵ月前との違いが、羽中田の脳裏ではっきりしてきた。

自動小銃を小脇に抱える軍人が、にこやかな表情を浮かべているのだ。事件前は抜け目のない視線を送っていた彼らが、軍服とセットだった緊張感を放り出している。

軍人たちが、道端で靴磨きに汗を流し、理容室の一員となり、パンクした自転車を修理していた。すべて無料のサービスだという。天安門事件で市民の敵と見なされたイメージを少しでも向上させるために、名誉挽回のボランティア活動を課していると聞いた。

季節も巡っていた。朝晩は肌寒かった6月とは違って、陽が落ちてもTシャツだけで過ごせるようになっていた。北京の夏は、蒸し暑い日本と較べれば、空気が乾いていて過ごしやすい。

日本で過ごしていた1ヵ月間も、自分なりに鍛錬を続け、立つという行為を、身体に刻みこませていた。夏の日差しに身体を炙《あぶ》られながら、程志仁先生のもとでの治療と鍛錬が再起動した。

「んんっ、おはよう……今日も寒いね〜」

羽中田の寝起きのひと言に、まゆみが表情を緩ませる。

「いつもの、やる？」

羽中田は「うん」と短く頷いた。

天安門事件について誰も、何も語らないまま夏を迎え、秋が過ぎ、1989（平成元）年が終わった。ふたりきりで1990（平成2）年を迎えた羽中田とまゆみは、初めて体験する北京の冬と格闘している。

北京の緯度は日本の東北地方の秋田や盛岡とほぼ同じだ。だが、シベリアからの乾燥した空気が吹き込むため気温は低く、晴天でも氷点下8度から10度を観測する。「凍《い》てつく」という表現がどのような気候にふさわしいのかを、彼らは身体で感じていた。朝早くに洗濯物を干したら、凍りついてしまったことがあった。大げさではなく、瞬《また》く間に、である。

「いつものやるなら、早くして。朝ご飯の準備もあるから」

まゆみの言葉に促され、羽中田は台所へ向かう。赤く染まった調理用電気コンロに、冷え切ってかじかんだ指先を近づけ、温めるのだ。エアコンのないこの部屋では、熱を持った調理器具が暖房器具の代わりだった。

中国へ来てから、10ヵ月が過ぎようとしている。

鍛錬を始めてから１ヵ月で、左足が一歩前へ出た。

〈この調子でいけば、本当に歩けるようになるかもしれない〉

かつて羽中田が抱いた希望は、未消化の課題のように胸中に止《とど》まっている。

左足が一歩前へ出たが、右足が出ない。二歩目が踏み出せない。右足を押し出そうとすると、左足が身体を支えきれずにバランスを崩してしまう。何度転んだことだろう。

〈両足に装具を着けて松葉づえを使えば、ひとりでも歩けるようになってはいる。でも、たとえば10メートルを歩くのに、５分以上もかかる。車イスなら数秒で移動できる距離に、５分もかかってしまう。それでも、歩くことにこだわるべきなのだろうか〉

鍛錬と治療を終え、ベッドに身体を横たえた羽中田は、闇に向かって問いかけていた。

オレは、どうしたらいいんだろう。

希望を抱くことが、いつまで許されるんだろう――。

いつもと同じ一日だった。朝8時に目を覚まし、朝食を済ませ、鍛錬に取りかかる。左足で1歩目を踏み出し、今度はその左足を軸足にして、右足で2歩目を踏み出そうとする。しかし、2歩目は前に出ない。1年以上の時間を費やしてきたが、右足を前へ運ぶことができないままだ。

午前中の鍛錬には、程志仁先生が久しぶりに顔を見せた。鍛錬の内容は変わらないので、顔を合わせなかったとしても支障はないのだ。

程先生は無言で羽中田を見つめ、小さく頷いて言った。

「少しずつだけれど、左足に力がついてきている。この調子で頑張っていきましょう」

羽中田は「はい」と短く答えた。言葉が喉の奥で固まってしまい、それ以上は出てこなかった。

午後は治療である。気功、鍼、按摩に、程先生が約1時間の時間を割いてくれた。その後また、鍛錬を行った。風にあおられた髪の毛が、何度も視界をふさぐ。風の強い一日だった。

右足の2歩目は、この日も出なかった。

〈これ以上やっても、もう進歩はないんじゃないか。もう終わりにしてもいいんじゃないか〉

妻のまゆみと夕食のテーブルを囲みながら、羽中田は会話の行き先を探っていた。

「あれからもう、１年なんだね」

ご飯を口に運んだばかりのまゆみは、ゆっくりと咀嚼《そしゃく》してから答えた。

「あれって、いつのこと？」

今度は羽中田の口が、ご飯でふさがれている。こういう日に限って会話がスムーズに進まないよな、と羽中田は心のなかで呟《つぶや》いた。

「今日は１９９０年の６月６日でしょう。天安門事件がいきなり起こって、オレたちが一時帰国したのが１年前の今日だったじゃない」

まゆみは箸を動かす手を止めた。食事を中断して会話に集中しようか、という合図だった。何かを伝えたいという夫の気持ちを、妻は察したのだった。

羽中田も箸を置き、両手を膝の上に置いた。背筋を伸ばしてまゆみと向き合う。

「鍛錬も治療も、やるだけやったと思うんだ。もう、悔いはない」

部屋の中の空気が、いきなり張り詰めたように感じられた。まゆみは頷きもせず、黙って夫の眼を見つめている。

「実は、こっちへ来て治療をするって決めたとき、やれることはやりきって、それでだめなら歩くことを諦めたいって気持ちがあったんだ。でね、今日、これ以上やっても変わらないだろうな、っていう限界を感じたんだ。もうずいぶん前から感じていたんだけど、踏ん切りがついた」

自分に対する確認の意味で、羽中田は言葉を切った。

鍛錬を終わりにするということは、歩けるようになる努力を諦めることに他ならない。気持ちの揺らぎはないか、自分に問いかける。決意は深く心に食い込み、もう二度と引き剝がせなくなっている。

頭の中のページを、羽中田はゆっくりとめくった。そこに書かれた言葉を、羽中田はゆっくり嚙み締めるように口にした。

「これからは、車イスに乗って人生を楽しもうと思うんだ」

そのページには、もうひとつ文章が書きこんである。羽中田はもう一度背筋を伸ばし、まゆみに頭を下げた。

「結婚したばかりでいきなり家族と離れて、こんな遠くまで一緒に来てくれて、本当にありがとう」

妻への感謝を口にすると、全身に居座る疲労が溶けていくようだった。

ふたりで過ごしてきたこの空間との別れが、ふいに名残惜《なごり》しく感じられた。初めてアパートのドアを開けたときの驚きと絶望は、一生忘れることはないだろう。

簡素なベッドが置いてあるだけの空間は、これから始まる鍛錬の過酷さを予感させた。余計なものは必要ない。寝る時間以外はすべて足が動かせるようになるために費やせ、と言われている気がした。

実際にそのとおりだった。いや、それ以上だった。寝る時間も鍛錬だった。変形してしまった膝を矯正するために、土嚢を載せて寝た。平均気温が氷点下まで下がる真冬は、冷たく固まった指先を電気コンロで温めた。

積み重ねてきた記憶のすべてが、いまはとても愛《いと》おしい。決して笑い飛ばせないものばかりだが、これからの人生の支えになるだろう。

羽中田は大きく息を吐いた。身体から迷いが抜け出たように、気持ちが軽く感じられる。テーブルに置いた箸に手を戻す前に、もう一度、まゆみに言った。

「今日まで本当にありがとう」

羽中田の表情に、晴れやかな感情を読み取ったのだろう。まゆみはピンと背筋を伸ばし、眩しい笑顔を向けた。

「まーくん、お疲れさまでした」

Jリーグ開幕「オレ、やっぱりサッカーが好きだ」

1991（平成3）年4月、羽中田は山梨県庁に復職した。かつてと同じ中部県税事務所に籍を置きながら、日本での生活のリズムを作り直していった。

翌92（平成4）年からは配属先が変わった。新しい職場は統計調査課で、予測分析と統計分析が担当だ。県内の経済波及効果を分析するための産業関連表の作成が主な仕事である。

あるひとつの産業部門は、他の産業部門から原材料や燃料などを購入し、それらを加工して別の財・サービスを生み出す。さらにそれを、別の産業部門へ販売する。購入から生産、生産から販売という連鎖的なつながりを表すのが産業関連表だ。

休職前に携わった県税業務とは、まったく違う職域である。聞き慣れない言葉の洪水に戸惑いながらも、羽中田は新しい仕事に食らいついていく。

日本ユース代表候補まで上りつめたサッカーでも、交通事故に遭《つ》った直後のリハビリでも、中国での鍛錬でも、胸のなかで燃える負けず嫌いの炎が羽中田を衝き動かした。他でもない自分に、負けたくなかった。

県庁での仕事も同じである。「わかりません」とも「できません」とも言いたくない。経済に関する本を読み、数学を学んだ。定時を過ぎてもデスクから離れない。「今日も残業だから」とまゆみに電話をするのが当たり前になり、日付が変わってから帰宅することもしばしばだった。

まゆみは鍼・灸《きゅう》・按摩・マッサージの学校へ通っていた。中国で見聞きした東洋医学に、興味のアンテナが反応したらしい。

ひょっとして彼女は、自分の身体のケアのために資格を取ろうとしているのだろうか。「どうして東洋医学なの？」と、羽中田はまゆみに聞いた。

「東洋医学の先生が、『医は仁術なり』って言ってたでしょ？　その言葉に感動したの」

「仁術ってどういうこと？」

「愛だって。すごくないっ？」

まゆみは瞳を輝かせている。目標を持つのはいいことだし、資格は仕事を得るための手助けになると、羽中田も思う。だが、資格試験を受けるためには、専門の学校で3年間学ばなければならないという。一時的な気持ちの盛り上がりで踏み出すには、リスクが大きいのではないだろうか。

「もう少し慎重に考えたほうがいいんじゃないの？」と、羽中田は助言した。遠慮がちな表現にとどめたものの、言葉には否定のニュアンスを込めた。それでも、まゆみの瞳は陽光を浴びた海のように輝いたままだ。

情熱を注ぐ行き先を見つけたまゆみは、一気にアクセルを踏み込んでいく性格である。妻のチャレンジを、羽中田は見守ることにした。


県庁での日々は、慌ただしく過ぎていった。仕事には慣れていったが、そのぶんだけ仕事量は増え、専門性が高くなっていく。肩凝りや首の痛みに悩まされながらも、羽中田は仕事に向き合っていった。

身体の凝《こ》りをほぐしたい羽中田は、休憩時間に窓外の景色へ視線を運ぶ。抜けるような青空を見上げたりすると、ふっと気が遠くなるような感覚に陥る。

〈これだけのエネルギーを仕事に注いでいったら、いつか自分も責任ある立場につけるのかな？

県庁で出世できるのかな。でも、一度しかない人生を楽しむ気持ちは、やっぱり忘れたくないよなあ。オレの人生を豊かにするものって、いったい何なのだろう?〉

自分の未来への漠然とした疑問は、やがて様々な場面で羽中田を追いかけてくるようになった。県庁での仕事を軸とした生活に、不満があるわけではない。寂しくも、悲しくも、虚しくもない。それなのに、心のどこかに穴が空いているように感じられた。いまはまだ小さい穴は、塞《ふさ》がれるのではなく広がっていくような気がする。

そして、ずっと遠ざけていた気持ちが湧き上がってきた。

心の穴を塞《ふさ》げるものは、ひとつしかない気がした。

1992(平成4)年3月13日、全国版のスポーツ紙が一斉に報じたニュースがあった。サッカー日本代表の監督に、オランダ人のハンス・オフトが就任することを伝えていた。

一面を飾るほどのニュースではなかった。小さな見出しと顔写真が彩るだけの記事だったが、エポックメイキングなトピックスである。プロフェッショナルの外国人監督が代表チームを率いるのは、日本のスポーツ界で初めてのことだったのだ。

1980年代に日本サッカーリーグ(JSL)のクラブを指導したオフトのもとで、日本代表は長足《ちょうそく》の進歩を遂げていく。10月下旬から11月上旬にかけて行われたアジアカップで、イラン、中国、サウジアラビアなどの手強い相手を下して頂点に立ったのだ。

１９９３（平成５）年４月には、翌年に開催されるアメリカ・ワールドカップ・アジア１次予選が日本で開催された。90年のワールドカップに出場したＵＡＥ（アラブ首長国連邦）との大一番には、東京・国立競技場に５万５０００人の観衆が詰めかけた。前年に火がついたサッカーブームは大きなうねりとなり、日本代表の最終予選進出を後押しした。

５月には新しいリーグ戦が開幕した。Ｊリーグである。

ＪＳＬの発展的解消で誕生したプロリーグが、10チームでスタートしたのだ。

５月15日に行われた開幕戦を、羽中田はテレビで観戦した。カクテル光線が照らす国立競技場のピッチを、ヴェルディ川崎と横浜マリノスの選手が駆けている。

ブラウン管を見つめる羽中田の心には、さざ波が立っている。

〈プロサッカーのリーグが、日本に誕生するなんて〉

ヴェルディの左ＳＢは、日本ユース代表候補の合宿でお世話になった都並敏史だ。マリノスの控えのＧＫは、韮崎高校の２学年先輩の横川泉である。

翌16日のガンバ大阪 対 浦和レッズ戦では、同級生がゴールを決めた。日本ユース代表候補の合宿でとくに仲の良かった和田昌裕が、ガンバ大阪を勝利に導いた。また、同日、三ツ沢公園球技場で行われた横浜フリューゲルス 対 清水エスパルスの試合では、インターハイや高校選手権でしのぎを削った清水東のメンバーたち、１学年上の反町康治、１学年下の堀池巧、大榎克己、長谷川健太がピッチで躍動していた。

大観衆の声援を受けてプレーするかつてのチームメイトや友人が、羽中田には眩しかった。輝いて見えた。

〈オレが一緒にサッカーをやっていた選手が、プロのピッチに立っているなんて……〉

9歳で出会ってから、何よりもサッカーを愛していた。だが、交通事故に遭ってから、羽中田は意図的にサッカーを遠ざけてきた。嫌いになったわけではない。試合を観たら気持ちが燃え上がり、吸い寄せられてしまう気がして、緑色のピッチを視界に入れないようにしてきた。ハンス・オフトのもとで急成長を遂げる日本代表の活躍にも、ほとんど関心を示さなかった。

しかし、サッカーと距離を置いたまま生きていくのは、灰色の世界をとぼとぼと歩いていくような気もしていた。Jリーグを観るようになってから、自分の世界がたくさんの色で染まっている実感がある。

事故からちょうど10年が経つ。日本に誕生したプロサッカーリーグを目《ま》の当たりにして、羽中田が心の中で無理やり氷漬けにしたものが徐々に溶け始めていた。

羽中田はテレビ観戦ではなく、スタジアムの熱気を感じてみたくなった。仕事に支障のない土曜日のナイトゲームを、国立競技場で観戦した。

Jリーグはホームタウン制を敷いており、各チームはホームゲームを決められたスタジアムで開催する。ただ、爆発的なブームを巻き起こしているにもかかわらず、収容人数の少ないスタジアムが多かった。このため、６万人以上を収容できる国立競技場でホームゲームを開催するチームがあった。

車イス用のスペースに落ち着くと、後頭部を叩くような歓声を浴びた。思わず首をすくめた。満員の国立競技場なら知っている。この場所で、６万人を超える観衆の視線を独り占めにしたこともある。

高校選手権の決勝で清水東高校と対戦した10年前の記憶に、強い光が浴びせられていく。あの試合の終了直後に抱いた思いが、28歳になった羽中田の心にくさびのように打ち込まれた。

〈次にここに来るのはいつかな。そのときオレは、どんなチームでプレーしているんだろう〉

胸に収まりきらないほどの希望は、19歳の夏の一日を境に絶望へと変わってしまった。ヨーロッパでプロになるための通過点と考えていた清水東とのゲームが、サッカー選手としてのラストマッチになるなんて……。

試合を観ていた羽中田は、目の前の手すりを握り締めた。ひんやりとした感触が、手のひらから脳へ伝わる。痛みのような冷たさに刺激されて、羽中田は自らに問いかける。

〈サッカー選手としてプレーすることは、もうかなわない。サッカーに未練を感じながら生きていくのはつらい——だから、サッカーと距離を置いてきた。でも、本当にそれでいいのだろうか〉

国立競技場に設けられた車イス用のスペースは、ゲートのすぐそばにある。移動の利便性を考えてのことだが、そのぶんだけ観客の往来が激しい。

羽中田の背中を、懐かしい匂いが通り過ぎた。スープの温かい香りが鼻腔をくすぐる。ピッチから視線を外して振り返ると、カップラーメンを両手で抱えた子どもが席へ戻っていった。高校選手権に出場していた当時に、何度も食欲を刺激されたことを思い出した。純粋に、真っ直ぐに、ひたむきに、サッカーと向き合っていた10代の頃の気持ちまでもが、甦ってくるようだった。

試合が終わり、国立競技場を後にする。帰途に着く観客たちが心地好い余韻に包まれていると、羽中田には感じられた。自分が応援するチームのプレーを、批評したり分析したりする男性がいた。家族連れにも、カップルにも、女性のグループにも、笑顔が広がっている。

〈Jリーグとともに、サッカーが人々の生活に根差していくかもしれない。それでもオレは、サッカーから眼を背《そむ》けていられるのだろうか〉

以前からわかっていたものの、決して触れようとしなかった気持ちと、羽中田はついに正面から向き合う決意を固めた。

〈オレ、やっぱりサッカーが好きだ。ピッチを駆けることはできなくても、サッカーが好きだ。大好きだ。これ以上、自分の気持ちを偽《いつわ》っちゃいけない。心に穴が空いたままで、生きていくことはできない〉

10年前に抱いた思いを、羽中田は心のなかで組み立て直した。
〈次にここに来るのはいつかな。そのときオレは、どんな立場だろう〉
Jリーグの熱気に触れたこの夜、羽中田は人生の進路を見つけた。
〈サッカーの指導者になろう〉

週が明けた月曜日から、羽中田は仕事のペースを上げていった。心境の変化を周囲に悟られないように気をつけながら、それまで以上に意欲的に仕事をこなしていった。
〈サッカーの指導者になりたいといっても、簡単になれるわけじゃない。ましてや自分は、車イスで指導をしようとしているんだ。何をやるにしても、普通の人以上に時間がかかるだろう。まずは1年間とことん仕事をやって、県庁の人たちに評価されるぐらいになれば、自分に自信を持てる〉

指導者になりたいという気持ちは、夢や憧れではない。現実的な目標だ。羽中田は、自らの本気度を確かめるように県庁の仕事に打ち込んでいった。

兄の羽中田仁は、弟の変化を敏感に察知した。「サッカーの指導者を目ざす」と聞くのはもう少し先になるが、昌のなかでサッカーが急速に勢いを取り戻していることに気づく。

「Jリーグを観に行ってから、まーくんは変わりました。何も口にしなかったけど、やっぱりね、悔しい気持ちはあったんだと思いますよ。自分と同世代の選手たちが、華やかな舞台に立っているんですから。何よりも、サッカーへの思いを完全に消すことはできなかったんでしょうね。彼はサッカーがうまいことよりも先に、サッカーが大好きだったから」

Jリーグが2度目のシーズンを終えた1994（平成6）年12月、羽中田は県庁の上司に退職の意思を伝えた。

〈サッカーを無理やり遠ざけるようなことはもうしない〉

第4章

1995－2000年

バルセロナへ。そして、もう一度あのピッチへ

多くのことを学ばせてくれたヨーロッパのサッカー少年たち

退路を断ち、憧れの地でコーチ修業開始

山梨県庁での仕事を終えた羽中田昌は、統計調査課の上司や同僚に「お先に失礼します」と声をかけた。「お疲れさま」との返事が、職場に反響する。電話中の先輩は、右手を大きく振りながら笑顔を向けてくれた。

窓際に貼りつけてあるカレンダーは、今月が1995（平成7）年3月であることを告げている。羽中田の心に、寂しさという棘《とげ》が刺さった。

〈明日からは有休を消化するから、出勤するのは今日が最後だ。『お先に失礼します』って言えるのは、これが最後なのか……〉

年度末の3月31日限りで、羽中田は県庁を退職する。サッカーの指導者になるためだ。上司に退職の意思を告げた昨年12月の記憶が、頭のなかで甦る。

統計調査課の課長は、「ええっ？」と声を裏返らせたものだった。立て続けに質問を浴びせ、彼自身の意見を付け加えた。

サッカーの指導者になるって、Jリーグの監督を目ざすの？

羽中田くんは車イスで生活をしているけど、どうやってサッカーの指導をするの？

そもそも、監督ってプロなのかい？　資格とかは必要なの？
せっかく公務員になったんだよ。辞めるなんてもったいないじゃないか。
まゆみさんを食べさせていかないといけないのに、これからどうやって生活をしていくの？
僕は反対だなあ……。

職場では厳しく、プライベートでは優しく接してくれた課長と向き合うと、「もう少し考えてみます」というひと言が、口もとから思わずこぼれそうになる。上司だけでなく同僚も、車イスの羽中田を特別扱いすることなく、ひとりの社会人と認めてくれていた。「車イスだから、できなくてもしようがないよね」といった冷たい妥協には、一度も触れたことがない。ミスは厳しく指摘されることが、羽中田には心地好かった。組織の一員としての連帯を、感じることができた。

退職の意思を打ち明けることへのためらいはあったが、人生の炎を悔いなく燃やし続けていきたい、という気持ちは大きくなるばかりだ。なぜサッカーの指導者になりたいのかを、羽中田は課長に何度も説明した。

羽中田の気持ちに揺らぎのないことを理解した課長は、最終的に納得してくれた。年度の区切りとなる１９９５（平成７）年3月31日での退職が、こうして決まったのだった。

妻のまゆみには、誰よりも先に相談した。

「県庁を退職して……サッカーの指導者になりたいんだ」

探るように告げると、まゆみは眼だけを動かして言った。

「いいんじゃない」

まゆみなら同意してくれると予想はしていた。これまでもチャレンジの大小にかかわらず、意欲を削がれるようなことは言われたことがない。

それにしても、近所へ買い物に行くような気軽さである。同意してくれるのはもちろん嬉しいけれど、もう少し慎重に考えてもいいんじゃないのか——拍子抜けしてしまった羽中田は、その日は言うつもりのなかったひと言を付け加えた。

「で、指導者になるためにスペインへ、バルセロナへ、行こうと思っているんだ。もちろん、まゆみちゃんも一緒に……」

まゆみの瞳には、それでも警戒の色が浮かばない。表情が固まることも、緩《ゆる》むこともない。明日の予定を訊《たず》ねられたかのように、まゆみは答えた。

「いいんじゃない」

羽中田は嬉しいというよりも、ひどく心配になった。

県庁を退職すれば、定期収入が途絶える。現地でアパートを借りたり、必要な家具を買いそろえたりすれば、何十万というお金が一気に消えていく。自分もまゆみもスペイン語を話せないから、語学学校に通わなければならない。ここでもまとまった金額が、銀行口座の残高を減らしてしまう。

バルセロナへ仕事を持っていくことも考えているが、いまのところ思いつくのは原稿の執筆くらいだった。それにしても、どれぐらいの収入が見込めるのかはまったく計算できない。

バルセロナへ行くということは、不確定要素を両手いっぱいに抱え込み、なおかつ洋服のポケットにもパンパンに詰め込むことに等しい。覚悟とか決意とか、夢とか情熱とかだけでは、乗り越えられないかもしれない。そこまで考えて答えを出してほしいのだが、まゆみはあっさりと同意した。

自分の声が尖《とが》っていることを、羽中田は自覚した。穏やかな口調を保とうとしているが、苛立ちが混じってしまっていることも。

「ねえ、まゆみちゃん、もうちょっとじっくり考えても……」

まゆみはかぶせ気味に答えた。さっきまでののんびりとした調子は消えていた。

「まーくんが言いたいことはわかってる。お金のこととか心配だよね。でも、まーくんが何をしたいかってことのほうが大事だなって、私は思うの。お金だって、何とかなるよ。ほら私、手に職があるから、向こうでちょっとは稼げるかもしれないし」

鍼・灸・按摩・マッサージの学校に通っていたまゆみは、試験をパスして資格を取得していた。

「まあとにかく、何とかなるわよ。最初からこうなるって決まっている人生よりも、何が起こるかわからないほうがワクワクするじゃない？　ねっ」

まゆみの思いに自分の気持ちが吸い寄せられていることを、羽中田は自覚した。

いつもこうなのだ。自分の心に芽生える不安や心配の種を、まゆみはしなやかに摘《つ》み取ってくれる。

「スペインへ行くの、いいんじゃない。まーくんには県庁職員よりも、サッカーのほうが似合っているよ」

羽中田は心のなかで呟きながら、口元がほころぶ。

〈オレがサッカーをやっているところを、まゆみちゃんは何回見たことがあるんだ？　付き合ってからはサッカーをやっているところなんて、見たことがないのにな〉

1983（昭和58）年1月8日の全国高校サッカー選手権から、12年以上の時間が流れた。かつて日本代表入りを期待された男は、指導者として再びサッカーの世界へ飛び込んでいこうとしていた。


8万人を超える観衆の息づかいが、巨大な塊《かたまり》となって緑色のピッチに降り注いでいく。

〈なっ、なんだっ、この迫力は！〉

1995（平成7）年4月、羽中田はバルセロナを訪れた。数ヵ月後の移住を前提とした下見である。

インターネットが一般家庭へも拡がっていくのは、もう少し先である。海外で生活をするための情報は、現地へ足を運んで集めなければならなかった。車イスで不自由することはないのかを確認しておくことも、大切な目的のひとつだった。

サッカー指導者の学校は、語学学校は、街のどのあたりにあるのか。通学に便利なエリアに、予算と折り合いのつく住居はあるのか。サグラダ・ファミリア教会やグエル公園などの観光スポットへは足を運ばずに、羽中田は生活に必要な情報収集のために車イスのタイヤを回した。

自分だけのために過ごした唯一の時間が、サッカー観戦だった。バルセロナを本拠地とするFCバルセロナのホームスタジアム〝カンプ・ノウ〟を訪れたのだ。

日本のJリーグのように、太鼓を叩いて応援するサポーターはいない。チアホーンの音色も響かない。観衆はボールの行方に目を凝らし、シュートの瞬間に声をあげ、席を立つ。

拍手も聞いた。鮮やかなサイドチェンジのパスを通したり、相手のマークを巧みにかわすようなプレーを、観衆は拍手でたたえる。日本のスタジアムでは、見たことのない光景だった。

ため息の凄《すご》さも知った。バルセロナの選手が放ったシュートが、惜しくもゴールのワクを逸れる。指揮者がタクトを揮《ふる》っているわけではないのに、観客全員が同じタイミングで深い息を吐き出した。何万人という人間が同じ行動をとると、ため息さえも迫力を持つのか、と感じた。

ピッチ上ではひとりの選手のプレーに視線が釘付けになった。バルセロナの背番号４を付けた、ジョゼップ・グアルディオラだった。

1980年代の日本サッカーで守備的MFと呼ばれ、Jリーグ開幕後はボランチと称されるようになったポジションで、グアルディオラはゲームをコントロールしていた。足の内側を使ったインサイドキックのパスが、照明を浴びたピッチを気持ちよさそうに滑っていく。転がるのではなく、跳ねるのでもなく、彼のパスはピッチを滑っていた。ときに高速で、ときに軽やかに。

〈パスの基本となるインサイドキックで、こんなにもレベルの高いサッカーができるなんて。いままで自分が見てきたサッカーとは、ピッチで繰り広げられるプレーも、スタジアムの雰囲気も、何もかもが違う。これが本場のフットボールなんだ〉

バルセロナのベンチには、薄いコートを着た細身の男性が座っている。

羽中田を本物のサッカーに目覚めさせ、ヨーロッパでプロになる夢を抱かせ、いままた新たなチャレンジへ導いてくれた人物——ヨハン・クライフだ。このとき彼は、監督としてFCバルセロナを率いていた。

カンプ・ノウの歓声は、皮膚に痛みを感じるほどに強く、鋭く身体に突き刺さった。この街でフットボールとともに生きていこうという信念が、羽中田の胸に宿っていた。

羽中田が単身で下見をしてから7ヵ月後となる1995（平成7）年11月、ふたりはバルセロナへ移住した。

空が青い。空が高い。風が心地好い。高層ビルが空を切り取っていないので、気持ちが開放的になる。

空港ではふたりの職員が、羽中田を補助してくれた。同世代の男性だった。ひとりはスーツケースの運搬役を引き受け、もうひとりは羽中田の車イスを押してくれる。車イスを押す男性は、「どこから来たんだ？　観光か？」と、速射砲のように話しかけてくる。羽中田とまゆみの返答など期待せずに、ひたすらしゃべり続けていた。

空港職員とはタクシー乗り場で別れた。覚えたてのスペイン語で、「グラシアス」とお礼を伝えた。友だちを見送るような笑顔で、彼らは「アディオス」と手を振ってくれた。

羽中田はゆっくりと深呼吸をした。地中海の穏やかな風が、身体の隅々まで沁み渡っていく。まゆみに笑みを向けた。

「さあ、冒険の始まりだよ」

バルセロナへ着いてからの日々は、あっという間に過ぎていった。

ふたりが最初に取りかかったのは、スペイン語で「ピソ」と呼ばれるアパートを探すことだった。ピソの入り口に段差があると、誰かの手を借りなければならない。外出のたびにまゆみに付き添ってもらうのは、お互いの生活を窮屈にしてしまう。ロケーション、部屋の広さ、それに家賃と並んで、玄関に段差のないことがピソ選びの条件だった。羽中田の希望を満たす物件に辿り着いたのは、バルセロナへ到着してから20日後のことだった。

スペイン語学校は、1996（平成8）年1月からスタートした。学生ビザで滞在している彼らの最優先事項は、学校に通うことだった。ビザを更新していくには、一定時間以上の授業を受けなければならない。

授業は月曜日から金曜日まで組まれていて、一日あたり4時間である。羽中田とまゆみは、初心者を対象とした3ヵ月のコースで学ぶ。

日本人の感覚では、かなりの短期間である。「そんなにすぐに、スペイン語がわかるようになるものなのか」と羽中田は訝《いぶか》った。スペイン語でスペイン語を学ぶのだ。そもそも、授業の内容をどこまで理解できるだろうか。いくつもの疑問符(?)が、頭のなかで行列を作る。

だが、スペイン語との類似性が高いポルトガル語やイタリア語を母国語とするクラスメイトはもちろん、母国語がアルファベットで構成されているクラスメイトも、1週間もするとスペイン語を身体に染み込ませていった。中東とアジアからやってきた学生だけが、スタートからいきなり出遅れた。

羽中田とまゆみも、例外ではなかった。先生に質問をされても、何を聞かれているのかがわからない。答えようがない。メキメキと成長していくクラスメイトを目の当たりにすると、嫌でも疎外感を覚える。学習意欲が、どんどんと下がっていってしまう。

夫婦の足並みも、次第に揃わなくなっていく。学生であり主婦でもあるまゆみは、買い物へ出かける。スーパーなどで毎日のように実践経験を積んでいる。彼女の生活は、習いながら慣れていくものだった。

授業が始まってから1ヵ月が過ぎた。羽中田の表情は曇りがちである。先生の質問は依然として理解できず、スペイン語の発音はカタカナを読んでいるかのようだ。クラスメイトの笑い声が、気持ちをさらに沈ませていく。両手で頭を抱え込みたくなる。

「マサシは『考える牛』みたいだね。いつも難しい顔して、何かを考えている」

沈痛な面持ちの羽中田に、そう言って声をかけてきたのはアメリカ人のフィリッペだった。49歳の彼はクラスのリーダー的存在で、学級委員長を務めている。口ごもりながらでも自分の考えを恥ずかしがらずに伝え、学校の図書館で自習に励むフィリッペに、羽中田は敬意を抱いていた。

フィリッペは一枚の写真を見せてくれた。ランブラ・ダ・カタルーニャ通りにある銅像「考える牛」をおさめたものだった。背中を丸めた牛が足を組み、右の前足を顎《あご》に添えている。ロダンの「考える人」のポーズを模したものだ。

アメリカから留学している学級委員長は、澄んだ瞳を羽中田に向けた。

「自分は語学のセンスがないってマサシは言うけど、この世にできないことなんてひとつもないんだよ」

もやもやとした思いが、少しだけ晴れた気がした。

〈いまのオレは、こんな風に見えるのか……。こんな顔をしていたら、それだけで周りの人を遠ざけちゃうよな。話しかけにくいよな。いまのオレは、スペイン語に慣れる機会を自分からなく

しているのかもしれない〉

その日、語学学校へ通ってから初めてといっていい温かいものが羽中田の胸に流れていた。

地中海性気候のバルセロナでも、冬には冷たい風が吹き抜ける。冷たい風に逆らって帰宅した羽中田は、コーチングスクールへの入学を先延ばしにしてきた。

カタルーニャサッカー協会が主宰するコーチングスクールには、下見から1年以上経った1996（平成8）年10月から通い始めた。スペイン語のレベルアップを最優先にしてきた羽中田は、

いまもまだ、流暢《りゅうちょう》に話すことはできない。それでも、読解力も会話能力も徐々に身に付いてきている。辞書を頼りに授業に臨んでいこう、と入学を決意した。

コーチングスクールの事務局を訪れたのは、爽やかな風が吹き抜ける4月の終わりだった。Tシャツ一枚でも過ごせるくらいの陽気で、夏の足音をはっきりと聞き取ることができた。

事務局に用意されている入学案内書には、実技試験があると記載されていた。「ただし、障害者は実技が免除される」と書き添えられていた。女性の事務員に、羽中田はたずねた。

「車イスでも入学できますか」

良く通る大きな声で、マリアという名の女性事務員は答えた。

「もちろんよ」

障害者の受け入れは毎年ひとりだけと決まっているが、1996年度はまだ申し込みの問い合

わせがないとのことだった。つまり、たったひとつしかない枠を、羽中田が手に入れることができるのだった。

〈車イスでもコーチングスクールに入学できるなんて、さすがスペインだ。サッカー先進国は懐が深い〉

ところが、羽中田の喜びには賞味期限があった。それも、たった2日間の。

マリアが勘違いをしていたのだ。障害者の受け入れはしているが、車イスの使用者は含まれていない。入学はできない――。

サッカー先進国にも壁があることを痛感させられたが、羽中田に臍《ほぞ》を噛むような落胆はない。断られることを前提に考えていたので、むしろ予定どおりといってもいい。肝心なのはここからだ。

羽中田が持っている説得材料は、熱意しかない。「前例がないから」「困るのはキミだと思う」といった事務局側の言い分を、ありったけの情熱で溶かしていく。事務局まで何度も車イスを漕いだ。

正規の入学は、ついに認められなかった。それでも、「聴講生ならいい」という譲歩を引き出すことはできた。正規のライセンスは取得できなくても、学ぶことはできる。スペインのサッカー哲学に、触れることができる。あとは、どこまで自分の血肉にできるか。年間10万円相当の授業料を、羽中田は指定された口座に振り込んだ。

コーチングスクールは3年コースである。レベル1からレベル3まで段階があり、羽中田が聴講生として参加するレベル1のクラスには、30人の生徒が集まっていた。

年齢は幅広い。2部リーグのプロ選手がいて、サッカー経験のない若者がいた。「サッカーをもっと面白く観たいから」という50代の男性もいた。

授業は月曜、水曜、土曜の週3日で、19時から22時までである。学生は授業を、社会人は仕事を終えてから集まってくる。

授業の内容は多岐にわたる。心理学、メディカル、サッカーの歴史、サッカー用語などを、羽中田は学んでいった。これまで何となく理解しているつもりだった事柄が、明確に定義されていく。

すなわちそれは、サッカーの会話をきちんと成立させるためであり、サッカーに対する理解を深めてもらうためなのだろうと、羽中田は思い至った。もっといえば、サッカーが好きな人をひとりでも増やしていこう、という取り組みとも考えられる。

〈プロ選手としての経験が必須ではなく、希望者を受け入れるこのコーチングスクールは、やっぱり懐が深いんだ〉

もっとも、授業は羽中田にとって難解をきわめる。当然のことながら、授業はすべてスペイン語だ。スペイン語を学んで10ヵ月強の羽中田には、聞いたことのない単語も頻出する。講師の話が耳を素通りしたまま、授業が進んでいってしまう。テープに録音した授業を聞き返して、辞書を開いても載っていなかったり、意味が通じなかったりする単語があった。サッカーの専門用語だからだ。

グループでディスカッションをする授業もある。スペイン語がわからないのでテーマが判然としないまま、意見が交換されていく。

教室が暑いわけではないのに、羽中田の背中から汗が滑り落ちていく。ノートから視線を離さないようにして、意見を求められないようにする……が、逃げ切ることはできない。

「マサシはどう思う？」

教室は静寂に包まれている。笑顔で切り抜けられる場面ではない。冷や汗をかくどころか、全身汗みずくになる。

〈何でもいい、自分の考えを、とにかく伝えるんだ〉

心の囲いを取り払い、羽中田は「僕は……」と切り出した。小さな勇気を重ねて、道を切り開いていく。

ライセンス取得の門、閉ざされる

そう言われるかもしれないと、覚悟はしていた。

ただ、「ひょっとしたら……」という思いはあった。本当に微《かす》かなものではあったが、羽中田の心には希望と呼んでいい色彩が混じっていた。

「残念ですが、話し合いの結果はノーでした」

1997（平成9）年7月3日、羽中田はカタルーニャサッカー協会にいた。4人用の長机がある会議スペースで、コーチングスクールの事務局長と向き合っている。

1996（平成8）年10月から97年6月まで、羽中田はカタルーニャサッカー協会が主宰するコーチングスクールに通った。正規入学は認められず、聴講生の立場だった。オブザーバーのような立場だから、成績優秀でもライセンスの交付にはつながらない。

1年目はそれでもいいと、羽中田は割り切った。

「車イスでは実技ができない。だから正規入学は認められません」と言われたら、反論できる余地はない。それでも、「前例がないから」という理由は覆《くつがえ》すことができるかもしれないと、羽中田は考えた。

「車イスでも監督の仕事ができることを、認めてもらえればいいんだ。前例がないなら、自分がひとり目になってやる」という強い気持ちで、1年後の正規入学を目ざした。

やる気を示すのは大前提だから、授業は欠席しなかった。身体が熱っぽくても、気持ちが沈んでも、スクールへ向かう電車に乗った。「車イスはハンディではなく、指導者としての個性のひとつだ」という思いが、羽中田を支えていた。

しかし、1997（平成9）年10月から始まる次のコースでも、正規入学は認められなかった。

サッカー先進国のスペインへ移住したことで、改めて気づかされたことがある。サッカーが文化として根づいているからこそ、指導者には「手本を見せて教えること」が求められる。プロサッカー選手の経験がなくても指導者を目ざせるし、外国人でもライセンスは取得できるが、そうした懐の深さは「何でもＯＫ」ということではないのである。

羽中田を正規入学させるかどうかについて、事務局は会議を開いてくれた。「車イスだからダメだ」とは決めつけずに、真剣に議論してくれたのは間違いない。羽中田の情熱は伝わったのだ。だが、前例を覆すことはできなかった。

その日の夜、日本から国際電話がかかってきた。エッセイの依頼を受けたときに文章の書き方を手ほどきしてくれた横山昭作だった。韮崎高校の大先輩でもある彼には、７月３日に結果がわかると伝えてあった。日本はもう、７月４日になっているが。

「正規入学は認められませんでした」と告げると、横山は明るい声で「そうでしたか」と答え、「私はこう思いますが」と控え目に続けた。

「バルセロナへ移り住んでいるだけでも、あなたは日本で一目も二目も置かれている存在です。焦ることはありませんよ。正規入学ができなくても、勉強する機会を奪われたわけではないんですよね？　気軽な気持ちで、色々なことをして楽しんでくればいいのです。視点を変えることが、大切ではないですか」

横山の言葉に、羽中田は自分の悩みを溶かすような説得力と優しさを感じる。文章を書き始めたばかりの頃に、原稿を読んでもらっていたときも同じだった。いま読み返すと全面的に書き直したいような文章を、横山は褒めてくれた。褒めながらいつの間にか、修正すべきところに気づかせてくれたものだった。

〈視点を変えることが大切、か……〉

最後のひと言を噛み締めながら、羽中田は腕組みをした。「視点を変える……」ともう一度呟いたところで、また固定電話が鳴った。

今度は兄の羽中田仁だった。7歳年上の兄にも、7月3日が特別な一日であることを知らせてあった。

受話器越しの兄は、いつもどおりの口調だった。

「残念だけど、しようがねえよな」

日本時間は早朝だ。時差を考えると、いつもよりテンションが高いかもしれない。結果を聞いてのことだろう。さりげない気遣いを、羽中田は感じ取った。

「まあでも、まーくんがまずやらなきゃいけないのは、お世話になってる人たちに報告の手紙を書くことだよ」

「横山先生には、いまさっき電話をもらったんで報告することができたよ」

「セルジオ越後さんにも、お知らせしないと。セルジオさんだけじゃなく、お世話になっている人たちに」

書くことで気持ちも整理できる。自分にとって有意義な時間だ。気持ちが前向きになっていくことを自覚する。兄へお礼を言おうとしたところ、「ま、偉そうなことは言えないけどさ」という声が羽中田の言葉を遮《さえぎ》った。

「まーくんはいままで直球ばかり投げていたから、今度は変化球も投げてごらんよ」

最後のひと言がまた、羽中田の気持ちを揺らした。

「じゃあ、身体に気を付けてな。まゆみちゃんにもよろしく」と言って、兄は電話を切った。

〈変化球を投げる、か。横山先生の「視点を変える」と、同じ意味だよな〉

暗闇に包まれていた羽中田の心に、小さな明かりが灯った。

ひょっとしたら自分は、ライセンスにこだわり過ぎていたのかもしれない。

車イスの自分が他の人と同じことをやっても、サッカー界で生きていくのは難しい。「箔《はく》」みたいなもの、名刺代わりになるものが必要で、だからオレはバルセロナへ来た。

ならば、自分の履歴書に「箔」をつけてくれるのは、名刺代わりになるのは、スペインサッカー協会が公認するライセンスだけなのか？

そうではないはずだ。本物のサッカーを観て、体感するために来たのだ。コーチングスクールで学ぶだけでなく、もっと生《なま》の現場に触れるべきだろう――。

「まーくん、何か元気になったね～。横山先生とお兄ちゃんが、いいこと言ってくれたんでしょ

～」

まゆみが茶化《ちゃか》すように言う。彼女も嬉しそうだった。妻は「そうだよ、そう」と自分に言い聞かせるように続けた。

「挫折したって、諦めなければ目標は逃げないからね」

正規入学が許されない事実から、羽中田は自分が障害者であることを痛感させられた。それでも、暗雲を振り払う道筋が、見えてきたような気がした。

1997（平成9）年9月のある日、羽中田はサッカーチームの練習場にいた。横山昭作の「視点を変えることが大切」というアドバイスと、兄の羽中田仁の「変化球も投げてごらんよ」という助言を、具体的な行動へつなげたのだった。

羽中田が訪れたのは、「セントレ・エスポルト・オスピタレット」というクラブである。通称オスピタレットのフベニール（18歳以下のチーム）で、サンティ・ポウというコーチングスクールの友人がコーチを務めている。

オスピタレットの練習場は、羽中田の自宅から車で15分ほどのところにある。住所はバルセロナ市ではなくオスピタレット市だが、感覚としては「隣町」に近い。バルセロナの地下鉄にも、オスピタレット駅がある。

オスピタレットのトップチームは、スペインリーグのセグンダBに所属している（1997年当時）。日本の3部リーグに相当するカテゴリーだが、街の中心部には天然芝のスタジアムがある。

収容人数は5000人ほど。スタンドはコンクリートの段差が設けられただけで、イスは設置されていない。立派とはいえないが、歴史を感じさせるサッカー専用のスタジアムだ。雰囲気は悪くない。

フベニールを指導するサンティ・ポウは、元プロサッカー選手である。バルセロナ市内に本拠を置くRCDエスパニョールでプレーしたことがあった。「グラウンドの上では、選手たちが色々なことを教えてくれるよ」という年下の友人の言葉が、羽中田を土埃の舞うグラウンドへ惹きつけた。

バルセロナの街で車イスを漕いでいると、ボールを蹴っている少年たちに出会うのは珍しくない。そのたびに羽中田は、車イスを止めてボールの行方を見つめる。時間の許す限り、歓声の行き先に視線を凝らしてきた。

少年たちのサッカーには、自分なりに馴染みのあるつもりだった。しかし、サンティ・ポウのチームの練習に足を運んだ羽中田は、自分はまだ気づいていないことがたくさんあると思い知らされた。

サンティ・ポウが、少年たちに練習の内容を伝える。少年たちは黙って聞いているが、そのなかのひとりが手を挙げた。どんなやり取りをしているのか知りたくて、羽中田は彼らのもとへ近づく。練習に支障がなければグラウンドの中へ入ってもいいと、友人は許可してくれていた。

「コーチ、この練習はどんな意図があるんですか？」

17歳といえば高校生である。韮崎高校でサッカーをしていた当時の自分は、練習の意味をたずねただろうか？　監督が指示した練習を、ただ黙々とこなしていたのではないだろうか？

「どうしていまこの練習をやるんだろう」とか、「もっと違う練習をしたほうがいいんじゃないかな」といったことを、考えたことはあった。それでも、監督や先輩に、自分の意見をぶつけたことは少なかった。口もとからこぼれそうな質問は、いつだってのみこんだものだった。

目の前にいるスペインの少年は違う。自分の意見を監督に伝えている。サンティ・ポウも表情を変えるわけでもなく、声を荒らげるわけでもなく、少年の質問に答えている。

実は羽中田にとっても、サンティ・ポウは先生のような存在だった。コーチングスクールの授業をなかなか理解できない日本人聴講生のために、サンティ・ポウは補習の講師役を買って出てくれた。

授業を終えたふたりは、羽中田の自宅へ急ぐ。喉の渇きをビールか白ワインで癒やすと、ふたりだけの補習が始まる。帰り道のにぎやかなバル（スペインの居酒屋）が、教室になったこともあった。

「マサシ、スペースの作り方を図で表してみて」

「ええっと……こんな感じだね」

「じゃあ、次」

「えっ、次？」

「スペースの作り方は、ひとつじゃないだろう？　違う作り方を描いてみて」

ふたつ、みっつと羽中田が描き出しても、サンティ・ポウは鋭い眼差しを向けたままだ。もっと描いてくれと、無言で訴えている。

スペースの作り方だけではない。日本にいた当時は考えもしなかったことを、羽中田はコーチングスクールで学んでいた。サンティ・ポウの補習を通して、授業の理解を深めていった。

〈守備でも攻撃でも、サッカーは様々なものの積み重ねによって成り立っている。選手一人ひとりが個人戦術をしっかり身に付けていかないと、チームとしての戦術は成り立たない……オレが知っているサッカーと、スペインのフットボールには、本当にたくさんの違いがある。わかっていると思いこんでいたことを、いまこうやって論理的に理解しているんだ〉

サンティ・ポウを中心に作られた少年たちの円陣が、弾かれたように解けた。質問をした少年も、自分のポジションへ駆け出していく。どうやら彼は、納得して練習を再開できているようだった。

このチームでは日常的な風景が、羽中田の心を揺さぶっている。

〈指導者は、しっかり言葉で伝えることが必要だ。自分は実技で見本を示すことができないだけに、選手を納得させる言葉を持っていないといけない。その裏付けとなる理論を、自分のなかに

蓄えていかないといけないんだ〉

そして、根本的な欲求が胸に沸き上がってきた。

〈自分も早く監督になりたい。ピッチで指導をしたい！〉

１９９７（平成９）年10月開講のコーチングスクールにも、正規の入学は許されず、聴講生として通い続ける。

聴講生である限り、スペインでサッカー指導者のライセンスを取得することはできない。

それでもいいと、羽中田は考えるようになっていた。

スペインのサッカーグラウンドには、指導者を目指す教室の中だけでは見つけることのできない「宝もの」が、たくさん落ちていることに気づいたから。

バルセロナに集ったサッカーの志士たち

バルの店内からこぼれる灯りが、アスファルトに暖色系の光を投げかけている。羽中田と妻のまゆみは、バルセロナの夜の街を歩いていた。凹凸《おうとつ》のある路面を、羽中田の車イスのタイヤはしっかりとつかんでいる。

彼らの前には日本人がひとり、後ろにも日本人がひとりいる。グループを先導するように歩くのは、反町康治（※注）だ。最後方から続くのは、大倉智《さとし》（※注）である。

反町は羽中田の1学年上である。テクニックに優れるMFとして小学生年代から注目を集め、羽中田が中学、高校時代に参加した日本サッカー協会のトレセンにも継続して招集されていた。

ふたりは同じピッチに立ったことがある。羽中田は山梨県立韮崎高校の、反町は静岡県立清水東高校の選手として、羽中田が一、二年時に夏の全国高校総体（インターハイ）で対戦した。トレセンに集合した選手を東西に分けて行われる「ユースサッカー日本代表候補対抗戦」でも、ふたりはそれぞれのチームのキーマンとして激突した。

結果はすべて、反町のいるチームの勝利だった。

羽中田が一年時の高校総体は、2対4で清水東に完敗した。翌年も0対3で敗れた。反町というプレーヤーの存在を、羽中田は屈辱とともに記憶している。高校二年時の高校総体で、チームは手も足も出ないまま敗れ、羽中田自身は反町に〝マタ抜き〟をされた。股間にボールを通されて抜き去られるプレーに、レベルの違いを突きつけられたような気がした。トレセンの対抗戦を含め3度のゲームで羽中田は一点も決められず、反町はすべてゴールを決めていた。

反町もまた、羽中田を認識していた。「名前は知っていたよ、もちろん」と振り返る。

「韮崎に羽中田あり、と言われていたからな。『スゲえヤツがいる』って噂みたいになっていたし、『天才』って呼ばれ方もしていたはずだよ。ただ、当時の高校サッカーの世界っていうのは、違う学年とはあまり話をしなかった。ハチュウは学年が1個下だから、直接話したことはほとんどなかった。プレーの印象は、申し訳ないけど、ないいな」

プレーの印象がない、というのもしかたがないだろう。彼のチームはつねに、羽中田のチームを圧倒したのだから。羽中田が自らの特長を発揮できた場面は、ほとんどなかったといっていい。「インターハイでは、けちょんけちょんにしてやったからなあ」と、懐かしそうに笑うのだ。

もっとも、のちに理論派の監督となる反町だ。実は、羽中田のプレーをしっかりと記憶に刻んでいた。

「ドリブラーだったよな。スピードがあって、相手の鼻先でツンとかわすのがうまかった。決定的な仕事をする選手。高校生でそういう選手って、いそうでいなかったから」

清水東高校から慶應義塾大学へ進学した反町は、日本サッカーリーグ（ＪＳＬ）の全日空でサッカーを続け、日本代表にも選ばれた。１９９３（平成5）年のＪリーグ開幕は選手として迎え、１９９７（平成9）年のシーズンを最後に現役から退いた。

引退からしばらくは解説者を務めたが、１９９８（平成10）年9月にバルセロナへ留学をする。目的は羽中田と同じだ。指導者としての経験を積むためである。

大倉は、暁星高校、早稲田大学からＪＳＬの日立製作所、Ｊリーグの柏レイソルなどでプレーし、１９９８年夏にアメリカのプロリーグで現役生活を終えた。それからほとんど間を置かずに、バルセロナへ移住する。羽中田をバルセロナへ惹きつけたヨハン・クライフの名前を冠した大学が、この年から開校したためだった。指導者ではなくチームのフロントに興味を持つ大倉は、スポーツマネジメントを学ぶためにやってきたのである。

羽中田は1964（昭和39）年7月生まれで、大倉は1969（昭和44）年5月生まれだ。学年は5つ違うが、どちらも互いの現役時代を知っている。精神的な距離を縮めるのに、時間はかからなかった。


羽中田夫妻の自宅近くのバルに、4人はやってきた。

「まゆみちゃん、ホントにありがとうな。これでやっと、落ち着けるよ」

バルセロナ到着からホテルで暮らしていた反町は、数日前に家具付きのアパートに引っ越した。バルサことFCバルセロナのホームスタジアムに近い好物件に辿《たど》り着いたのは、まゆみの力添えがあったからだった。

「バルサの試合があったあとは、みんなでウチに寄ってくれよ。ワインくらい用意しとくから」

バルの喧騒《けんそう》にかき消されないように、反町が声のトーンを上げて言う。「ああ、ちょっと」と反町は右手をあげ、店員を呼びとめた。スペイン語で注文をする。

「なあ、ハチュウ、いまのスペイン語で問題なかったか？」

「ええ、問題ないと思いますよ。ちゃんと伝わっていましたし」

反町の向学心と行動力に、羽中田は刺激を受けていた。

羽中田と同じようにヨハン・クライフをアイドルとする反町は、バルサのBチームでコーチングの修業をしている。通訳を介して「練習を見せてほしい」と依頼し、何度も断られながら諦めず、ついには先方の首をタテに振らせた。スペイン語は家庭教師に学んでいる。

タパスと呼ばれるおつまみを白ワインで流し込みながら、彼らは会話を楽しんでいた。どんな話題でも、反町と羽中田が中心になることが多い。最年少の大倉は、まゆみとともに聞き役にまわる。出身校はバラバラでも、部活動で培われた上下関係を重んじる姿勢が息づいている。

「先週のバルサの試合、オレは評価できると思う」

反町がスペイン語を交えながら話す。羽中田がすぐに反応する。

「僕はちょっと違う見方です」

1998-99シーズンのバルサは、オランダ人のルイ・ファン・ハールに率いられていた。母国の名門アヤックス・アムステルダムで成功を収めたファン・ハールは、就任1年目の97-98シーズンにリーグ戦とカップ戦の2冠を達成する。しかし、現在進行形で開催されている98-99シーズンは、開幕から波に乗り切れずにいた。子飼いといってもいいオランダ人選手を相次いで獲得するチーム作りに、拒否反応を示す地元ファンは少なくなかった。

反町が「オレはこう思う」と続けると、羽中田は「僕はこう思います」と対抗する。ふたりとも頭のなかで知識と情報を攪拌《かくはん》し、ヒントになりそうなものを絞りだし、また相手に提示していく。

静かに聞いている大倉は、「また、今日も長そうだ」と苦笑いする。

反町と羽中田が、言い争いをしているわけではない。サッカー論をぶつけ合っているのだ。バルセロナでバルサのサッカーを観て、同じ志《こころざし》を持った日本人同士でサッカーについて語り合えることは、彼らにとってかけがえのない時間なのだ。

〈ソリさんも大倉くんも、Ｊリーガーにまでなったのに自腹でバルセロナへ来て、自己投資をしている。彼らに負けないように、オレも頑張らなきゃいけない〉

アルコールの酔いに身を任せながら、羽中田は無言の紐帯《ちゅうたい》を感じていた。


数日後、この日も彼らは、バルセロナ市内でダイニングテーブルを囲んでいる。ＦＣバルセロナと同じくバルセロナを本拠地とする、ＲＣＤエスパニョールのリーグ戦を観戦したあとに、空腹を満たすためにレストランの扉を開けた。

スタジアムにほど近いレストランには、青いグッズを身に付けた男性のグループが目につく。青はエスパニョールのチームカラーだ。

チラリと視線を動かして、反町が言った。

「今日の試合内容じゃ、最後まで観ないで帰った人もいるわな」

冷たい風が身に染みたこの夜、エスパニョールは敗れていた。モンジュイックの丘にあるスタジアムと最寄り駅をつなぐ坂道は、試合終了早々に家路に就く人たちで溢れていた。

４人がけのテーブルが８つある店内は、観戦帰りの客で埋まりつつあった。反町が手際よく注文をしていると、「おおっ」というざわめきが、店内を駆け抜けていく。ついで、拍手が沸き起こる。

「何だ?」と反町が周囲を見渡す。大倉も「何でしょうね」と首を傾げる。

ワインとオリーブが運ばれてきた。羽中田が店員にスペイン語でたずねる。男性が手を止めずに答えると、羽中田は「ああ、なるほど」と頷いた。

「エスパニョールと順位の近いチームが、負けたそうなんです。その結果をラジオで知った人が、みんなに伝えたと。それで喜んでいるんじゃないか、って」

反町が口もとを緩ませた。

「エスパニョールは負けたけど、少しはうまい酒になるわけだ。じゃあ、オレたちも飲もうか」

酒が飲めない大倉がふたりのグラスにワインを注ぐ。グラスの弾かれる音が、店内の喧騒に紛れ込む。

両手にお皿を抱えた店員が、そのひとつを彼らのテーブルに置く。ハモン・セラーノの香りがひろがる。スペインの生ハムだ。

右手に持ったワイングラスを、反町がクイとあおった。

「ハチュウはサリアに行ったことがあるんだよな」

1982年のスペイン・ワールドカップと1992年のバルセロナ五輪で会場のひとつとなったサリア・スタジアムは、老朽化のため1997年9月でその役目を終えていた。トラックのないサッカー専用のスタジアムは、エスパニョールのサポーターにいまなお郷愁を抱かせる。

「僕らがこっちへ来て2年くらい……は、使われていましたから」

「それに比べると」と、反町が話題を続ける。羽中田と大倉が、生ハムにフォークを伸ばした。

「モンジュイックはトラックがあるからなあ。サッカー専用のスタジアムじゃないから、アメフトでも使われているし。何かこう、雰囲気がなあ」

「そういえば、このまえの話の続きですけれど」と、大倉が切り出した。バルセロナ在住の3人で年齢が一番下の彼は、コミュニケーションの調整役といった立場である。大学までサッカー部に在籍したので、先輩との距離感は心得ている。

「1対0で勝つ試合と、4対3で勝つ試合、どっちを評価するかってやつですけど」

イスに背中をあずけていた反町が、すっと身体を前屈《まえかが》みにした。

「それを語るには、色々な前提条件があるだろ。クラブの立ち位置はどうなのか。ソシオ（会費によってチーム運営を支える組織、及びその会員）がどういうサッカーを求めているのか。チームの戦力はどうなのか」

そこから先は、羽中田が引き取った。

「そのクラブがどういうサッカーをするのかというのは、スペインでは長い歴史によって作られてきたものですよね。監督が交代しても、選手が入れ替わっても、哲学は変わらないクラブに、僕は魅力を感じる。日本のJリーグにも、そういうクラブが増えてほしいですね」

「大倉はどう思うんだ」と、反町が聞く。くっきりとした瞳をいたずらっぽく輝かせた大倉は、控え目に切り出した。

「僕はサッカーが良くわからないんですよ」

「そんなことはないだろ」と反町が否定する。羽中田も「元Ｊリーガーが何を謙遜して」と突っ込む。

大倉は真面目な表情で首を振る。

「ソリさんと羽中田さんと一緒にいると、自分がサッカーをわかっているとは、とてもじゃないけど思えないんですよ。ふたりとも、ホントにサッカーが好きですからねえ。サッカーをあんなに熱く語ること、僕にはできませんから」

「ふん」と、反町は鼻を鳴らした。怒っているわけではない。照れ隠しのポーズだ。反町の声が、それまでよりも大きくなった。

「1対0で勝つ試合と、4対3で勝つ試合、どっちを評価するか。色々な前提条件はあるだろうけど、オレは1対0を評価する」

バルセロナ市内のレストランは、サッカー観戦後の男たちで埋め尽くされている。日本人のお客は、というよりも東洋人のお客は彼らだけだが、周囲から視線を感じることはない。アルコールが笑いを誘うテーブルがあり、スペイン語がぶつかり合うテーブルもあった。

「オレがもし日本に帰国して、Ｊリーグのクラブの監督になったとする。優勝を狙えるチームをいきなり率いるなんてことは、たぶんない。普通に考えたら、ありえないだろう」

「それは、そうかもしれませんね」と、羽中田が同意した。右手のワイングラスを揺らしながら、反町が頷いた。

「監督としてのキャリアのスタートは、Ｊリーグで中位から下位のチームか、来年から始まるＪ２のクラブから、ってことになると思うんだよ」

１９９３（平成５）年に10チームでスタートしたＪリーグは、１９９８（平成10）年時点で18チームまで拡大していた。Ｊリーグ入りを希望するクラブはなおも列を成しており、１９９９（平成11）年からＪリーグディビジョン１を16チーム、同ディビジョン２を10チームとして開催されることになっていた。

「Ｊ１の中位から下位チームが、上位チーム相手に撃ち合いを挑むのは？　それがホームゲームだとしても、ちょっと現実的じゃないだろう。順位が同じくらいのチーム相手には？　これも、撃ち合いを挑めばいいってもんじゃない。勝ち点を確実に取らないといけないゲームだから。そういう意味では、１対０のサッカーができなきゃいけない」

反町の意見を、全員が頭のなかで嚙み砕いていく。唇を引き結んでいた羽中田が、やがて沈黙を破った。

「……どちらがやりたいかといえば、僕は４対３のサッカーですね」

羽中田が用意していた答えは、反町にとって予想の範囲内だったに違いない。不快感をにじませることもなく、「なんで？」と問い返した。

「そのクラブのファン、サポーターが、どんなサッカーを求めているかということが大前提ですが、僕は3点取られたら4点取る、4点取られたら5点取るサッカーが好きです。自分が監督になったら、そういうサッカーをやりたいです」

反町は静岡県の清水東高校出身である。当時、サッカー王国を自負していた静岡では、清水東の他に藤枝東、清水市商（現清水桜が丘）、静岡学園、東海大第一（現東海大翔洋）など、全国制覇の経験を持つ強豪がひしめいていた。「全国大会を勝ち抜くよりも静岡県の代表になるほうが難しい」という声が、1990年代まではサッカー関係者の間で囁《ささや》かれたものだった。

実力が拮抗《きっこう》したチーム同士の対戦では、内容を追い求める余裕はない。全国大会に出場できるチャンスが、当時は夏のインターハイと冬の高校選手権しかないのだ。「オレたちのほうがいいサッカーをしたから、全国に出られなくてもいい」などと、割り切れるはずはなかっただろう。全国一の激戦区でしのぎを削り、喜びも悔しさも心に降り積もった経験は、反町のサッカー観に影響を与えているのかもしれない。

一方の羽中田は、山梨県の韮崎高校の出身だ。県予選の参加校は静岡より少なく、県全体のレベルも静岡に比べれば低かった。韮崎のメンバーが「負けるわけにはいかない」というプレッシャーに襲われていたとしても、当時はほとんどの相手を実力でねじ伏せることができただろう。

さらに加えて、監督の横森巧は選手の自主性を尊重する指導者だった。羽中田をはじめとする韮崎のメンバーの心には、自分たちがやりたいサッカーを追求する余白があったかもしれない。

もちろん、羽中田のサッカー観もあるだろう。小学校時代から憧れているヨハン・クライフは、選手としても監督としても攻撃的なサッカーを標榜した。羽中田が話した「3点取られたら4点取る、4点取られたら5点取る」という考え方は、クライフが世界に広めた哲学と言ってもいい。そういえば、クライフがキャプテンを務めたオランダ代表は、1974年のワールドカップで世界に衝撃を与えるサッカーを披露したものの、優勝には手が届かなかった。

反町と羽中田のやり取りを聞いていた鈴井《すずい》智彦《ともひこ》が、「ちょっと、いいですか」と控えめに口を開いた。

東海大学サッカー部出身の鈴井は、バルセロナ在住のフリーカメラマンとして生計を立てていた。白ワインが2本目になったところで、エスパニョールの試合を最後まで撮影していた彼が合流していた。

「同じ4対3のゲームでも、クライフの時代は撮影をしていて楽しかった気がするんですけど、ファン・ハールのサッカーはそこまで楽しめないんですよねえ」

帰国後はサッカー指導者となる鈴井もまた、自分なりのサッカー観を持っている。

「僕はよくわからないですけれど、どうやって点を取るのかっていうのも大事なんじゃないですかね」

大倉が遠慮がちに続いた。彼には、タイミング良く会話に出入りするバランス感覚がある。

「ロナウド（ブラジル）がひとりで相手をブチ抜いて、3～4点取ってもねえ、ってことですよね」

鈴井のぼんやりとした疑問に、反町が輪郭を与える。

「ひとりの力で点を取れる選手がいるなら、そいつを生かさない手はない。ただ、そんな選手は例外的だ。ロナウドは怪物だぞ。あんな選手はそう簡単に出てこない。スペインにも、日本にも。だから、監督はどうしたら点が取れるのかって、あれこれ考えるわけだろう？」

鈴井がさらに食いつく。

「ソリさんに聞きたいんですけど、それって、『個』か『組織』か、ってことですか？ フランス・ワールドカップが終わってから、日本ではそういう捉《とら》え方が増えているみたいじゃないですか」

「スズイが言っているのは、日本が世界の舞台で戦うにあたって、どちらを重視していけばいいのか、ってことか？」

「説明不足ですみません、そういうことです」

「それは、どっちかひとつを選ぶってことじゃないだろう。個のレベルを高めないといけないし、組織の成熟度も追求しないといけない。成熟度っていうのは、共通理解に基づいたオートマティズムの形成と、状況に応じたフレキシビリティな対応だな」

「フランス・ワールドカップの日本代表について感じたのは」と、羽中田が話を展開していく。

「サッカーっていうのは、相手のボールを奪った瞬間から、ゴールを目ざすわけじゃないですか。そのときに何を考えるべきか」

「まずはカウンターだな」

「そう、ソリさんの言うとおりです。相手の守備陣形が整う前に、相手のゴールへ早く近づくことが、得点の可能性を高くする。カウンターという手段が閉ざされている場合は、しっかりとビルドアップしていく。でも、フランス・ワールドカップの日本は、この当たり前の考え方を忘れているように思えてならなかった」

フランス・ワールドカップの日本代表が、カウンターから作り出したチャンスはきわめて少ない。羽中田が指摘するような場面は、クロアチア戦の決定機くらいだった。中田英寿《ひでとし》のパスを受けた中山雅史《まさし》が、GKと1対1になったのである。それも、得点には結びつかなかったが。

反町、大倉、鈴井の頭のなかで駆け巡る記憶を、羽中田の言葉が追いかけていく。

「ボールを奪った瞬間の前線の動き出しが遅くて、カウンターの形が作れていなかった。FWの選手には、素早くスペースを見つけてそこへ走り込む個人戦術が足りなかったし、司令塔と呼ばれる中田を経由した攻撃が多かったので、そのぶんスピードが上がらなかったところもあった」

反町が羽中田に笑顔を向けた。

「中田はハチュウの後輩だろ。韮崎の」

羽中田も笑顔でやり返す。

「彼はソリさんのチームメイトだったでしょう。ベルマーレで」

少しばかり硬かった空気が、ふたりの軽妙なやり取りで溶けていく。

両手でグラスを包みながら、羽中田が言う。自分自身に言い聞かせていくように、ゆっくりと言葉を紡《つむ》いでいく。

「日本のサッカーが世界の舞台で戦っていくためには、指導者のレベルアップが絶対に必要ですよ」

レストランへ来てから、2時間以上が経っていた。4本目の白ワインが、すでになくなっていた。皿に残っている生ハムは、すっかり干からびてしまっている。誰かが口を開くまでもなく、「そろそろ帰ろうか」という空気になった。日付はすでに、日曜日から月曜日になっていた。

1対0か4対3かをきっかけとしたサッカー談義は、結論が出ないままに終わった。結論など出ないのかもしれない。1対0は現実を、4対3は理想を追い求めた結果のようであり、どちらも勝利したことには変わりはない。

自分の意見を思い切りぶつけ合う彼らは、互いの意見に共鳴し、衝突もして、それぞれの理論に磨きをかけていく。サッカーを学ぶために職を投げうち、自腹でバルセロナまでやってきた友人たちをリスペクトし、自分も負けられないと考えている。

「サッカーが好き」などという表現では足りない。サッカーにすべてを賭けている。お互いを焼き尽くすほどに、彼らは情熱を燃やしている。

スペインのサッカー少年たちに教えられたこと

平日の夜の一日を、羽中田は練習見学に充てている。コーチングスクールの友人が率いる中学生年代のチームの練習に、友人から譲り受けたシトロエンを走らせるのだ。すべてを手で操作できるように改造されたフランス車は、かなり使いこまれているものの乗り心地は悪くない。

自宅からグラウンドまでは30分ほどだ。まるで挨拶代わりのようにクラクションが鳴り響き、ウインカーを使いたがらない運転手がはびこるバルセロナ市内で、羽中田は表情を曇らせることもなくシトロエンを走らせている。

夜間照明が照らすグラウンドの中へ、羽中田は車イスを漕いでいく。チームのスタッフや選手と、挨拶をしたり握手をしたりしている。何度もグラウンドへ足を運び、顔馴染みになっているからだ。

羽中田は膝のうえにカバンを置いて、ピッチのすぐ脇で練習を見つめていた。グラウンドは街中にあるため、クラクションや生活音が耳に煩《うるさ》い。練習場に飛び交う指導者の声が、ところどころかき消される。

およそ1時間半の練習を見学しながら、羽中田は必要ならピッチの中まで入り、メモを取っていた。

練習が終わると、スペイン人の友人が「どうだった？」と聞いてくる。

「日本の中高生の部活に比べたら、練習の効率はとてもいいよね」

羽中田はスペイン語で答える。友人は日本人の意見を胸で受け止めるように、両手を大きく開いた。

「我々は毎日練習をするわけじゃないし、一日の練習時間も短いから。効率良くやらないと、時間がもったいない。限られた時間でどんな練習をするのかは、とても大事なことだよね」

「今日の練習でもそうだったけど、スペインの少年たちは、『何でこの練習をするの？』って普通に聞いてくるんだよね」

友人は意外そうな表情を浮かべ、「日本人は違うのかい？」と聞き返してきた。

羽中田が小さく笑った。

「指導者の顔色を気にするところが、日本人にはあるんだ。試合中もベンチを見る選手がいるからね」

「なぜベンチを見るんだ？」

「監督の指示どおりにプレーするため、チームのやり方を守るため、っていうことになるのかな。ミスをするとすぐに怒る監督もいるから」

「マサシはそれでいいと思うのか？　監督になったら怒るのか」

羽中田はすぐさま「怒らないよ」と答えた。

「というか、怒ってはいけないよね。たとえば練習なら、その日のメニューは前の試合の反省とか課題とか、次の試合でやりたいことを意識して考え出されるわけでしょ。練習メニューにはきちんとした狙いがあるわけだから、それをきちんと伝えればいいわけだし」

友人は納得したように頷き、「あとは」と続ける。

「選手たちを納得させることだよ。それが難しいんだ」

背筋をぴんと伸ばした羽中田の瞳が、それまでよりも鋭さを増している。

「中学生年代になれば、自分というものを持っているし、サッカーも理解してきているから、確かに難しい世代だよね。だから、ここに来ることはすごく勉強になるんだ。中学生を納得させることのできない指導者が、プロ選手を納得させることができるのか……それって無理だよね。僕は、プレーでお手本を見せることのできない指導者だから、言葉で説明する力が大切なんだ」

日本から遥《はる》か遠いスペインの、それもプロではなく少年たちの練習場に、羽中田は自らの目標を映し出していた。バルサやエスパニョールの試合を観戦しているだけでは触れることのできない指導の最前線で、彼は未来を見据えていた。

サッカーがその国の文化になるということは、どういうことなのか――バルセロナ市内のチャイニーズレストランで、現地在住のサッカー関係者が夕食をともにしている。

反町、羽中田、大倉が顔を揃え、彼ら以外にもさまざまな年齢の男たちが円卓を囲んでいた。

反町が監督を務めるフットサルチームのメンバーだ。

ボールを蹴ったあとに食事をするのが、チームの恒例になっている。羽中田も食事から合流した。エビチリとビール、麻婆豆腐と紹興酒といった組み合わせが、会話を滑らかに、それでいて熱くする。

「Jリーグはどうなんですか？　フリューゲルスがなくなっちゃったけれど、大丈夫なんですかね？」

1999（平成11）年元日の天皇杯決勝をラストゲームとして、横浜フリューゲルスが消滅した。準大手のゼネコンが、スポンサーから撤退したことが理由だった。同じ横浜をホームタウンとするマリノスに吸収合併され、チーム名は「横浜F・マリノス」に改称された。

大倉の少し甲高い声が、食器の触れ合う音をすりぬける。

「Jリーグの人気が低迷していると言われますけど、その危機感をどれぐらいの人たちが共有しているのかな……と思いますね」

大倉の問題提起がきっかけとなって、会話のスピードが上がっていった。かぶせ気味に意見が交差する。

「企業に寄りかかるような形でのクラブ経営は、突き詰めると親会社の業績に左右されますよね。フリューゲルスと類似のケースが、これからも起こるかもしれない」

「かといって、バルサみたいにユニフォームの胸スポンサーも入れずに（現在は入っている）、ソシオの年会費でJリーグのクラブが運営できるかっていうと、それはやっぱり無理がありますよねえ……」

「でも、そういうクラブが出てきたらいいよなあ」

「ていうか、親会社っていうんですか、いわゆるスポンサーなしでJリーグのクラブが経営できるんですかね」

夜9時に始まった食事会は、12時過ぎに解散となった。夕食の時間が遅いスペインでは、ごく当たり前のことである。羽中田は数人のグループに交じり、夜風に当たりながら自宅まで帰っていく。

車イスを漕ぎながら、羽中田が口を開いた。

「アスレティック・ビルバオの監督をやっているルイス・フェルナンデスが、テレビで面白いことを言ってたんだ。ビルバオの監督といういまの状況に満足しているかって聞かれた彼は、『このクラブのファンはフットボールをよく知っている。私がやろうとすることを、いつも理解してくれている』と答えてた」

フットサルチームで主力格の大倉が聞く。「大満足だってことですか？」

「そこまでかどうかはわからないけど、すごく晴れやかな表情で、満足していると言ってた」

石畳の凹凸を避けながら、羽中田は車イスを走らせていく。

「ここのファンはフットボールをよく知っている、というルイス・フェルナンデスのひと言が、しばらく耳から離れなくてね」

　羽中田を囲むように歩いていた数人が、ふうんと声を上げながら「何かいいなあ」と羨《うらや》ましそうにつぶやく。

「ファンがフットボールを知っているって、いいですよねえ」

「だよねえ」

　車イスを漕ぐ手を、羽中田が緩めた。街灯が照らしだす歩道は、緩やかな下りになっている。

「僕は指導者になって、海外で活躍するようなエリート選手を育てたいとは思っていないんだ。サッカーが好きな選手を育てたい。日本のサッカーが発展していくには、そういう選手を増やすことが絶対に必要だと思うんだ」

　静寂が降りるバルセロナの街並みで、「賛成！」の大きな声が重なり合う。アルコールをほど良く摂取しているので、誰もが声のボリュームをうまく調整できていない。羽中田よりも大倉よりも若いひとりが、苦い表情を浮かべて言った。

「中学、高校の部活でサッカーをやってたとき、僕はホントに練習が嫌いでした。サッカーは嫌いにならなかったけど、練習は大っ嫌いでした。そんな気持ちでやってて、うまくなるはずがないですよね」

　羽中田が車イスのタイヤに手を添えた。路面の起伏が、また変わった。

「その国のサッカーが一流になるには、一流のファンが増えないといけないと思うんだ」

一方通行を歩く彼らの背中を、車のヘッドライトが照らす。後方から迫る排気音にかき消されないように、羽中田が声を張り上げた。

「スペインの人たちは、サッカーをすごく楽しんでいる。日本人より何倍も。たぶんそれは、サッカーを深く知っているからだと思う」

ヘッドライトが前方へ消えていく。大倉は声のトーンを戻した。

「Jリーグとバルサの試合では、ファンが反応するトコが違いますよね」

羽中田が頷く。

「個人戦術とかグループ戦術を理解しているから、難しいプレーを簡単にやっていることのすごさとかを、ファンはわかっていると思うんだ。それがわかっていれば、点が入ったから面白い、入らなかったからつまらない、ということにはならない。それって僕は、環境だと思うんだ」

Jリーグのクラブには、育成組織を持つことが義務づけられている。それによって若年層のボトムアップは実現しているが、エリート養成の側面も見え隠れしている。将来性のある選手が才能を伸ばせる環境は整ったが、ごく平凡なサッカー少年の環境はそれほど変わっていない。

環境をハードと位置づければ、気軽にボールを蹴ることのできる場所も依然として少ない。ボール遊びを禁止する看板の設置された公園があり、小中学校の校庭は学校の許可なしに使用できない。

大倉が自らに問いかけるように話す。

「Jリーグができたことで、若年層の育成がしっかりしてきたって言われますけど、果たして環境は良くなったんですかね」

羽中田はほとんど間を置かずに答える。

「スペインの育成は、エリートのためだけに用意されたものじゃない。子どもたちは自分のレベルに応じて、サッカーができる。何ていうのかな……自分の時間の流れを邪魔されずに、練習とか試合をできるよね」

続けた言葉がふるっていた。

「クラブはサッカーの楽しみを教えるところであり、一流のファンを育てるところでもある、ってことなんだよね」

サッカーがその国の文化となるためには、何が必要なのか——その答えを、羽中田は持っていた。

2000（平成12）年の冬、反町康治が自宅でパーティーを開いた。バルセロナでの留学生活を間もなく終えることになり、仲間たちと過ごす最後の時間である。

反町が住むピソは、ひとり暮らしに十分な間取りだった。リビングとバルコニーがつながっており、とても開放的な空間を作り出している。日本の不動産業者が見たら、嬉々として宣伝文句を考えそうな物件だった。

「ここは、まゆみちゃんが探してくれたんだよ。不動産屋に電話してくれて。あのときは、ホントに助かったよ」

その場にいる全員に聞こえるように、反町が太い声を張り上げる。バーベキューの網の上で手を動かしながら、まゆみが、「カンプ・ノウにも近いし、良かったですよねえ」と答える。集まった15人分のお肉と野菜を、まゆみら女性陣が焼き上げている。食べるよりも焼くことに、彼女たちは忙しい。

ワイングラスをテーブルの上に置いた反町が、両手で顔を擦《こす》った。苦い思いを手のひらで剝がし取るようだ。

「こっちに着いた直後の1週間ぐらいが、すごい大変でさ。通訳を介してバルサの練習を見せてほしいと頼んで、ダメって言われて、また頼む、の繰り返しで。やっと一段落したときに、ハチュウの家に行って。心身ともに疲れ切っていたときに、まゆみちゃんが豚の生姜《しょうが》焼きを作ってくれたんだよ。お腹も心も満たされてなあ。あの味は忘れられないな」

羽中田の口もとも緩む。

「あれから、ウチで飲んだり、ここでも飲んだりするようになりましたよね」

「飲むといつも、オレがハチュウに説教してたよな」

羽中田が顔の前で右手を振った。

「説教されたなんて、思ってませんよ」

その場にいた女性のひとりが、反町に聞いた。

「説教って、ソリさん、どんな話をしたんです？」

「酔っぱらったときに、冗談交じりに話したことだよ」

反町はそこで言葉を切った。白ワインを喉に流し込みながら、過去へ思いを馳せている。

「これからどうしたいんだ、ってことだ。スペイン語を身に付けたのは、ここに住んだひとつの成果かもしれない。でも、ハチュウは指導者として現場でやりたいっていう希望を持ってる。それなら、自分の将来像を描いて……あっ、描いてるよな」

自分で自分に突っ込む反町の声には、親しみが滲《にじ》んでいる。バルコニーに集まっている人たちの間に、柔らかな日差しに似た温かみがひろがっていく。

「ライターの仕事をしたりもしてるから、ここに居続けることはできると思うんだよ。でも、自分の将来像に向かって、具体的にアクションを起こさないといけないんじゃないかって、ハチュウに言ったんだよな？　２週間に１回カンプ・ノウでバルサの試合を観て、２週間に１回モンジュイックでエスパニョールの試合を観て、それだけでは人生は何も動かないって」

羽中田は唇を引き結び、反町の顔をじっと見つめて首を縦に振った。不快感を味わっているわけではない。同じピッチでしのぎを削った先輩サッカーマンの言葉を、噛み締めているようだった。

反町は柔和な笑みを浮かべた。

「ハチュウ、覚えてるか？　セルジオさんと3人でメシ食ったときのこと？」

羽中田は急いで記憶を呼び覚ます。

「えっと……東京で会ったときのことですか？」

「そう。ハチュウはもうこっちに住んでて、オレが『留学期間は半年ぐらいと考えてる』って話したら、言ったよな。『半年じゃ観光で終わっちゃいますよ』って。だから1年4ヵ月に延ばした、ってことじゃないけどな」

その場にいる全員が、いつの間にか食事の手を止めていた。バルセロナに築かれた日本人のサッカー・コミュニティで、反町と羽中田は特別な存在だということがうかがえる。彼らが年長者だからではなく、強い意志を感じさせていたからだ。

サッカーに関する着想は、必ずしも重なり合わないふたりである。それでも、安全運転で人生を乗り切ろうとせず、少年時代の憧れを求めて海外へ、バルセロナへ移り住んだ共通点は、彼らの心を通わせていたに違いない。

「ハチュウもオレも、クライフ世代だからな」と、反町は言った。食事のペースはすっかり落ちている。その代わりに、反町も羽中田も、ワインを飲むピッチは上がっていた。素直な気持ちが、こぼれ落ちてくる。

「クライフがいたからこそ、オレもハチュウもバルセロナに来た。クライフが見せたトータルフットボールに憧れて、それを現場でやりたいとハチュウも思ったはずだよ。時代に合わせてサッカーは変わっていくけど、クライフがいなければバルセロナに来なかったし、指導者になろうとは思わなかったはずだよ」

朝から降り注ぐ日差しは、バルコニーを暖めている。食べたり、飲んだり、両手を突き上げて伸びをしたり、うたたねをしたりしながら、それぞれにゆったりとした時間を過ごした。

バルコニーの日なたを追いかけるように、数人の輪が場所を移しながらワインを飲んでいた。大倉が後輩たちから質問を受けている。

「大倉さんたちって、不安に駆られたりしないんですか？　こっちに住んで勉強はしているけど、それがどういうふうに……何て言うか……」

年下の人間には言いにくい核心部分を、大倉が言葉にする。

「仕事につながるかどうかはわからない、ってことだよね？」

「そう、です」

「羽中田さんも、こっちでライセンスは取れないからね……すごく悔しいはずだよ」と、大倉は羽中田の思いに寄り添う。

「大倉さんにとっての反町さんと羽中田さんは、同志という存在ですか？」

「いやいや、ふたりとも大先輩だから」と大倉はかぶりを振り、「すごく貴重な時間を過ごしていると思うよ」と続けた。

「みんな、会社や組織のお金で派遣されてきてるんじゃなくて、自分のお金でここにいるわけじゃない？　自腹を切ってでも学ぼうって気持ちは、目ざすものが違っても、根っこが同じだって思えるよね。30歳を過ぎて、仕事を辞めて、貯金を取り崩してバルセロナに来ているわけでしょ？　貴重な時間を過ごしているって言ったけど、一日だって無駄にはできないよ」

「そこにシンパシーを感じます？」

「自分の将来はどうなるんだろう、日本に戻って仕事があるのかなとか、いつも考えるよ」

大倉の答えは後輩の質問から遠くないものの、核心を突いたものでもなかった。だが、後輩が追いかけるまえに、彼はすっと歩み寄っていった。

「将来への不安があるなかで、いまの僕らは志だけで頑張ってる。それだけは負けたくないって気持ちでやってる。そういう気持ちを持ったなかでの出会いだから、ソリさんも羽中田さんも、僕にはすごく大きな存在だよ。羽中田さんは車イスでも、指導者になることを諦めない。目標に向かって突き進んで行く力は、僕にとってのお手本だよ」

他ならぬ羽中田は、自らの将来についてどう考えているのだろうか。それまで質問に答えていた大倉が、今度は立場を替えて質問をする。

「羽中田さんも、帰国を考えたりするんですか？」

ワインからコーヒーに切り替えていた羽中田は、小さく息を吐いた。

「ここで暮らし続けるためにはどうしたらいいのか、ここに居続けるためにはどうしたらいいのかを、考えていた時期もあったんだ。でも、ライセンスは取れないまでも、バルセロナで学んだことはある。自分が学んできたことを、現場で生かしたい気持ちが強くなっているのは確かなんだ」

羽中田はコーヒーをすすり、また小さく息を吐いた。負の感情を追い出したかのように、晴れやかな表情をのぞかせた。

注

反町康治　2000年にバルセロナから帰国。2001年にJ2リーグ・アルビレックス新潟の監督に就任し、2003年にJ1昇格へ導いた。2006年から2008年までは日本サッカー協会のスタッフとして活動し、2008年の北京五輪で代表監督を務めた。その後は、2009年に湘南ベルマーレを、2014年には松本山雅FCを、それぞれJ2からJ1へ昇格させている。2017年は松本山雅の監督として6年目のシーズンを過ごしている。

大倉智　2001年に帰国し、J1リーグのセレッソ大阪でチーム編成の全権を担うチーム統括ディレクターとなる。2005年から2015年までは、湘南ベルマーレの強化部長、ゼネラルマネジャー、代表取締役社長などを務め、10年間J2に沈んだチームをJ1昇格に導くなど、チーム強化に貢献した。2015年12月からは福島県社会人リーグの「いわきFC」を運営する株式会社いわきスポーツクラブで代表取締役を務める。

50日間で欧州周遊。5年間の冒険の終焉

ロッテルダムのホテルでランチ中のセルジオ越後が、レストランの入り口に目を向けて満面の笑みを浮かべた。「おおっ、来たな」と言って立ち上がる。

車イスの男性とその脇に立つ女性が、セルジオを見つけた。男性は頭を下げ、女性は嬉しそうに両手を振っている。

羽中田昌とまゆみ夫妻だった。

レストランにはオランダ語だけでなく、イタリア語とフランス語が飛び交っている。4年に一度、サッカーのヨーロッパ王者を決めるユーロ——日本では欧州選手権とも呼ばれる——の2000年大会は、3日後の決勝戦を残すのみとなっていた。

7月2日のファイナルでは、フランスとイタリアが激突する。セルジオはスポーツ用品メーカーの観戦ツアーに招待され、準決勝から観戦していた。

セルジオは羽中田と力強い握手をかわし、まゆみとは優しくハグをした。「さあさあ、座って」と、ふたりをテーブルへ誘う。

「久しぶりだね～、元気だった？」

食べかけの肉には手を付けずに、セルジオが独特のイントネーションで羽中田に聞く。羽中田

は薄茶色のウインドブレーカーを脱いで、膝の上で綺麗に折りたたんだ。

「はい、おかげさまで元気にやってます。セルジオさんに会えるのを、楽しみにしてました」

辛口のサッカー解説で有名なセルジオは、羽中田の人生の岐路にしばしば立ち会っている。

羽中田にとって現役最後のゲームとなった高校選手権の決勝戦で、テレビ中継の放送席に座っていたのはセルジオだった。県庁を退職してサッカーの指導者を目ざすこと、バルセロナへの移住についても、セルジオは相談に乗ってくれた。「羽中田ならできる。きっといい指導者になれるよ」と、背中を押してもらった。

移住後も付き合いは続いている。自身が案内役を務めるサッカー番組の海外ロケで、セルジオは羽中田をコーディネーター役に指名してくれていた。

「あっ、お腹は空いてない？　何か食べる？」

羽中田ではなくまゆみが、元気よく答えた。

「朝ご飯が少し遅かったので、まだお腹は空いてないんです」

セルジオは店員を呼び止め、「メニューをちょうだい」と声をかけた。テキパキと動く店員が、細長いメニューをテーブルに置く。羽中田とまゆみはコーヒーを注文した。

「スペインのコーヒーに慣れているふたりには、オランダのコーヒーは物足りないんじゃないの？」

セルジオの軽口に、まゆみがクスッと音のするような笑みをこぼす。

「バルセロナからフランスを抜けて、ベルギーからオランダへ来たんですけど、同じコーヒーでも微妙に味が違うんですよね。でも、その国の料理には合ってるところがあって。こっちにいる分には、それなりに美味しく感じられるなって思います」

「ホントにそうなんだよね」と、羽中田は頷いた。

「サッカーにも同じことがいえるなって、すごく感じるんです。国が違えば気候が変わり、グラウンドの状態も違う。暖かい土地と寒い土地では、そこに住む人のメンタリティも違う。ということは、どういうサッカーを好むのか、ってことも変わってくると思うんです」

コーヒーが運ばれてきた。ふんわりとした香りが立ち込める。

羽中田がセルジオに聞いた。

「決勝戦はどちらが勝つと思います？」

セルジオは「ちょっと待ってね」と断って、最後の肉を口の中へ放り込んだ。炭酸ガス入りのミネラルウォーターで流し込むと、サッカー解説者の表情になった。

「フランスが勝つなら2対0、イタリアが勝つなら1対0かな。地力で上回るのはフランスだけど、どんな大会でも決勝戦はスコアが動きにくい。イタリアにもチャンスはあると思う」

羽中田は無言で何度も頷く。まゆみもテーブルの上に身体を乗り出し、セルジオの見立てを聞いている。

「イタリアが押し込まれる展開になったとしても、一度はチャンスが巡ってくるはず。そこでしっかりゴールすれば、イタリアのペースになるよ。さすがのフランスも、カテナチオ（イタリア語で閂《かんぬき》のこと。サッカー用語では、ゴール前にカギをかけたように守備を固める戦い方を指す）をこじ開けるのには苦労するだろうから。でも、もしイタリアが先制しても、彼らは色気を出しちゃダメだよね」

羽中田とまゆみに、セルジオは視線を投げかける。自分の言葉が彼らの心へ届いているのかを、確認しているようだ。

羽中田の表情は真剣だ。

「僕はユーロを生で観るのは初めてなんです。で、まゆみちゃんと一緒に旅をしながらあちこちを回っていて、すごく大会を楽しめてるんです。でも、心のどこかで日本代表と比べている自分がいるんですよね」

セルジオが乾いた笑い声をあげた。

「それは僕も一緒だよ。ところでさ、オランダとイタリアの準決勝を、プロテスタント対カトリックの対決と書いたメディアがあったね。羽中田はどう思った？」

「ピッチ上で戦っている選手たちに、そういう意識はないんじゃないかと思います。でも、彼らの身体のなかに流れる血には、宗教観とかそこから生まれる価値観が、溶け込んでいるのかもしれません。うまく説明できないんですが……」

窓際のテーブルに座る彼らに、午後の日差しが降りそそぐ。ランチタイムのピークを過ぎた店内で、ナイフとフォークがランチプレートに触れ合う音はまばらになっていた。

「ねえ、羽中田」セルジオの声に、芯が通った。

「サッカーにはさ、その国や地域の歴史、文化、宗教、民族性とかが、すごく反映されているわけじゃない。ボールの行方を追いかけるだけじゃ気づかないものが、たくさんあるんだよ。せっかくヨーロッパに住んでいるんだ。バルセロナだけじゃなくて、色々なところへ行ってごらんよ」

「それは僕も考えているんです」と、羽中田が力強く答える。続けて彼は、意外な告白をした。ずっと温めていた思いを、恩師と慕うセルジオに告げた。

「そろそろ日本に帰ろうかな、と思ってるんです。１９９５年にバルセロナに移り住んでから、こっちで暮らしていくにはどうしたらいいのかを、ずっと考えてきました。大変なこともたくさんありました。でも、ホントに楽しくて」

「毎日いろんなことがあるから、毎日が旅してるみたいなんです」と、まゆみが夫の言葉を補足する。羽中田はまゆみに視線を走らせ、セルジオに向き直る。

「最初のうちは本当にお金がなくて、僕だけが帰国して日本で仕事を探したりもしました。髪の毛を切るお金を節約したこともあります」

「どんなふうに切ってほしいのかがうまく伝わらないから、ついつい伸びっ放しだったたっていうところもあるんだけどね」まゆみがまた、夫の言葉に輪郭を加える。

「服を買わなかったら、お金がないんだって勘違いされたりして。お金がなかったわけでもなくて、ただ単に恰好を気にしてなかっただけなんですけどね」

セルジオの目もとに、優しい光が灯る。かつて単身で来日した彼である。異国での生活に付きまとう苦労が、羽中田とまゆみが味わってきた苦しみが、セルジオにはわかるのだろう。

「このままだと、ずっとバルセロナに居続けることになる。でもいまは、これまで学んできたことを、現場で発表したいんです。最後に好きなところへ旅をして、そのあと帰国します。またこっちに戻りたくなったら、戻ればいいし」

緊張が解けたのか、羽中田の肩が少し落ちる。

セルジオは身体を羽中田に近づけ、「いいね、すごくいいね」と答えた。彼の胸に明かりが灯ったようだった。

「帰国したらぜひ、一緒に仕事をしよう。その最後の旅でも、色々なものを吸収してほしいな」

決意を固めたように、羽中田は頷いた。


秋の風が、バルセロナの街路樹を揺らしていた。頭上の葉のざわめきが、往来する車の排気音を束の間遠ざける。

まゆみが夫に聞いた。

「ねえ、何を考えていたの？」

同い年の妻の問いかけに、羽中田はつぶやくように答える。
「いやあ、終わったなあって。50日間も、よく周ったよね」
日本への帰国を決めた羽中田とまゆみは、２０００（平成12）年9月1日からヨーロッパ周遊の旅に出た。「周遊」などというとハネムーンが連想されるが、彼らの旅には飛行機も、電車も、観光バスも、タクシーも登場しない。友人から譲り受けた車でバルセロナを出発し、イギリス、ベルギー、オランダ、デンマーク、ドイツ、チェコ、オーストリア、イタリア、フランス、ポルトガルを50日かけて巡り、この街に戻ってきたのだった。

車イスでも運転できるように改造された小さなセダンは、さながら動く自宅のようだった。車中で仮眠をする場合に備えて毛布を用意し、いつでも食事ができるように、一合炊きの電気釜と、お湯を沸かすコイル、そして、インスタントスープやレトルトカレー、ふりかけや海苔《のり》などの食材もたっぷり積み込んだ。こまごまとした旅費を節約するために、洗濯石鹸、洗濯バサミ、洗濯板もトランクの一部を占めている。

旅先でも車イスで動く羽中田には、パンクに備えた予備のタイヤも欠かせない。傘をさせないので、雨合羽も必需品だ。

健常者の旅支度にないものでは、トイレの便座がある。ハイウェイのドライブインなどで立ち寄る公衆トイレは、日本よりも便座が大きい。平均的な日本人サイズの羽中田が座ると、お尻が滑り落ちてしまうのだ。

外国人には理解できない持ち物が、入国手続きの時間を長引かせたこともあった。旅の最初に立ち寄ったイギリスの税関で、蚊取り線香が職員に疑問を抱かせてしまった。

羽中田の心はざわついていた。「やだなあ、変な薬だと思われたらどうしよう」と思っていた。ほとんどの車はパスポートチェックだけで済んでいるのに、彼らは税関から別の場所へ連れていかれ、所持品も一つひとつ調べられていた。

蚊取り線香なんかで入国できなかったら、笑い話にもならないぞ——渦巻き状の物体を見つめる税関職員を横目で見ながら、羽中田は落ち着かない気持ちを必死に静めていた。

ここで突破口を開いたのが、妻のまゆみだった。スペイン語に比べると明らかにたどたどしい英語で、妻は税関職員に向き合っている。「モスキートがブーン」といったボディランゲージで蚊取り線香が何なのかを説明し、事なきを得たのだった。

控え目にたたずむことができて、気遣いに満ちた素振りもできて、どこか無邪気に見える愛想の良さを持ったまゆみは、どこでも、誰とでも打ち解けることができた。緊張を解きほぐす妻の笑顔に、羽中田は何度も助けられた。

旅先では色々なことがあった。強い日差しすら弾き飛ばすような笑い声を漏らしたことも、寒々とした気分になることもあった。

夫婦ゲンカもあった。一緒にいることが息苦しくて、互いに虚空を眺めたこともある。

それらすべてが、かけがえのない思い出となっている。

ゆっくりと陽が落ちていた。バルセロナの街には、少しずつ明と暗が入り交じってきている。夕日を浴びて黄色に溶ける街路樹と、モノクロに沈む街路樹が、間近で混在していた。

彼らはカンプ・ノウの脇に車を止めていた。公式戦の当日は人混みで溢れるＦＣバルセロナのホーム・スタジアムも、この日は静寂に包まれている。しわくちゃになった古い新聞が、風に吹き上げられておどっていた。

しっとりとした暗がりが、ふたりの足元に広がっていく。羽中田はまゆみにたずねた。

「まゆみちゃんは、何を考えているの？」

「私は、旅が終わったって感じがしないな。バルセロナに住んでいたこの５年間もそうだけど、ふたりでいると毎日色々なことが起こるじゃない？　だから、いつも旅をしているような感じがするの。まだまだ旅の途中なのかな、って」

まーくんと一緒にいると、毎日が本当に楽しいの――高校卒業前に付き合うようになってから、何度も聞いてきた妻の口癖である。特別な思いを呼び覚ますものではない……はずだが、今日ばかりはいつもとは違う感情を運んでくる。歴史を感じさせる古びたたたずまいのカンプ・ノウが、穏やかな温かみを感じさせる。

バルセロナでの５年間、オレは何をしていたのだろう。

本場のサッカーと向き合いながらの生活で、必死に頑張ってきた。

でも、ゆったりとした時間の流れだったような気がする。

サッカーの本質が、ほんの少しだけわかってきたような気がする。

でも、サッカーを知るほどに探究心を刺激されて、袋小路に迷い込むような気がした。

髪の毛の色も肌の色も違う人たちに交じって、不安が絶えなかった気がする。

でも、自分のことを知らない人に交ざって、気持ちが楽だったような気もする。

日本にいたら実現しない、たくさんの出会いがあった気がする。

でも、もっともっと、出会いを探し求めるべきだったのかもしれない。

バルセロナでの5年間で、自分は何を得たのだろう?

オレは変わったのだろうか?

達成感のようなものと、物足りなさが交錯して、羽中田の心はちぐはぐなままだ。いっこうに整理されない。

でも、ひとつだけはっきりと言えることがある。

この街に移り住んだことは、間違いではなかった。

全身の感覚が、いつの間にか研ぎ澄まされていた。きっとこれが、志気とか気合とかやる気と呼ばれる内面からの衝動なんだろう、と羽中田は思った。

この場所を旅の終わりに選んだのは、間違いではなかった。50日の旅の、そして、5年間の旅の終わりに選んだのは。

第5章

2000 – 2017年

車イス監督への凸凹道

羽中田は、暁星高校サッカー部コーチとして
23年ぶりに国立競技場に帰ってきた

指導者への道を模索、メディアでの苦闘

東京都内のマンションを出た羽中田は、「寒いっ」と呟きながら上着の前を重ねた。ドアを開けている妻のまゆみが、クスッと音がするような笑みをこぼした。

「まーくん、ここは東京だからね。バルセロナとは違うんだから」

そうだよな、と羽中田も口もとを緩ませた。

2000（平成12）年10月末に帰国した羽中田とまゆみは、11月から東京都内で新たな生活をスタートさせていた。バルセロナならTシャツ一枚で過ごせる日もあるが、11月の日本では2枚、3枚と重ね着をする必要がある。

ミレニアムと呼ばれる20世紀最後の一年は、紅葉が街を彩る季節になっている。四季の移ろいを楽しむ羽中田は、車イスのタイヤに挟まる落葉も気にしない。

バルセロナへ移住したのは、指導者になるためだった。帰国した今も、その思いに変わりはない。

だが、日本で指導者になるには、日本サッカー協会公認のライセンスが必要だ。Jリーグのクラブを率いるとなると、最高位のS級ライセンスを取得しなければならない。Jリーグ入りを目

ざすクラブの監督も、S級の保持が暗黙の了解のようになりつつあった。

しかも、S級ライセンスをいきなり受講することはできない。C級、B級、A級と、段階を踏んでいくのである。山梨県庁を辞めてバルセロナへ移住した羽中田は、C級ライセンスさえ持っていなかった。

すぐにでも現場で指導をしたいが、正式な指導者となるための入り口にも立っていないのが現状だった。そうかといって、ボランティアで指導をしているだけでは、生活が立ち行かなくなる。羽中田はメディアでサッカーの解説、評論などをしながら、ライセンス取得の準備を進めることにした。


2000（平成12）年夏に開催されたシドニー五輪の余韻は過ぎ去り、スポーツ界は束の間の静けさに包まれている。表面的にはこれといった話題のないなかで、サッカー界だけは騒がしい。1年半後の2002（平成14）年5月末に開幕する日韓ワールドカップへ向けて、テレビ、ラジオ、新聞、雑誌が、サッカー関連のコンテンツを増やしていくのである。

羽中田はマネジメント事務所と契約をした。セルジオ越後の紹介で、彼と同じ事務所の一員になった。ヨーロッパ放浪の前に約束したとおり、辛口の解説者は帰国後の道標となってくれたのだ。

日韓ワールドカップへ向けて増えたのは、サッカーのコンテンツだけではない。現役を終えた元Jリーガーや元日本代表にとっても、黄金の好機である。

すでにメディアで実績のある者は、自らの立場を揺るぎないものに。これからメディアで仕事をしていこうという者は、自分の居場所を探し当てるために。それぞれの思惑がぶつかり合い、ピッチ上さながらのポジション争いが繰り広げられていこうとしていた。

スポーツ選手のキャスティングで、テレビやラジオの制作側が重視するのは実績だ。サッカー選手であれば、日本代表に選ばれたことがあるのか、ワールドカップに出場しているのか。Jリーグで何試合出場しているのか。得点王やベストイレブンなどの個人表彰を受けたことはあるのか、といったことがセールスポイントになる。

Jリーグの通算出場数が「99」と「100」では、制作側の受け止め方が変わったりもする。たった1試合の違いでしかないのに、「99」では物足りなく感じられ、「100」は爽快な印象を運んでくる。引退後にはどうしようもできない数字に、元アスリートは翻弄されるのだ。

羽中田には、そういうセールスポイント、肩書がない。

中学、高校時代は日本のトップレベルでプレーしたが、年齢で区切られる代表チームにはあと一歩で選ばれなかった。山梨県立韮崎高校サッカー部では全国大会に何度も出場したが、日本一にはなれなかった。

羽中田のマネジャーとなった西山裕之《にしやまひろゆき》も、「アスリートがメディアで仕事をする場合、最初の取っ掛かりとしては実績が8割から9割を占める」と考えていた。テレビやラジオの現場で培われた、彼なりの皮膚感覚である。

羽中田をどうやって売り出していけばいいのか。羽中田のスケジュールを、彼が満足できるように埋めていくにはどうしたらいいのか——西山は事務所のスタッフとミーティングを重ねていった。

何気ない日常のひとコマから、西山はヒントを得る。

セルジオ越後、羽中田、それに西山の３人で、タクシーを使って移動をしたときのことだ。助手席に座る西山は、目的地に着く前に財布を用意していた。素早く支払いを済ませ、トランクから車イスを取り出す。羽中田にできるだけ負担をかけたくないという思いが、３歳年下のマネジャーをせわしなくしていた。

いつもとは違う動きに気づいたセルジオ越後が、西山に聞いた。

「何をそんなに慌ててるの」

「あっ、いやっ、羽中田さんの……」

道でも教えるような気軽さで、セルジオ越後は西山に言った。

「大丈夫、羽中田は何でもひとりでできるんだから」

もやっとした思いが、西山の胸をかすめる。やがて、膝を打ちたい衝動に駆られた。二人で移動しているときも、補助を求められる場面はなかった。確かに彼は、日常生活の動作のほとんどを自分ひとりでこなしていた。

その日の夜、西山は羽中田に提案した。セルジオ越後の言葉を思い出し、重苦しい雰囲気にならないように気をつけながら。

「車イスで過ごしていることを、いい意味で武器にしましょう」

羽中田はすぐに答えた。

「西山くんがそうしたほうがいいと思うなら、僕は全然問題ないよ。でも、武器になるのかな」

「なります、なるようにします。車イスで生活するようになっても、サッカーへの情熱を失うことなく、バルセロナまで勉強しに行った羽中田さんの生きざまは、サッカーに縁のない人にもきっと届くはずです。それに……」

羽中田にはもうひとつ武器があると、西山は思い至った。

サッカー解説者の仕事に、雑誌やウェブサイトでの評論やコラムがある。多くのケースでは、記者や編集者が当人に話を聞いて原稿を作る。元サッカー選手で文章を書ける人材は、希少な存在なのだ。それだけに、「本人が書いてくれたら、ひとつ手間が省略できるのに」という制作側の空気を、西山は感じていた。

「羽中田さんは自分で原稿が書ける。これは間違いなく武器になりますよ。日韓ワールドカップへ向けて業界全体が忙しくなっていくときに、自分で書ける解説者は編集者や記者にはありがたい存在になるはずです」

羽中田はどこか懐疑的だった。「自分で書ける」ということに間違いはないが、筆力に確たる自信があるわけではなかった。「バルセロナで感じたことを書いてくれればいいんです」と言われても、インパクトのある話題は思いつかない。果たしてそれで、読者を満足させることができるのだろうか。パソコンのキーボードを叩くようになってから、ずっと抱いている疑問だった。

自分に何ができるのか。何が書けるのか。考えるだけで心がざわつく。それでも、西山をはじめとする事務所のスタッフの期待に応えたい。羽中田は気持ちを切り替えることにした。

自分のためだけに頑張ろうとしても、どこかで気持ちが折れてしまう。誰かのために頑張るなら、妥協や打算を寄せつけないようにすることができる。サッカーのようにチームで戦っている気がして、羽中田の心は弾んだ。

事務所が用意する名刺の肩書は、「スポーツエッセイスト」になった。サッカー解説者でも、サッカージャーナリストでもないところに、羽中田と西山のこだわりが詰まっていた。

ふう、と羽中田はため息をこぼした。白い壁が真新しいテレビ局の控え室には、彼とマネジャーの西山がいる。

スタッフが用意してくれたコーヒーには手を付けず、羽中田は、「はあ」とまたため息を漏らした。

「司会って、ホントに難しいよね……」

日本に帰国してからほどなくして、羽中田はサッカー番組の司会にキャスティングされた。２

000（平成12）年12月に民放系のBSデジタル放送局が開局し、そのひとつの「BS朝日」がサッカー番組をスタートさせたのである。

西山は、「たくさんの『いま』が重なった結果だ」と、胸を撫《な》で下ろした。2002（平成14）年の日韓ワールドカップを控えた「いま」と、羽中田が帰国したばかりの「いま」と、BSデジタル放送局が開局した「いま」と。1年前にはできなかったキャスティングで、1年後にできるかどうかもわからないと、西山は思う。様々な意味でタイミングが合致し、羽中田はMCの席に収まったのだった。

地上波の番組ではないから、大々的にスタートしたわけではなかった。どちらかといえばひっそりと、番組は回数を重ねていった。

それにしても1時間の番組である。生放送ではなく収録だったが、羽中田の緊張感は変わらない。現場を仕切るディレクターは、「もし何かあったら、いつでも収録を止めて撮り直せますから」と笑顔を向けてくれるが、羽中田の表情が緩むことはないのだ。

この日も収録を終え、西山と反省会をしている。

「やっぱり僕には、むいてないんじゃないかな」

「いやいや羽中田さん、そんなことないですって。最初のうちは、誰だってうまくできないものですよ」

「でも、アシスタントの女性にも、スタッフの人たちにも、フォローしてもらってばかりだし。

いつも申し訳ないなって……」

そう言って羽中田は、収録が終わったばかりの台本に視線を落とす。そこに何かの答えがあるかのように、じっと見つめている。

羽中田の気まずそうな苦笑を、西山は嬉しく思う。この場には不釣り合いだと知りながらも、心地好さを感じる自分がいる。

一緒に仕事をしているスタッフへの気遣いは、仕事に持続性が生まれるために欠かせないものだ。一つひとつの仕事に真摯《しんし》に向き合うことで、新しいオファーが舞い込んでくる。セルジオ越後がそうだった。

番組をチームにたとえれば、MCは看板選手だ。だが、羽中田はチームメイトへの目配りを忘れない。いつも自分と向き合っている。こうした姿勢があれば、きっとメディアの仕事を続けていけるはずだ、と西山は思った。


羽中田の日常は、めまぐるしく過ぎていった。BS朝日のレギュラーに加え、CS放送で中継される海外サッカーの解説、一般紙、スポーツ紙、漫画誌での連載コラムなどを抱えている。バルセロナにいた当時とは、時間の流れが極端に変わっていた。

2002（平成14）年5月末に開幕した日韓ワールドカップでは、CS放送で解説者を務めた。自分をサッカーの世界へいざなってくれたワールドカップが、日本で開催されるなんて。ワールドカップの試合に、解説者として立ち会うなんて——様々な思いが奔流のように頭へ流れ込んできて、複雑な感情が膨らんでいった。

連載でコラムを執筆する新聞社のはからいで、一般席の入場チケットを手に入れることもできた。日本と韓国を何度か往復し、ワールドカップ観戦を楽しんだ。

ワールドカップは世界のスーパースターが競演する大会だが、眩しい輝きを放つのはピッチだけではない。大会を運営する国際サッカー連盟の関係者として、テレビの解説者として、あるいは観客席を彩るＶＩＰとして、かつてのスーパースターがやってくる。

ソウル発成田行きのフライトで、羽中田はフランツ・ベッケンバウアーと同便になった。１９７４（昭和49）年のワールドカップで、主将として旧西ドイツを優勝へ導いた伝説的なプレーヤーだ。

ベッケンバウアーという選手が、羽中田は大嫌いだった。74年のワールドカップ決勝で、旧西ドイツはオランダを破ったからである。大好きなヨハン・クライフが率いるオランダを打ち負かしたチームのキャプテンに、山梨県在住の小学4年生は憎悪に近い感情を抱いたのだった。

成田空港へ到着した機内から、乗客が吐き出されていく。車イスの羽中田は、まゆみとともに一般の乗客より後に降りた。ふたりの視線の先では、ビジネスクラスの乗客がまばらな列をなしている。

入国ゲートには、ワールドカップに訪れるＶＩＰ用の臨時ゲートが設けられていた。車イスの羽中田も、同じゲートを使うことができる。まゆみと並んで列へ進むと、メガネをかけた白髪の男性が待ち構えていた。ドイツ語訛《なま》りの英語で、「お先にどうぞ」と順番を譲ってくれた。

ベッケンバウアーだった。

まゆみは大げさなくらいに感激して、「ありがとうございます」と英語で答えた。両手を差し出して、握手している。

羽中田は耳が熱くなるような気恥ずかしさを覚えた。「クライフのライバルだからというだけで、こんな素晴らしい紳士を嫌っていたなんて……」と、後悔が全身を駆け抜けていく。しょんぼりと頭を下げている夫に、まゆみが明るい声で言った。

「ワールドカップのおかげで、まーくんの誤解が解けたんだから良かったじゃない。やっぱりサッカーはいいよね」

暁星高校サッカー部コーチ。初めて指導の現場へ

日韓ワールドカップによる嵐のような日々が過ぎると、羽中田は今後の仕事について考えた。サッカーのことを書いたり、伝えたりするのは、勉強になっていると感じる。ただ、人生の針路を修正する時期だと感じていた。保留にしている目標へ向かって、動き出さなければいけない。

携帯電話のアドレス帳を開く。しばらく連絡を取っていなかった番号を、羽中田は押した。闘

志にも似た思いが、胸に湧き上がってくる。

「あっ、先生、羽中田です。実はご相談があってお電話をしたのですが……」

サッカー指導者という目ざすべき世界へ、羽中田は再び踏み出そうとしていた。


携帯電話の小さなスピーカーから、懐かしい声が届いた。

「おおっ、羽中田、どうしたあ？　その後元気にやってるか？　日韓ワールドカップのときは、忙しかっただろう？　少しは落ち着いたのか」

聞き取りやすくて温もりのある声の持ち主は、暁星高校サッカー部監督の林義規《よしのり》だ。東京都千代田区に校舎を構える暁星は、幼小中高一貫の私立男子校である。多くの学者、文化人、芸術家を輩出する名門進学校だが、全国でも屈指のサッカー強豪校でもある。

「まだ学校なんだよ」と、林は言った。自宅にいる羽中田は、反射的に時計を探す。リビングの壁掛け時計は、20時を過ぎていた。

教育書やサッカー関連の報告書やサッカー専門誌、それに小説や新書などが積み上げられた林のデスクが思い浮かぶ。現役時代は屈強なＤＦとして活躍した大きな身体には、溢れるほどのバイタリティが詰まっていると羽中田は感じている。

「実は、高校の現場で指導をしたいと思っているんです」

「なんだ、そういうことか。どこか希望はあるのか？　いくらでも紹介するぞ」

「先生のところで、やらせてもらえないでしょうか」

彼らの人生が初めて交差したのは、1981（昭和56）年までさかのぼる。

釜本邦茂が日本サッカーリーグで史上初の200ゴールを達成したこの年に、高校二年生の羽中田はトレセンの一員に選ばれていた。日本サッカー協会が全国から優秀な中高生を集めるトレセンは、短期の研修会を定期的に開催することで、個々の選手の可能性を掘り起こすことを目的としている。「将来の日本代表選手をここから育てよう」というのが、トレセンに関わる指導者たちの合い言葉だった。

1981年度のリストには、暁星中学三年の選手もリストアップされていた。林は千葉県で行われる研修会に足を運んだ。全国から集まってくる選《よ》りすぐりのタレントのなかで、自分の教え子はどれぐらいできるのか。国内トップクラスの中高生に対して、どのような指導が行われているのか。高校サッカー部の監督に就任して4年目を迎えていた林は、教える側の指導実践にも注目しながらグラウンドに視線を注いだ。

ゲーム形式の練習は、さすがにレベルが高かった。林も良く知る選手が少なくなかったが、それぞれの高校で彼らが見せているプレーとは、また少し違う印象がある。互いの存在が刺激となって、まだ触れられていない才能が立ち上がっているのかもしれないな、と林は感じた。

林が注目した選手の一人に、韮崎高校二年生の羽中田がいた。

スピードがあって、技術がある。周りの選手をうまく使うこともできる。

「これは将来の全日本を背負う選手になるかもしれないぞ」と、林は感じた。早稲田大学の体育会サッカー部に在籍した彼は、のちに日本代表となる西野朗《あきら》、加藤久《ひさし》、岡田武史《たけし》らを後輩に持つ。日本代表まで上りつめる選手とそうではない選手を見定める観察眼が、自然と磨かれていったのかもしれない。

それだけに、羽中田のバイク事故には衝撃を受けた。

眩しいほどの才能を持った選手が、サッカーを奪われてしまったら、いったいどんな思いで、日々を過ごしているのだろう。林には想像もつかなかった。

高校サッカー界屈指の激戦区として知られる東京で、林の暁星高校はメキメキと頭角を現していった。1980年代中期から全国大会への出場を増やし、文武両道の校風のなかで日本代表選手やフットサル日本代表選手を輩出していく。

暁星高校サッカー部の活躍によって、林の活動範囲は広がっていった。足元となる東京都サッカー協会はもちろん「高体連」と呼ばれる全国高等学校体育連盟や日本サッカー協会などで、高校生を中心とした選手育成に関わっていくことになる。

そうしたなかで、林は「事故後の羽中田」を知った。車イスで生活をしながら、指導者を目ざしていることを知った。

林の心は震えた。羽中田が胸に宿すサッカーへの情熱に触れたい。自分だけでなく生徒たちにも知ってほしい、と思った。羽中田の母校である韮崎高校サッカー部の監督に連絡を取り、山梨県庁で働いている羽中田に講演を依頼した。スペイン・バルセロナへの留学を決めた羽中田は、間もなく日本を発つという。

羽中田は戸惑っているようだった。「講演なんてやったことがありませんし、僕は話がうまくもないですから、とてもじゃないですが無理です」と言う。電話の向こうで、何度も頭を下げている姿が想像できて、林は断られているのに何だか嬉しくなった。想像していたとおりの人間だ、と思った。

教員という仕事の性格から、たくさんの講演を聴いてきた林である。中学高校の生徒がどんな話に興味を持つのか、どんな内容だと睡魔に襲われてしまうのかはわかっている。

車イスで生活をしながらサッカーの指導者を目ざす？　それも、バルセロナで？　どうやって教えるのか？　日本人がスペインで指導できるのか？　林自身も聞きたいことがたくさんある。学園の生徒たちも、興味を持って聴いてくれるはずだと思った。

「羽中田くん、難しく考える必要はないよ。キミのサッカーに向き合う姿を生徒たちに見せてくれれば、それでいいから」

なかば強引に誘い出す形で実現した講演会は、林と羽中田の精神的な距離を近づける好機にもなった。

〈面白い先生だな。オレにはないものを、たくさん持っている人だな〉

〈面白い子だなあ。どんな指導者になるんだろうなあ、楽しみだなあ〉

羽中田はバルセロナで、林は東京でサッカーと向き合いながら、二人はその後も連絡を取り合った。帰国した羽中田が電話をかけ、林が時間をやり繰りする。東京在住となってからは、羽中田の自宅を林が訪ねることも増えた。


「やっぱり指導者になりたいんです。朝練だけでもいいので、先生のもとで勉強をさせてもらえないでしょうか」

暁星高校サッカー部は朝7時から8時まで、校内のグラウンドで練習をしている。3学年合わせると100人前後の部員に目を配るためにも、コーチングスタッフが増えるのはありがたい。複眼的な視点を持つことで、指導も充実するだろう。

自分自身を落ち着かせるように、林はできるだけゆっくりとした口調で答えた。羽中田が来たら、楽しくなりそうだ——興奮がこぼれ落ちそうになる。

「よし、わかった。明日からでもいいぞ。よろしく頼むな」


グラウンドに入るのが怖い。

喉に大きな塊を詰め込まれたような、息苦しさを感じる。

焦る気持ちを封じ込めようと、羽中田は車イスのホイールをきつく握りしめた。

サッカー選手だった頃、グラウンドは自分を表現する場所であり、自分を解放する場所でもあった。練習では辛いことも嫌なこともあったが、授業が終われば躊躇《ちゅうちょ》なくグラウンドへ飛び出していった。今日はどんなプレーができるかなと、いつだってワクワクとした気持ちになれた。バルセロナのグラウンドでも、負の感情に襲われたことはない。スペイン人の知己が指導をするチームの練習は、現役当時とは違う種類の興奮を呼び覚ましてくれた。コーチングスクールで学んだ理論を、すぐにでも現場で生かしたいと思っていた。

暁星高校サッカー部での指導が、今日から始まろうとしている。２００２（平成14）年9月10日は、夢への第一歩として記憶されるはずだ。

それなのに、羽中田は恐怖を感じている。

「みんな、ちょっと集まってくれ」

人工芝のグラウンドに、林を中心とした円陣ができる。昭和の面影を宿す指導者は、張りのある声で言った。

「今日からコーチになってくれる羽中田だ。ほら、みんな挨拶をして」

キャプテンと思われる選手が、円陣から一歩前へ出た。始業前の静かな校内に、「よろしくお願いします！」のひと言が響く。「よろしくお願いします」と唱和する部員たちの声が、羽中田の身体を包み込んでいった。

「よし、じゃあ始めようか」

円陣が勢いよく解ける。暁星サッカー部の朝練は、7時から8時までの1時間だ。無駄のないリズムができ上がっているのだろうな、羽中田は感じた。

練習メニューを伝えると、林はグラウンドの隅で選手たちの動きを見つめる。足元にこぼれてきたボールは、林がすべて蹴り返した。車イスにボールがぶつからないように注意していることを、羽中田はしばらくしてから気づくことになる。

練習はミニゲームが多かった。暁星のグラウンドは正方形に近く、サッカー場より狭い。「練習を効率良くやるには、ミニゲームがいいんだよ。ここにすべてがある」と、林は話した。羽中田と会話をする間も、視線はグラウンドに向けられている。

「気づいたことがあれば、どんどん言っていいんだぞ」と、林は言った。

「遠慮なんてしなくていいんだからな。羽中田がどんな選手だったのかは、ちゃんと説明しておいたから。そんなすごい人がコーチしてくれるんですかって、みんなビックリしてたぞ」と、嬉しそうに笑う。

林先生はオレのことを、いったいどんなふうに説明したのだろう。あまり大げさに言われてたら、逆にプレッシャーだなあと思いつつ、羽中田は〈だからかあ〉と納得するところがあった。

部員たちの視線には、絡《から》みつくようなところがないのだ。初対面の相手から受けることのある、遠慮がちだがチクチクと刺さるような空気がまとわりつくこともない。進学校だけに真面目な生徒が多いのだろうが、それも林の気配りがあったからに違いない。

そういえば、駐車場からグラウンドまでの動線には、凸凹《でこぼこ》が少ないような気がする。段差を解消するための板は、真新しいものだった。

「ほら、羽中田、選手たちにどんどん指示してくれよ」

林の言葉に追いかけられるように、羽中田は目の前のミニゲームに目を凝らした。パスがスムーズにつながっている。狭いスペースでボールを動かすことに、慣れているのだろう。止める、蹴る、という基本的な技術がしっかりしている。高校生当時の自分たちに比べると、どの選手も格段にボール扱いがうまい。

〈これだけ技術がしっかりしているなら、オレが教えることなんてないな〉

羽中田は具体的な指示をせずに、そのまま練習を見守った。中学、高校時代の部活で、選手の自主性を尊重する空気に馴染んでいたからかもしれない。選手たちの技術の高さに、見とれていたところもあった。

ピッ！　林が短く笛を吹いた。練習メニューが切り替わる。

「おーい、ボールはこっちだ！」

初めての練習メニューなのか、林の意図が選手たちにうまく伝わっていない。グラウンドに散らばったままだ。羽中田はグラウンドへ車イスを進め、右手で手招きをするように「こっちこっち！」と声をあげた。

……あれっ？

自分の声が意外なほど小さいことに、羽中田は驚いた。遠くの選手にはたぶん届いていない。林がもう一度、「こっちだぞ！」と大声で指示したことで、ようやくボールが一ヵ所に集まった。羽中田の腕から吹き出す汗と埃《ほこり》が混じり合い、少し濁ったしずくが手の甲へ伝い落ちた。

テレビの仕事でも、声を張るように言われている。お腹から声を出すように、と教えられている。同じように声を出したつもりだったが、30メートルほど先の選手たちには伝わらなかった。

羽中田の戸惑いを、林はすぐに察した。

練習の終わったグラウンドの片隅で、林は段差に腰を下ろした。羽中田は林のそばで車イスを固定する。練習を終えた生徒たちは手早く制服に着替え、教室へ走っていく。

「あんなに大きな声を出したのは、久しぶりだったんじゃないか？」

ペットボトルの水を飲みながら、林が羽中田に訊ねた。

「そうかもしれません。僕の声、選手たちに届いていなかったですね。足手まといになっているようで、先生にも、選手たちにも、申し訳ないです」

羽中田は真剣な表情で足元を睨《にら》んだ。林はしばらく黙っていた。

選手たちがいなくなったグラウンドに、車のクラクションが響く。靖国神社にほど近い暁星高校は、目の前が一方通行の道路になっている。敷地内からボールが飛び出さないように、グラウンドはネットで囲われていた。

林が、「さ、行こうか」と言って立ち上がった。良く日焼けした顔を、羽中田に向ける。強い気持ちがそのまま飛び込んできそうな視線だ。

「羽中田は、選手を愛せるか？」

林を見上げながら、羽中田はすぐに答えた。迷うまでもない。

「はい、愛せます」

「なら、大丈夫だ。また、明日な、よろしくな」

太くて良く通る林の声が、明日への意欲をかきたててくれる。

Tシャツに染み込んだ汗が風に乾かされて、羽中田は身震いした。グラウンドで汗をかくなんて、いつ以来だろう。

２００２年の夏が、少しずつ遠ざかっている。

暗闇に包まれた暁星高校の駐車場に、自家用車をそっと滑り込ませた。顔馴染みになった守衛さんに、運転席から小さく会釈《えしゃく》をする。警備の帽子を被った男性は、眠たげな眼差しで目礼を返してきた。

時刻は朝5時過ぎである。羽中田は駐車場の隅へ車を止め、運転席のシートを倒した。助手席に置いてあったコートで上半身を覆い、携帯電話のアラームをセットする。

つい30分ほど前まで、羽中田はCS放送のサッカー中継で解説を務めていた。ヨーロッパのキックオフ時間に合わせた生放送なので、日本では深夜から早朝になる。

収録後は自宅へ帰らずに、そのまま暁星高校サッカー部の朝練へ向かう。練習開始は午前七時で、遅くとも15分前には準備のために動きだす。仮眠は1時間ほどだ。

暁星高校での指導は、羽中田にとってプロの指導者になるための学びの機会だ。サッカー部顧問の林義規の厚意で実現しているだけに、報酬はもちろんない。サッカー中継の解説や執筆といった仕事を生活の糧《かて》としながら、羽中田は暁星高校へ通っていた。

練習は楽しかった。初めての練習から1週間も経たないうちに、林以外のスタッフとも、選手たちとも気がねなく話せるようになった。

精神的な壁が取り除かれると、選手たちは高校生らしい素顔をのぞかせ、羽中田を質問責めにした。

「コーチ、バルセロナに住んでいたんですよね？　どんな街ですか？」

「サグラダ・ファミリアって、やっぱりすごいですか？」

「あっちの人たちって、日本人にどんなイメージを持っているんですか？」

「……車イスでも、不自由なく過ごせるんですか？」

現役の東大合格者を出す進学校だけあって、選手たちは知的好奇心に溢れていた。「スペイン人のどんなところがクールですか？」といったように、大人同士の会話ではあまり聞かれない質問も飛んでくる。睡眠不足で頭の回転が鈍いと、思わず考え込んでしまう。

それが恥ずかしくもあり、悔しくもあり、それでいて自分が鍛えられているようにも感じられる。羽中田は、「今日も濃密な時間を過ごすことができたよ」と、妻のまゆみに報告しなければと思う。グラウンドの中か外かを問わずに、選手たちには様々なことを教えられる。

林から学ぶことも多かった。

１９９３（平成５）年のＪリーグ開幕とともに、クラブユースと呼ばれるＪクラブの下部組織が存在感を増していった。２００２（平成14）年の日韓ワールドカップで日本代表に選ばれた23人のうち、宮本恒靖《つねやす》、稲本潤一（いずれもガンバ大阪）、明神智和《みょうじんともかず》（柏レイソル）、市川大祐《だいすけ》（清水エスパルス）、曽ヶ端準《そがはたひとし》（鹿島アントラーズ）の５人が、高校サッカー部ではなくクラブユースからプロ入りした選手である。

プロチームのノウハウを生かしたクラブユースは、論理的で先進的なイメージを抱かせた。それに対して高校の部活動は、上下関係や走り込みなどが真っ先に連想されてしまう。現実とはかけ離れた先入観なのだが、そうした見方が根強いのは確かだった。

高校サッカーで育った羽中田は、部活動に誇りを抱いている。同時に、高校サッカーは伝統を重視する傾向にあるのかな、と想像していた。自分たちのサッカースタイルに、良くも悪くもこだわる指導者が多いのでは、と考えていた。

林は違った。グラウンドの広さに合わせた練習は合理的で、暁星が得意とするショートパス主体のサッカーを磨き上げている。同時に、林は対戦相手をしっかりと分析する。自分たちのサッカーを発揮しにくい相手には、異なるアプローチで臨んでいった。伝統に寄りかからないのだ。

正月恒例の全国高校サッカー選手権の東京都予選で、暁星はしぶとく勝ち上がっていった。練習は熱を帯びていく。羽中田は朝練だけでなく、午後の練習にも参加するようになった。

練習中は林の隣が定位置だ。林が話して、羽中田が聞く。親子というほどの年齢差ではないものの、兄弟と呼ぶには年が離れている二人は、サッカー部について真剣に語り、日本サッカーの将来について意見を交換した。

林はバイタリティの塊のような男である。それでも、心の底に澱《おり》のようなものが残ることはある。林にとっての羽中田は、本音を打ち明けられる数少ない存在だった。

「羽中田がいてくれて、本当に助かりましたよ。僕の悩みとか愚痴を聞いてくれて、意見を求めればアドバイスもしてくれてね。サッカーとは関係のない話もたくさんしたなあ」

サッカーの指導者として分厚い経験を持つ林の体験談は、羽中田を時空を超えた旅へと誘う。あの日、あの時、あの場所で、監督はこんなことを考えていたんだ。あの試合には、そんな背景があったのか——サッカーの指導者が直面する苦悩と、喜びと、達成感と、敗北感を、羽中田はリアルに思い浮かべることができていた。

Jリーグの監督になるための準備も、着実に進んでいった。指導者ライセンスのファーストステップとなるC級を2002（平成14）年のうちに取得し、翌2003（平成15）年にC級より上位のB級ライセンスを交付された。

２００４（平成16）年9月には、年代別日本代表のスタッフに抜擢された。２００５（平成17）年に開催されるワールドユース選手権の出場を目ざすU－18日本代表のコーチに、期間限定で加わったのである。日本サッカー協会にも人脈を持つ林の推薦だった。

クラブユースと高校サッカー部から集められた18歳以下の精鋭たちは、宮城県で行われる「仙台カップ国際ユースサッカー大会」に出場する。対戦相手はブラジル代表、イタリア代表、18歳以下東北代表だ。

羽中田の胸は躍った。18歳以下のチームとはいえ、日本代表であることに変わりはない。仙台市内のホテルに集合し、チームお揃いのジャージやウェアを渡されたときは、気づかないうちに笑みがこぼれていた。その場の雰囲気にはそぐわないので、すぐに表情を引き締めたが。

林のもとでコーチを務めてから、ほぼ2年が経過している。監督との向き合い方や選手との接し方も、自分なりにつかめてきていると羽中田は感じていた。暁星での成果を発揮しようと、気持ちは前のめりになっていた。

世界大会のアジア予選を1ヵ月後に控えた選手たちは、メンバー入りを目ざしてのアピールを繰り広げていく。「今回は主力クラスが参加していない」と聞いていたが、グラウンドだけでなくホテルで生活をしている時間も、熱っぽくて帯電したような空気が漂っている。

羽中田はマッサージルームで多くの時間を過ごした。選手たちが集まってくるからだった。

監督には言いにくい心の内を探るのは、コーチの仕事のひとつだ。羽中田は聞き役にまわりながら、選手たちの思いに触れていく。臨時のコーチという肩書も手伝ってか、誰もが良くしゃべった。

マッサージルームで、ノートをつけている選手がいた。関係者が「サッカーノート」と呼ぶもので、練習や試合で感じたことを自分なりに書き留め、成果や課題を整理する手助けとするのだ。高校生当時の羽中田も、サッカーノートを机の上に並べたものだった。

「よし」と言ってノートを閉じた選手は、自分のプレーについて羽中田に訊ねてきた。将来の夢も語った。石川県の星稜《せいりょう》高校からやってきた18歳は、「本田圭佑《けいすけ》です」と名乗った。

1週間弱のスケジュールは、めまぐるしく過ぎていった。U‐18日本代表は初戦でブラジルと引き分けたものの、第2戦でイタリアに敗れた。18歳以下東北代表との第3戦も3対4で競り負け、4チーム中の最下位に終わってしまった。

サッカーチームのコーチは、監督の考えを予測し、先回りして動く立場にある。練習用具を並べたり、片づけたりするのも仕事の一部だ。

監督の考えは、理解することができていた。不明な点はミーティングで確認した。

それなのに、羽中田は自分を責める。結果に対する責任を、誰よりも感じている。

監督に、気を遣わせてしまったのだった。練習用具を片づけることも、ボールを集めることも、羽中田は無理なくできる。だが、羽中田と初めて仕事をする監督は、車イスのコーチに負担をかけてはいけないとの思いに強く駆られていた。監督だけではなくスタッフも、羽中田を雑務から解放しようとした。

暁星高校サッカー部の練習を、思い返してみる。羽中田も準備や片づけに加わるが、下級生部員が圧倒的なスピードと馬力で動いている。自分では気づかないうちに、選手たちに頼っていたのかもしれない。

代表チームでは、そうもいかない。選手の人数が少ないので、スタッフも動かないと練習に支障が生じる。

Jリーグのクラブも、高校の部活ほど人数は多くない。今回のU-18日本代表に比べればスタッフは充実するが、スタッフの先頭に立って動くのはコーチだ。

〈監督のために動くことが、できなかった。オレにはコーチはできない〉

身体が内側から冷えるような気持ちになるが、それが逆に羽中田を燃えさせた。

〈目ざすのはコーチじゃない。目標は監督一本。そこを目ざして頑張っていくんだ〉

道は拓かれた！　S級ライセンス受講

自宅の壁掛け時計が、静かに時を刻んでいた。羽中田とまゆみは、ダイニングテーブルを挟んで向き合っている。

ボリュームを絞ったテレビは、22時少し前に始まったニュース番組を映し出していた。2005（平成17）年2月17日の開港までおよそ1ヵ月となった中部国際空港の準備状況が、今夜のトップニュースだった。事件のない、静かな夜だ。

「まだかなあ」と羽中田が呟く。すっかり冷めてしまった緑茶の残りを、羽中田はすすった。

「大丈夫だよ」とまゆみが答える。妻はそのまま立ち上がり、キッチンへ向かった。やかんに水を入れて、お湯を沸かす。

日本サッカー協会が交付する「公認S級ライセンス」の受講審査の結果発表を、羽中田は待っている。Jリーグおよび日本代表の監督を務めるのに必要な最高位の指導者資格が、S級ライセンスと呼ばれるものである。

暁星高校サッカー部顧問の林義規が、可否の連絡をくれることになっていた。高体連と東京都のサッカー協会で要職を担う林は、2005年度のS級ライセンスの受講者を決定する会議に出席しているのだ。

ダイニングテーブルに置いた携帯電話が赤い光を放ち、すぐに着信音がリビングに響いた。羽中田は二つ折りの携帯電話を開き、右耳へあてた。

「はい、羽中田です、先生、お疲れさまです」

羽中田は、「はい」と2度相槌《あいづち》を打ち、電話を切った。キッチンにいるまゆみが、「どうだった？」と聞く。羽中田の眼の奥には、戸惑いがちな雲が生じている。

「いまからこっちへ来るから、そこで説明するって」

前年までのS級ライセンス取得者のリストには、Jリーグ開幕以前に日本サッカーリーグでプレーしていたか、Jリーガーとしてピッチを駆けた元選手がズラリと並んでいる。また、日本国内のトップリーグではプレーした経験はないものの、海外で指導者ライセンスを取得したことが実績として加味され、S級ライセンスの受講にこぎつけた者もいた。「日本サッカー協会がとくに認めた者」という項目がこれにあたる。

バルセロナへ留学した羽中田も、現地で指導者ライセンスを取得し、S級ライセンスの受講へつなげたいと考えていた。しかし、「車イスの指導者は前例がない」という理由で、聴講生の立場に押し止められてしまった。

〈サッカーの本場スペインでも、車イスで生活をしていることがネックになってしまった。スペインより歴史が浅い日本でも、同じ理由で断られてしまうのではないだろうか〉

講義には指導実践もある。「カウンターアタックのレベルを向上させるためのトレーニング」とか「守備を固めてきた相手を崩すための具体策」といったテーマを与えられ、複数の受講者が高校生や大学生を指導するのだ。

B級ライセンス取得の授業で、羽中田は周囲の懐疑的な視線を感じていた。身体に突き刺さるほど露骨ではないものの、お手並み拝見とでもいえばいいのだろうか——車イスでどこまでできるの？　といった疑問符が、自分の周囲に漂っているのを感じることがあった。

周囲の人間から自分がどう思われているのかについて、羽中田はあまり気にしていない。無関心といってもいい。車イスで街を歩くだけで、遠慮のない視線を投げかけられることだってある。もうずいぶんまえから、周囲の視線に心を揺さぶられることはなくなっていた。

興味があるのは、車イスの自分に何ができるのか、である。

自分でパスを出したりシュートを打ったり、身体をぶつけ合ったりして、選手たちに見本を示すことはできない。それでも、スタッフとの連携で選手に理解してもらえるとの自信が、羽中田の胸では育っている。B級ライセンスの指導実践では、コーチとふたりで納得できる成果をあげることができた。暁星高校サッカー部でも、練習を支障なく進められているとの自負がある。

〈一緒に受講する人たちに、迷惑をかけてしまうことがあるかもしれない。けれど、自分ひとりでできることは、みんなが考えている以上にたくさんあるんだ。チャンスをくれ。チャンスをくれ。チャンスを……〉

さきほどの電話から逆算すると、そろそろ林が着くころだ。羽中田はダイニングテーブルから離れ、タイヤにそっと力を加えた。フローリングを滑るように、車イスが玄関へ近づいていく。

まゆみはキッチンで働いていた。林を交えてお酒を飲むことになってもいいように、簡単なおつまみを用意している。

電子レンジが低く唸《うな》るだけの静かな室内に、ゆったりとしたチャイムの音が響いた。まゆみがインターフォンで応じる。

まゆみが羽中田に向き直る。

「先生、来たわよ」

「うん」

羽中田は玄関で待った。まゆみもドアを開けるために待つ。

今度は短いチャイムが2度鳴った。まゆみが玄関のカギに手を伸ばし、林を招き入れる。

「おおい、ふたりともどうした？　わざわざ玄関で待っていてくれなくてもよかったのに」

「いや、早く答えを聞きたくて……先生、どうでした？」

林の顔に大きな笑みが広がった。上着を着たまま、靴を履いたままで、羽中田の両肩に手を置く。いまにも抱きつきそうな勢いだ。羽中田が早く結果を聞きたかったように、林もまた早く結果を伝えたかったのだろう。

「いやな、前例がないからっていう意見もあったんだけど、最後は羽中田の人間性が評価されたよ。S級、受講できるぞ」

羽中田の瞳が輝いた。羽中田は姿勢を正すように、両手を胸からお腹へさっと下ろし、「ありがとうございます、先生のお力添えのおかげです」と頭を下げた。

林は顔の前で右手を左右に振った。

「オレは何もしちゃいないって。そんなことより、急いできたから喉が渇いちゃったよ。お、なんか美味しそうな匂いがするなあ」

まゆみが嬉しそうに声をあげる。

「先生の好きなスペイン料理、用意しときました！　さあ、早く上がってください」

羽中田とまゆみ、それに林の3人は、ビールで乾杯をした。

羽中田はグラスいっぱいに注がれたビールを飲み干し、兄の仁の顔を思い浮かべた。兄だけでなくたくさんの顔が脳裏を駆け巡る。誰もが笑っている。これまでお世話になってきた人たちに、S級を受講できるようになったと早く伝えたかった。


2005（平成17）年の日本サッカー協会S級ライセンス受講者には、錚々《そうそう》たる顔ぶれが揃っていた。1993（平成5）年のワールドカップ・アメリカ大会アジア最終予選に出場し、〝ドーハの悲劇〟（※注）を経験した吉田光範《みつのり》、三浦泰年《やすとし》、井原正巳《まさみ》、武田修宏《のぶひろ》、黒崎久志《ひさし》がいた。井原は1998（平成10）年のワールドカップ・フランス大会に、日本代表のキャプテンとして出場している。25人の受講者のうち10人までが、日本代表の経験者だった。

講義は2005年9月から11月までの集中開催で行われた。月曜日から木曜日まで4日連続で講習を受けるサイクルが、この3ヵ月間の半分ほどを占めていた。

初日の集合場所は、東京都調布市にある味の素スタジアムだった。Jリーグの試合を受講者全員で観戦した。試合後に都内の大学で講義を受け、翌日には福島へ移動した。宿泊施設を備えたトレーニングセンター「Jヴィレッジ」で、みっちりとカリキュラムを消化していった。

S級ライセンスの受講料は、一般的な資格の講座に比べると明らかに高額だ。交通費や宿泊費も自己負担である。

そのぶんだけ、授業の密度は濃い。レポートや資料を作成するために、パソコンを扱う基本的なスキルも必要となる。映像も編集しなければならない。パソコンといえば普段、原稿の作成とメールの送受信、それにインターネットでの検索にしか使わない羽中田には、それだけでも授業が高い壁に感じられる。

味の素スタジアムへ出発する朝、羽中田は緊張感に包まれていた。朝食の間も、ほとんど口をきかなかった。

それもしかたのないことだろうな、とまゆみは思った。日常生活ではよくいえばおおらかで、意地悪な言い方をすると少しルーズなところもある元同級生の夫は、サッカーに対しては修行僧のように真面目だ。

〈一緒に授業を受ける人たちに迷惑をかけちゃいけないと、いまから頭がいっぱいなんだろうなあ〉

妻が想像しているとおりのことで、羽中田の頭はいっぱいだった。

〈移動でも着替えでも、ほかの人に比べてあまり時間がかからないようにしないといけない。効率よくテキパキと動いて、周りの人たちに迷惑をかけちゃいけないぞ〉

Jヴィレッジでの集中講義は、受験勉強に備える講習のようだった。

ある日のスケジュールをなぞっていくと、朝9時半から12時半までグラウンドに立ち、14時から18時15分までの間に1時間15分の授業を3コマ受ける。夕食後にさらにもうひとつ授業を受け、21時15分にようやく一日が終わる。

もっとも、終わったのは授業だけだ。この日学んだものの復習と、翌日の予習がある。ベッドに倒れ込むのは日付が変わってから、ということもしばしばだった。

その間に、暁星高校サッカー部の練習に通う。週末にはCS放送のスタジオで、ヨーロッパのサッカーを解説した。

「目が回るような」とか「息つく間もない」といったフレーズを、羽中田は初めて実感した。

大変だった。辛かった。それでも、夢に近づいているとの実感が、挫けそうな気持ちを奮い立たせていた。

注

ドーハの悲劇　1994年のワールドカップ・アメリカ大会出場をかけたアジア最終予選、イラクとの最終戦で後半ロスタイムに失点を喫し同点とされた日本は、土壇場でワールドカップ初出場を逃した。予選が行われた場所が中東カタールの首都ドーハだったことから、〝ドーハの悲劇〟と呼ばれている。

最初に反応したのは耳だった。

前後左右からスペイン語が聞こえてくる。

〈ああ、懐かしいなあ……〉

２００６（平成18）年1月、羽中田はスペイン・バルセロナを訪れた。

S級ライセンス取得のカリキュラムには、インターンシップが含まれている。Ｊリーグのクラブで1週間以上、海外のプロクラブで2週間以上の実地研修を行い、レポートを提出するのだ。

羽中田は迷わずバルセロナを選んだ。憧れのヨハン・クライフがチームの哲学を構築したＦＣバルセロナのサッカーは、指導者を目ざしている羽中田の道標だ。地元で〝バルサ〟と呼ばれるこのチーム以外に、実地研修にふさわしいクラブはなかった。

郷愁にかられて飛行機に乗ったわけではないが、スペイン語を全身で感じると、何ともいえない懐かしさがこみ上げてくる。もう一度行きたい場所、すぐにでも会いたい人、滞在中に食べておきたい料理などが、頭のなかを駆け巡る。

だが、今回の渡航はS級ライセンスを取得するためである。バルセロナに留学していた経歴を考えると、自分が提出するレポートは講師陣に厳しく評価されるかもしれない。「しっかりやるぞ」という決意が様々な雑念を濾過《ろか》し、澄み切ったプレッシャーが胸を満たしていった。

1月といえばＪリーグはオフシーズンだが、スペインはリーグ戦の真っ只中《ただなか》である。友人の自宅に滞在しながら平日は練習場に通い、週末はゲームを観戦した。

2週間の練習見学を通して、羽中田は自分なりの結論へ辿《たど》り着く。世界の最先端を疾走するバルサでも、基本的なトレーニングを日々繰り返している。いや、だからこそ世界のトップ・オブ・トップに君臨しているのだと思い至った。

オランダ人のフランク・ライカールト監督は、選手に敗因を押し付けるだろうか？　選手たちはどうだろう？　どちらも答えは「NO」である。彼らは自分の責任として、結果を受け止めている。

自分はどうだ、と考えてみる。誰かを羨《うらや》んだり、妬《ねた》んだりするよりもまず、自分にできることをやらなければいけない。それでも結果が出なければ、もっとやればいい。スピードオーバーで頑張り過ぎてしまったら、妻のまゆみがブレーキをかけてくれるはずだ。

2週間の研修は、自分を見つめ直す時間でもあった。帰国した羽中田はレポートを提出し、指導実践では追試を受けながらもすべてのカリキュラムを修了した。

ライセンスの交付式では、日本サッカー協会の川淵三郎会長（当時）から盾《たて》と免許証を受け取った。日本で初めてとなる、車イスのS級ライセンス取得者が誕生した瞬間だった。

同期生を見渡す。日本代表として活躍した元選手、Jリーガーとしてプレーした選手がいる。プレーヤーとしての実績では彼らに及ばないが、ここからは横一線のスタートだ。Jリーグのクラブで、最初に監督をするのは誰か。

負けられない、負けたくない、と羽中田は思う。やっとここまで辿り着いたという充足感を、これからが本当の勝負だという飢餓感がすぐに追い越していった。

暁星高校サッカー部コーチの仕事は、２００６（平成18）年度を最後に終了となった。進学校としても名高いサッカー部の生徒たちは、最高の形で羽中田を送り出す。13年ぶりに東京都予選を勝ち上がり、冬の全国高校サッカー選手権大会に進出したのだ。

しかも、開会式直後に行われる開幕戦のカードを引き当てた。会場は国立競技場である。

冷たい風の吹き抜ける一日だった。良く晴れて空気が澄んでいた。

23年前の高校選手権決勝で、プレーヤーとして最後の公式戦を戦った高校サッカーの聖地に、羽中田は指導者として帰ってきた。「気持ちいい！」と、声に出したい気分だった。胸の奥が興奮でざわつき、緊張が背中を駆け上がる。

監督の林義規は落ち着いていた。いつもと何ひとつ変わらないように、羽中田には見える。

「ハチュウ、じゃあ、アップお願いな」

メインスタンドのすぐ近くにある人工芝のスペースへ、選手たちを連れていく。ウォーミングアップをする前に、羽中田は選手たちを集めて言った。

「オレたちには林先生がついている。大丈夫、心配するな。いつもどおりのサッカーをして、周りの予想を覆してやろうよ」

選手たちは、「よしっ！」と声を合わせたが、表情は硬い。ウォーミングアップの直前までセンター試験の勉強をしていた三年生も、肩の線が上がっている。緊張しているのだろう。高校サッカー部員が憧れる全国大会で、これから試合をするのだ。それも、国立競技場でプレーできるのだ。自分自身の経験に照らしてみても、緊張しないほうがおかしいと羽中田は思った。

ウォーミングアップでの硬さに比べれば、選手たちは自分たちのプレーを見せてくれたと思う。強豪の滝川第二高校（兵庫）に食い下がり、いくつかのチャンスも作った。0対2で敗れてしまったものの、羽中田は選手たちの頑張りを誇りに感じた。

力を出し尽くしたからこそ、足りないものに気づくことができる。子どものような年齢の選手たちに、大切なことを教えられた気がした。

教えられたといえば、監督の林からも。

「ハチュウ、いままで本当にありがとうな。結果的にオレのほうが頼っちゃって、何もしてやれなくて悪かったな。申し訳なかったな」

試合後のベンチで、林は右手を差し出してきた。羽中田は力強く握り返して言った。

「先生、そんなことありませんよ。本当にたくさんのことを、僕は学ばせてもらいました」

自分のチームを勝たせる意味で、林は優れた監督である。同時に、選手を人間として育てる意味で、林は並外れた指導者でもあった。サッカーチームの監督だからといって、サッカーだけを教えていればいいわけではないことを、羽中田は間近で感じ取ることができたのだった。

〈プロのサッカー選手だって人間だ。監督だからといって上から目線で接するのではなく、ひとりの人間としてお互いに認め合える関係を築かないといけないよな〉

「次は自分が監督をするチームで、国立に来いよ」

林の明るい声を、羽中田はしっかりと耳に焼きつけた。

車イスのプロサッカー監督誕生！

２００７（平成19）年12月、羽中田は大阪府大阪市東住吉区の長居スタジアムにいた。市営地下鉄御堂筋《みどうすじ》線とＪＲ阪和《はんわ》線に最寄り駅のあるこの陸上競技場は、２００２（平成14）年の日韓ワールドカップの会場となった。日本代表がチュニジアと対戦し、森島寛晃《ひろあき》と中田英寿がゴールを決めて勝利した舞台だ。

どんよりとした灰色の雲が、朝からスタジアムを覆っていた。来場者の多くは、膝まで隠れるグラウンドコートを着ている。コンクリートが剝き出しのスタジアムは、冬の寒気を容赦なくため込む。スタンドでじっと座っていると、昼間でも温かい飲み物が欲しくなる季節だ。

羽中田は白いシャツにグレーのジップアップニットを着ていた。ダウンジャケットも用意していたが、ほとんどの時間は膝の上に置いていた。沸き上がる熱い思いが、彼の身体を熱くしていたのかもしれない。

ピッチ上で不揃いのトレーニングウェアを着た選手たちが、必死になってボールを追いかけている。所属クラブを解雇された選手が、新たなチームを探すために集う「Jリーグ合同トライアウト」が開催されていた。

羽中田はカマタマーレ讃岐《さぬき》の新監督として、自らが目ざすサッカーにふさわしい選手を探している。

監督就任のオファーは、8月に届いた。香川県高松市をホームタウンとするカマタマーレは、四国リーグに属している。全国を9つのエリアに分けた地域リーグのひとつだ。カテゴリーとしてはJ1、J2、JFL（日本フットボールリーグ）に次ぐもので、J1を頂点として考えると日本の4部リーグということになる（現在はJ2の下にJ3が存在する）。

クラブの年間予算はおよそ5000万円で、専用の練習グラウンドはない。芝生ではなく土のグラウンドで、バラバラのウェアを着た選手たちが練習する風景は、Jリーグの華やかさとはかけ離れている。ほとんどの選手は、副業を持ちながらサッカーをしていた。

環境は厳しい。羽中田自身のサラリーも、決して高額とはいえなかった。

それでも、監督就任に迷いはなかった。

S級ライセンスを取得している指導者は、2007（平成19）年時点で300人に迫っていた。ライセンス取得者は毎年増えており、つねにクラブ側の買い手市場だ。

〈そのなかで、自分を選んでくれたのだ。夢に見てきた監督としての第一歩を踏み出せるなら、お金も、場所も、カテゴリーも、何も気にならない。クラブの期待に応えられるように、これまで自分が培ってきた知識と経験を総動員して、何としても目標を達成するぞ〉

オファーが届いた１ヵ月後には、高松市内で正式契約を結んだ。

〈選手と一緒に戦って、自分もまたサッカーができる。こんなに楽しいことはない〉

カマタマーレとの契約にあたって、羽中田はコーチをひとり連れていきたいとの希望を持っていた。「自分で身体を張って指導することはできないけれど、選手たちに考えさせることができる」というのは指導者としての哲学だが、自分のイメージを選手に伝えてくれるコーチによって、日々のトレーニングはスムーズに運ぶ。

羽中田はＢ級ライセンス受講時の同期生にメールを送った。どのような文面がふさわしいか迷った末に、「四国リーグの監督就任が決まったんだ。サラリーはいまより少なくなるだろうけど、興味はあるかな？」と書いた。本当なら「一緒にやろうぜ！」とストレートに誘いたかったが、メールを送る相手の新井貴之《たかゆき》という若い指導者は、Ｊ１リーグのクラブで仕事をしていた。結婚を控えていることも聞いていた。

一緒に仕事をするなら、新井しかいないと羽中田は思っている。ふたりともスペインのサッカーが好きで、Ｂ級ライセンスの受講を修了したあとも時間を合わせて食事に出かけていた。年齢は15歳以上も離れているが、互いのサッカー観に共感することができていた。

だが、カマタマーレのコーチを引き受けてもらうことは、不安定な立場へ引きずり込むことでもある。サッカーの監督は、成績が悪ければ契約満了を待たずに解任されることがある。先行きは不透明といっていい。

もし自分が解任されるようなことがあれば、新井は「自分も辞めます」と言うだろう。責任感の強い男なのだ。そこに惹かれてもいるのだが、コーチ就任を強く要請するのはためらわれた。

思いがけないメールは、新井の心を揺さぶっていた。

子どもたちを対象としたサッカーの普及活動に携わっている彼にとって、Jリーグ入りを目ざすクラブでコーチを務めるのはまったく種類の違う仕事だ。それだけに、チャレンジ精神を刺激された。何よりも、羽中田からの誘いが嬉しかった。控え目な問いかけに、心配りを感じた。新井の心は、コーチ就任へと傾いていった。

結婚を約束している女性も背中を押してくれた。「本当にいいの？」と新井が探るように確認すると、彼女は笑いながら言ってくれた。

「だって、羽中田さんのメールを見たとき、ものすごく嬉しそうだったもの。私が何か言ったところで、あなたは絶対に高松へ行くなって思ったわよ」

仕事の整理と引っ越しの準備で慌ただしい２００７（平成19）年の暮れ、羽中田と新井は忘年会を兼ねた打ち合わせをした。年末のふわふわとしたような空気に、秋川雅史の歌う『千の風になって』が溶け込んでいる。

ビールで乾杯をすると、新井が羽中田に聞いた。

「僕はどんな感じで仕事すればいいですか？」

羽中田は新井の眼を見つめて答えた。

「真っ白でいいよ」

「真っ白って、どういうことですか？」

「トップチームの監督、コーチとしては、カマタマーレがオレたちのスタートラインになるわけじゃない？　最初から自分を何かの色に染めたりしないで、真っ白で新しい仕事に入っていったほうがいいと思うんだ。あえてお願いするとしたら……」

羽中田は言葉を切り、ビールに手を伸ばした。興奮で喉が渇いていた。

新井は、正面に座る羽中田にぐっと身体を近づけ、ひと言も聞き逃すまいとしている。

「オレたちの選手を、精いっぱい愛そう。若い選手が多いから、2年後、3年後の彼らがどうなっているのかも想像して、接していこう。それから、楽しもう。難しいことはあるだろうし、不安になることもあるだろうけど、サッカーを楽しもう。どんどん楽しんでやろう」

２００８（平成20）年、羽中田はついに監督になった。

車イスで生活をするようになってから、24年が過ぎた。サッカーの指導者になると決意してから、14年が経った。バルセロナから帰国してからも、すでに7年が過ぎている。

夢は、現実となった。そして、羽中田は新しい夢を抱く。

「監督としてバルサに勝つ」

日本の4部リーグの監督になったばかりで、いきなり世界最高峰のバルセロナ打倒をターゲットにするとは！　しかし、このスケール感こそ羽中田がカマタマーレに招聘《しょうへい》された理由かもしれない。

カマタマーレの2008（平成20）年シーズン始動にあたって、羽中田は選手たちにこう問いかけた。

「Jリーガーになろうぜ」

専用の練習場がなくても、練習着がバラバラでも、志を抱くことはできる。

――諦めなければ、夢は逃げない。

2008年の四国サッカーリーグは、8つのクラブで争われた。

羽中田が監督を務めるカマタマーレ讃岐は、優勝候補にあげられていた。ライバルはJ2リーグに属する徳島ヴォルティスのセカンドチームで、カマタマーレとヴォルティス・セカンドの一騎打ちというのが、四国リーグの実質的な構図である。

羽中田に課せられた目標は、「四国リーグ優勝とJFL昇格」である。四国を制し、全国大会で上位に進出し、JFLと略される日本フットボールリーグへ昇格する。そこで勝ち抜いてようやくJ2リーグが、そしてJ1リーグが見えてくる。

クラブの首脳部からは、「何としても目標を達成してください」と強く言われている。Jリーグ入りには自治体や地元企業の支援が不可欠で、そのためにはスピード感のある結果が欲しい、というのがクラブ側の願いだった。

監督就任1年目の羽中田は、すべてが手探りである。まずは所属選手の特徴を知ることからはじめた。

バラバラの練習着で練習に励む選手たちのなかに、Ｊ１リーグの強豪・鹿島アントラーズの赤いウェアを着た選手がいた。吉澤佑哉《よしざわゆうや》という選手だった。前年12月のＪリーグ合同トライアウトを視察した羽中田が、獲得リストの最上位とした選手である。

吉澤は栃木県出身で、中学から茨城県鹿嶋《かしま》市で育った。四国へ行くことに漠然とした不安を抱いたものの、カマタマーレからのオファーに魅力を感じた。

アントラーズはブラジル人が監督で、コミュニケーションに苦労した。「日本人監督のもとで一度はやってみたいな」と考えていたところで、羽中田が声をかけてくれたのだった。

羽中田から聞いた言葉も、吉澤の胸に刺さった。

「これからＪリーグ入りを目ざすチームで、中心選手として引っ張っていってほしい」

１９８６（昭和61）年生まれの吉澤は、現役時代の羽中田を知らない。インターネットで調べた。サッカー選手としての経歴に驚き、その後の人生にさらに驚かされた。気がつくと「すごい人だなあ」と呟いていて、「この人と一緒にやってみたい」と考えるようになった。

「チームを引っ張っていってほしいと言ってくれたとき、僕のプレーを羽中田さんなりに分析して、『キミのこういう特長を評価していて、こういうサッカーのなかでキミの特長を生かしたいと考えている』と、すごく丁寧に説明をしてもらったんです。J1で強豪と呼ばれるアントラーズから四国リーグへ移籍することに対して、抵抗感がなかったと言えば嘘になります。でも、羽中田さんの言葉を聞いて、カマタマーレに行こうと決めました」

カマタマーレは自分たちの練習場を持たず、高松市内から車で1時間以上かかる施設を使うこともある。練習は朝9時からだが、練習場所がどこであろうと羽中田は8時には到着するようにしていた。選手たちが到着する前に、あらかじめ準備をしておくのだ。

羽中田が監督に就任する以前は、練習時間は夜だった。選手たちは仕事が終わってからグラウンドに集まってくるのだが、夜間照明が乏《とぼ》しい場所では十分なトレーニングができない。

何よりも、生活のリズムを整えるために、午前中の練習を基本とするべきだ。練習をして、休息を取り、また明日の練習に臨む。しっかり身体を休めることで、ケガのリスクが抑えられる。練習に集中して取り組めるようにもなる。羽中田は練習時間を朝9時からに変更した。

4月の四国リーグ開幕へ向けて準備がスタートすると、羽中田は厳しい現実と向き合うことになる。チームとしてどのようなサッカーを目ざすかということよりも先に、個人の技術の底上げが不可欠だった。

「個人戦術とはどういうものなのかを、知らない選手がほとんどだった。それは、選手の能力が低いということではなく、それまで教わっていないということ。まずはとにかく、技術的な水準を上げるためのトレーニングをしていった」

技術的な水準を上げるためといっても、トラップ、パス、シュートなどの練習を繰り返すわけではない。実戦に近いトレーニングで技術を高め、技術を正しく使うための判断を磨いた。

「バルサのサッカーを理想としていて、どうやったらあのサッカーに近づけるのかを考えていた。バルサのサッカーは、ボールにたくさん触る。マイボールの時間が長い。ということは、それだけ判断する機会が多い。練習から判断する機会を増やしていくことは、僕の考えるサッカーの大前提だった」

選手たちに具体的なイメージを持ってもらうために、羽中田は練習の合間のミーティングで映像を活用した。監督なら誰もが取り入れるチーム作りの手法だが、自らデモンストレーションをすることのできない羽中田にとって、映像の活用は欠かせないものである。

吉澤は「納得して練習をすることができていた」と話す。

「バルサの映像と僕たちの映像を照らし合わせて、『ここはこうだからこうなった』と、羽中田さんは説明してくれましたので。監督が車イスで指導していたことも、僕は全く気になりませんでしたね」

その日の練習を終えた羽中田は、自宅へ戻って慌ただしく夕食を済ませ、翌日の練習メニューを考える。短期的な課題と中長期的な課題を整理し、選手たちの表情も記憶のなかに並べ、翌日のトレーニングを組み立てる。気がつけば日付が変わっている、ということも珍しくない。

カマタマーレの選手のほとんどは、アルバイトをしながらサッカーをしている。厳しい環境のなかでプレーする彼らは、それだけに、サッカーができる喜びに溢れている。Jリーガーに負けない情熱を胸に秘めていると、羽中田は感じていた。

クラブとプロ契約を結んでいる数名の選手は、反骨心もレベルアップの動機づけとしていた。Jリーグのクラブとの契約を打ち切られた彼らは、カマタマーレとともに表舞台へ戻るんだ、という意欲を抱いていた。

彼らを成長させたい。今日はスムーズにできなかったプレーを、明日はできるようにしてあげたい。どんな練習にも熱心に取り組む彼らの情熱に、監督として応えていきたい。睡眠時間を自ら削っていく日々にも、羽中田はかつて味わったことのない充実感を覚えていた。

息詰まる昇格争いの激闘

2008(平成20)年の四国サッカーリーグは、戦前の予想どおりカマタマーレ讃岐と徳島ヴォルティス・セカンドの一騎打ちとなっていた。

8チーム中2チームが実力的に抜け出している構図に違う角度から光を当てると、このリーグ戦がいかに厳しいかが見えてくる。

カマタマーレもヴォルティス・セカンドも、取りこぼしは一切許されないということである。両チームの直接対決を除く12試合は、絶対に負けてはいけない、引き分けさえも許されないのである。

カマタマーレとヴォルティス・セカンドで、プレッシャーをかけ合っているところもある。ヴォルティスが大勝した相手から、カマタマーレは同じように多くのゴールを奪いたい。勝ち点で並び直接対決が2試合とも引き分けに終われば、リーグ戦の順位決定は得失点差や総得点へ持ち込まれるからだ。

必ず90分以内に相手を仕留め、なおかつ、できるだけ多くのゴールを稼いでおかなくてはならないカマタマーレのリーグ戦は、負けたら終わりのトーナメント戦にも等しいものだった。

一方の対戦相手は、重圧を感じることがない。ノープレッシャーだ。失うものはないというメンタリティで、伸び伸びとプレーしてくる。

就任1年目の新人監督でありながら、一度のミスも許されない緊張感を、羽中田は背負っていたのである。日々の練習に充実感を覚えつつも、試合のたびに息苦しさに襲われていた。

そうかといって、心の内側のざわつきは押し止めておかなければならない。監督の表情や言葉の変化を、選手は敏感に察知するものだ。指揮官の落ち着かない素振りや苛立ちは、チームに悪影響を及ぼす。

「ヴォルティス・セカンド戦以外のプレッシャーは、なかなか経験できないものだった。勝って当たり前の試合ほど、怖いものはないから」

リーグ戦へ臨むプロセスでも、羽中田は監督ならではの苦悩を味わっていた。

メンバーの決定である。

カマタマーレには26人の選手がいるが、先発メンバーは11人で、ベンチ入りできるメンバーは7人だ。合計18人である。公式戦が行われるたびに、8人の選手がゲームに関われないことになる。

〈一生懸命に練習している選手を、公式戦で使ってあげることができないのは辛い。極端に力の差があるわけではないから、なおさら使えないのが申し訳ないな……〉

メンバーは試合前日のミーティングで発表する。試合当日に選手が体調を崩したりすることもあるので、この時点でスタメンまでは決めない。試合に絡む18人と、登録外の選手を明らかにする。

ミーティングが終わると、選手の立場はくっきりと分かれる。翌日の試合に関わらない選手だけが、グラウンドへ向かうのだ。試合当日の彼らはオフになるので、前日に練習をしないと2日連続で身体を動かさないことになってしまう。翌週のゲームに絡む選手がいるかもしれないので、チームのマネジメントとして必要な措置だと言える。

登録外の選手たちの心境は複雑だ。「登録メンバーにもし何かあったら、代役はこのなかから選ばれる。元気を出してやっていこう!」と羽中田やコーチが叱咤しても、選手の心の奥までは届かない。テンションが低いまま、時間だけが過ぎてしまうこともある。

羽中田は「選手たちの反応は当然だ」と思う。自分が同じ立場だったら、悔しさを隠せないかもしれない。いつもより声は少ないが、それでも黙々とメニューを消化していく選手たちが、羽中田には誇らしくさえ思えた。

〈これはもう、どのチームの監督になっても避けられないことだ。試合に出られない選手のモチベーションを保つことは、一番大切な仕事じゃないか〉

試合に出られない、メンバーにも入れないといった状況に対する、選手の受け止め方は人それぞれだ。子どものようにふて腐れる選手もいれば、必死に感情を抑える選手もいる。選手のモチベーションを保つためのマニュアルはない。個別の対応が求められる。

羽中田はチーム内にルールを設けた。「意見でも文句でも、言いたいことがあれば自分に直接言ってほしい」と選手たちに告げた。

コーチ陣が先回りをして、選手の不満を吸収することは止めない。そのうえで、自分にも伝えてほしいとお願いをした。

「自分のなかに不満を溜め込むよりも、どんどん言ってくれたほうが逆に楽なところはある。夫婦だってそう。わかり合うためには、言い合わないと」

監督と選手、監督とスタッフ、スタッフと選手のコミュニケーションを大切にした羽中田のチーム作りは、四国リーグの成績にも反映されていく。全14試合を13勝1分で駆け抜け、優勝を勝ち取ったのである。ヴォルティス・セカンドとの直接対決は1勝1分で、総得点は「62」、失点はわずかに「4」という圧倒的な成績を残した。

四国王者となったカマタマーレは、11月に全国地域リーグ決勝大会に出場した。大会は1次ラウンドと2次ラウンドで争われ、1次ラウンドは16チームが4チームずつ4つのグループに分かれ、首位チームが2次ラウンドへ進出する。2次ラウンドの上位3チームが、日本フットボールリーグ（JFL）昇格の権利を得る。

カマタマーレは1次ラウンドで、関東リーグ2位の日立栃木ウーヴァSC、関西リーグ2位のアイン食品、九州リーグ2位のV《ヴィ》・ファーレン長崎と同じグループに入った。

11月22日の初戦は、日立栃木ウーヴァSCを2対0で退けた。この日は土曜日で、会場が高知県だったこともあり、高松から100人以上のファン・サポーターが駆けつけてくれた。

第2戦の対戦相手は、V・ファーレン長崎だった。

キックオフを控えたロッカールームで、もっといえばウォーミングアップの段階で、羽中田は選手の表情に硬さを読み取っていた。

前日の第1戦で、V・ファーレン長崎はアイン食品を4対0で下していた。監督は元Jリーガーで、キャプテンは元日本代表の選手である。スタメンのほとんどはJリーグ経験者だった。Jリーグで監督経験のある強化部長が、このレベルでは別格といっていい選手を揃えていた。

V・ファーレン長崎の第1戦を、羽中田と選手たちは観戦した。試合が進んでいくにつれて、選手たちの会話が減っていった。次の対戦相手の実力を目の当たりにした彼らは、難しいゲームになることを直感したのだろう。

羽中田もまた、Ｖ・ファーレン長崎の実力を認めていた。３チームの戦いぶりを事前に映像でチェックした段階で、第２戦がカギになると考えていた。

実力ではカマタマーレがやや劣る。だが、守備的な相手を崩すのに苦心した四国リーグとは違って、Ｖ・ファーレン長崎は自分たちの良さを出そうとしてくるだろう。カマタマーレを恐れることなく、攻めてくるに違いない。

だとすれば、自分たちの良さを出せる。ボールを保持しながら、チャンスをうかがうことができる。Ｊリーグのチームとの練習試合でも、ボールの保持率で上回ることはできている。１軍ではなく１・５軍か２軍が相手だが、それでちょうどＶ・ファーレン長崎と似たようなレベルだ。同じようにボールを保持できるはずだ、と羽中田は考えていた。

試合が同点で終わった場合、決着はＰＫ戦にゆだねられる。０対０のまま試合が進んでいけば、先に焦れるのはＶ・ファーレン長崎だ。格上と見なされるチームの心理状態は、四国リーグで自分たちが経験している。

「前半は０対０でも問題ない。オレたちが積み上げてきたものに、自信を持って戦おう」という指示とともに、羽中田は選手たちを送り出した。相変わらず硬さは感じられるが、ＪＦＬ昇格への大一番なのだ。緊張しないはずがない。

第1戦に続いて、この日もまた多くのファン・サポーターが高松から駆けつけてくれた。四国リーグから馴染んできた声援が、選手たちの硬さをほぐしてくれたらと思いながら、羽中田はベンチの左端で車イスを固定する。

キックオフ直後のざわめきが、そろそろ落ち着いてきたころだった。穏やかな日差しの降り注ぐ高知県春野市の総合運動公園球技場に、歓声と悲鳴が交錯した。

キックオフ早々の前半4分、ゲームは動いた。歓喜に包まれたのは、カマタマーレではなかった。

「落ち着こうっ！」

車イスをベンチから動かした羽中田は、選手に指示のできるテクニカルエリアへ飛び出していった。タッチラインのすぐそばで、左手を口もとに添えて指示を出す。できるかぎり大きな声を出しつつ、語気が荒っぽくならないように気を付ける。

〈やっぱり、選手たちの動きが硬い。相手をリスペクトし過ぎているのかもしれない〉

羽中田の胸中で、〈選手たちに何らかの働きかけをするべきでは〉との思いがひろがっていく。地域リーグ決勝大会を勝ち抜き、日本フットボールリーグ（ＪＦＬ）への昇格を果たすことは、２００８年シーズン最大のターゲットだ。Ｖ・ファーレン長崎戦が終わったあとに、「ああすれば良かった」と後悔したくない。選手たちにもさせたくない。

ただ、すぐに羽中田はテクニカルエリアからベンチへ戻った。日々のトレーニングでは、選手自身に考える習慣を植え付けてきた。ピッチに立っている選手たちが、この苦境でどんな答えを出すのか。それを見守るのも監督の仕事、自分の責任だ。そのまま戦況を見つめることを、羽中田は選んだ。

前半33分にも失点をした。スコアは0対2になった。

しかし、後半はゲームを支配することができた。前半は9本のシュートを浴びたものの、後半は1本しか許さなかった。

明日の第3戦に備えて、相手側が意図的にペースダウンをしたのかもしれない。それでも、チームの立ち上げから取り組んでいたサッカーを、大一番で表現することができた。

V・ファーレン長崎に0対2で敗れたカマタマーレは、翌日の第3戦でアイン食品にPK戦で勝利した。最終成績は2勝1敗で、3連勝のV・ファーレン長崎に及ばなかった。

「JFL昇格は叶《かな》わなかったけど、色々なことを経験できた一年だった。四国リーグの戦い方、地域リーグ決勝大会の戦い方、自分たちの実力が全国でどれぐらいのレベルなのか、自分たちに足りないものは何なのか……2年目につなげられるシーズンだった」

カマタマーレを退けたV・ファーレン長崎は、地域リーグ決勝ラウンドで2位に入り、JFL昇格を決めた（現在はJ2に昇格）。石垣島で行われた決勝ラウンドの結果を、羽中田はインターネットでチェックした。試合結果をプリントアウトする。

A4サイズの一枚の紙なのに、手のひらに重みを感じる。V・ファーレン長崎との一戦と、V・ファーレン長崎が決勝ラウンドで演じた戦いぶりが、自分たちが目ざすべき道のりを明るく照らしていると感じた。

サッカーのピッチでは、両チームの理想が必ずしもぶつかり合うわけではない。理想のサッカーを追求して勝利を目ざすチームがあれば、理想を脇に置いてとにかく結果にこだわるチームもある。

羽中田のチーム作りは前者だ。バルサことFCバルセロナをモデルとするパスサッカーは、地道なトレーニングの積み上げによって彼らのストロングポイントとなっていた。バルサがクラブの哲学とし、日本でも信奉者の多い4－3－3のシステムで、カマタマーレは2009（平成21）年の四国リーグに臨んでいたのである。

2年連続で背番号10を託された吉澤佑哉は、サッカーの完成度が高まっていると感じていた。
「僕自身がパスサッカーが好きだというのもありましたが、毎日の練習はホントに楽しかったですね。1年目でチームのベースはできていたので、2年目は戦い方に迷いもなかったです」

香川県代表として臨んだ10月の天皇杯では、J1リーグのFC東京に食い下がった。スコアこそ0対4に終わったものの、吉澤は「自分たちでボールを支配するポゼッションはできた」という感触をつかんでいる。

不安があったとすれば、ボールを持っている時間とチャンスの数が、もっといえばゴールがなかなか比例しないことだった。とりわけ、参加チームの実力にバラつきのある四国リーグでは、徹底的に守備を固めてくる相手に苦しめられた。

ボールを持っているのはカマタマーレで、攻めているのもカマタマーレなのに、一度か二度のピンチで失点をしてしまうことがあった。カマタマーレの理想が、かたくなに結果を求めてくる相手の現実的な姿勢に打ち砕かれたということである。連覇を狙った四国リーグは、徳島ヴォルティス・セカンドの後塵を拝して2位に終わった。

四国リーグの優勝を逃したことで、ＪＦＬ昇格の道のりは前年よりも険しくなった。32チームが出場する全国社会人サッカー選手権大会で2位以内に入り、16チームが集う地域リーグ決勝大会へ進出する。ここで2位以内に入れば自動的にＪＦＬ昇格となり、3位チームはＪＦＬ下位チームとの入れ替え戦に臨む。

全国社会人選手権は、1回戦からトーナメントで争われる。負けたら終わりのサバイバルだけに、慎重なゲーム運びを選ぶチームが多い。

カマタマーレは1、2回戦を突破し、準々決勝に進出した。対戦相手はツエーゲン金沢である。監督はＪ1のクラブでコーチの経験があり、選手は元Jリーガーばかりだ。地域リーグのクラブとしては珍しく、ブラジル人選手もいた。

予算規模で圧倒的劣勢を強いられる相手に、カマタマーレは磨き上げてきたパスサッカーで挑んだ。前年のＶ・ファーレン長崎戦のように、マッチアップする相手選手の経歴にひるむことはない。足元から這い上がってくるプレッシャーが、カマタマーレの動きを鈍らせることもなかった。

全社と呼ばれる全国社会人選手権は、同じグラウンドで試合が行われる。カマタマーレとツエーゲンが戦うピッチには、すでに試合を終えた他チームの選手たちも視線を注いでいた。大会敗退が決まったチームの選手も、ピッチサイドで足を止めていた。レベルの高い攻防が、ピッチ外にも熱を滞留させている。

前半終了間際の42分、カマタマーレは先制点を許してしまう。しかし、チームが負の螺旋《らせん》に陥ることはない。リードされても慌てず、攻守のバランスを崩さずに好機をうかがう。四国リーグで喫したふたつの敗戦が、ここにきて価値を持ってきた。

後半14分、カマタマーレは1対1の同点へ持ち込む。両チームの間を行き来していた試合の流れが、カマタマーレへ傾いていく。ブラジル人選手の個人技を押し出して、ツエーゲンが巻き返しを図る。

どちらが勝ってもおかしくない。

どちらが負けてもおかしくない。

ほんの小さなきっかけが、勝敗を決しかねない攻防である。

後半28分だった。カマタマーレが一瞬のスキを衝かれて失点した。

残り時間は慌ただしく動いていく。リードしたツエーゲンは、逃げ切りに専心する。カマタマーレはボールをどんどん動かし、相手の守備を揺さぶる。残り時間がわずかになってからは、相手ゴール前での空中戦に活路を求めた。力ずくでもゴールをこじ開けようとした。

だが、カマタマーレのひたむきな姿勢は、勝利に結びつかない。ＪＦＬへのチャレンジは、最終局面のかなり手前で幕を閉じた。

試合を終えた羽中田に、マスコミ関係者が近づく。コメントを求められた車イスの指揮官は、絞り出すように呟いた。

「うーん、勝たないとダメですよね」

短いコメントに、自分への苛立ちと怒りがにじむ。

〈どちらが勝ってもおかしくない試合を落としたのは、自分の力不足だ。選手たちを、ＪＦＬへ連れていくことができなかった。この負けは自分の責任だ〉

気持ちが散乱して、いっこうに整理がつかない。立ち消えになった夢の痕跡《こんせき》を探すように、羽中田は虚空を眺めた。

２００８（平成20）年、２００９（平成21）年と2年連続で日本フットボールリーグ（ＪＦＬ）への昇格を逃したものの、羽中田はカマタマーレ讃岐のフロントから契約延長のオファーを受けた。結果は残せなかったものの、目ざすサッカーの方向性は間違っていないという評価である。

サポーターも増えていた。就任当初は「車イスのサッカー監督」として注目を集めたが、羽中田が推し進めてきた自分たちで主導権を握るサッカーが、ゴール裏のサポーターを確実に増やしていった。

ＪＦＬ昇格を賭けて戦った２００９（平成21）年10月の全国社会人サッカー選手権大会は、千葉県市原市で平日に開催されたにもかかわらず、香川県からサポーターが駆けつけた。カマタマーレにありったけの情熱を注ぐ羽中田の姿が、四国の小さなクラブに力を与えていたのである。

他ならぬ羽中田自身、「来年こそはＪＦＬへ昇格させられる」との手応えをつかんでいた。格下の対戦相手が多い四国リーグと、同等または格上のチームと向き合う全国大会の戦いかたの違いも、過去2年の経験で整理できている。「いいサッカーをするだけでなく、来年こそは勝たせるサッカーができる」という思いを、胸のなかで膨らませていた。

その一方で、羽中田はＪＦＬ昇格を果たせていない責任を感じていた。

予算規模の大きくない地方のクラブにとって、周囲からの「見え方」は経営を大きく左右する。フロント、監督、選手らが成長や進歩を感じていても、成績が右肩上がりでなければスポンサー企業は表情を曇らせる。投資のメリットを再考する。

〈来年も自分が監督を続けることが、カマタマーレにとって最善の策なのだろうか。ここで何かを変えないと、ＪＦＬに昇格することはできないかもしれない〉

何かを変えるとして、自分にできることは？

「退任」の二文字が、頭に浮かんだ。

続けるか、辞めるか。ふたつの決断の間を、羽中田の気持ちは何度も行き来する。

辞めたいはずはない。カマタマーレを離れたくなかった。

チームのことだけを考えてきた２年間は、現役時代とは違う潤いで心が満たされていた。自分でボールを蹴ることができなくても、サッカーを楽しむことができた。

試合に勝つって、こんなにも嬉しいことだったんだ。

試合に負けるって、こんなにも悔しいことだったんだ。

負けた試合でも胸は躍った。練習で取り組んできたプレーを、選手たちが試合で実践してくれる。それだけでも、羽中田は両手を突き上げたい気持ちになる。試合中であることを忘れて、選手たちを抱きしめたい衝動に駆られる。

想定を超えるプレーを、選手たちが見せてくれることもある。これはもう、格別な瞬間だ。サッカーには様々な戦術や戦略があるが、創造性こそはこのスポーツの最大の魅力である。「ピッチに入ったら、自分自身で考えてほしい」と選手に訴えてきた羽中田にとって、想定外のプレーは嬉しい驚きだった。

選手たちに何かを与えてもらうばかりではなく、彼らのために自分ができることは何だろう――。感傷にも似た混迷を、羽中田は振り払う。決意を固めた。

晩秋の日差しが街を満たし、水たまりをキラキラと輝かせていた11月のある日、羽中田はクラブに退任を申し出た。「自分が辞めることが刺激になり、ＪＦＬ昇格へつながってくれれば」と、フロントに伝えた。

チーム内には動揺が駆け巡った。羽中田の誘いでカマタマーレに入団した吉澤佑哉は、結果を残せなかった２年間を悔やんだ。歯がゆくて、残念で、申し訳なくて、「どうして羽中田さんが辞めなきゃいけないんですか」と、噛みつくように聞いてしまった。

「負けた試合は、『ええっ、それが入っちゃうの？』というような失点ばかりで、羽中田さんのサッカーは間違っていなかったと思うんです。練習からすごく楽しかったですし。僕だけじゃなくチームのみんなが、羽中田さんが辞めることに対して申し訳ないと思いました」

吉澤は自分に問いかけた。このサッカーで、どうして結果を出せなかったのだろう？　ＪリーグのチームとŚの練習試合でも、自分たちがボールを保持することはできたのに――。

記憶のひだをなぞっているうちに、ふいに思い当たることがあった。

「僕ら選手たちが、羽中田さんの戦術に頼り過ぎてたんじゃないか。それと似たもので、僕たちに『我《が》』が足りなかったんじゃないか。みんな一生懸命にやっていたけれど、どこかで羽中田さん頼みのところがあったのかもしれない、と思って」

2度目の監督就任。苦悩の日々

2009（平成21）年末に東京へ戻った羽中田は、メディアの世界へ戻った。

サッカー中継の解説や原稿を執筆する日常に、不満があるわけではなかった。それなのに、気がつくとため息をこぼしている。

「いまのオレは廃人だよ」と、妻のまゆみに心がからっぽになっていることを打ち明けた。夕食に好きな料理が並んでも、「何もやる気になれないんだ」と、無表情な目を妻にむけた。

「カマタマーレの3年目が見たかったなあ」

何気なく呟いたひと言に、まゆみが反応した。

「見たらいいんじゃない？ インターネットで結果はわかるでしょう？」

羽中田はパソコンを起動した。カマタマーレは四国リーグで白星を重ねていた。羽中田にはお馴染みの選手たちが、スタメンに名を連ねていた。

自分だけが、同じ場所に止まっている気がした。

どこか義務的にこなしていたメディアでの仕事に、羽中田は意味を見出した。いつかまた監督をやるために、目の前の仕事を役立てていかなければいけない、と思い直した。

カマタマーレは全国社会人サッカー選手権大会で優勝を飾り、地域リーグ決勝大会も制覇した。ＪＦＬ昇格を果たしたのである。

羽中田とまゆみは、ふたりだけで祝杯をあげた。

「まーくんが監督だった2年間も、ムダではなかったんだと思うよ」

妻の言葉が心に染み込んでいく。かつて一緒に戦った選手たちの笑顔を、サポーターの熱狂を、羽中田は思い描いていた。


２０１１（平成23）年4月、羽中田は現場に復帰した。山梨県立韮崎高校サッカー部のコーチに就任したのである。

28年ぶりに訪れる母校のグラウンドでは、１００人ほどの部員が3つのグループに分かれて練習をしていた。羽中田はそのうちの3番目のチームを担当することになった。

レギュラー格の選手が集まるグループではなかったが、それが羽中田の意欲を刺激した。ボールを止める、蹴るといった基本技術を向上させながら、実戦で役立つスキルまで身に付けさせていくのは、根気の必要な作業である。教えなければならないことは多いが、教え過ぎてしまうのは良くない。選手が自分で考えるように、余白を残しておくことが大切だ。

指導が必要な選手に、いつ、どのタイミングで、どのように声をかけるのか。高校生でもプロでも、選手との接し方は監督が頭を悩ませるところだ。誰にでも当てはまるマニュアルはなく、現場での経験を通して自分なりのスタンスを築いていくしかない。

何よりも、高校生たちの瞳の輝きが眩しかった。サッカーがうまくなりたいという真っ直ぐで純粋な意欲を、少しでも叶えてあげたいと羽中田は思った。

「とにかく現場に立ちたかったし、練習だけでなく試合もあったから、純粋に楽しかった。高校生年代なので成長のスピードが速くて、ちょっとしたきっかけで変わっていくことが、教えている自分にとってとても嬉しいことだった」

功名心や競争心に心を揺さぶられることがなく、監督として初心に立ち返ることのできる環境は、トップレベルへの挑戦を期す羽中田にふさわしいものだったかもしれない。

１年間の契約が終わりに近づいた２０１１年末に、羽中田は携帯電話に登録されていない番号から連絡を受けた。

監督としてのキャリアが、再び動き出そうとしていた。

電話の相手は奈良クラブのＧＭ（ゼネラルマネジャー）だった。羽中田は急いで記憶をたどってみる。

奈良県をホームタウンとするのはすぐにわかるが、どのようなクラブなのだろう。カマタマーレ讃岐の監督だった当時に、練習試合をしたことがあったかもしれないが……。

電話の主は熱っぽく語りかけてきた。

「我々のクラブは今年、２０１１年に関西１部リーグへ昇格して、優勝をしました。地域リーグ決勝大会では負けてしまいましたが、将来的にはJリーグ昇格を目ざしています。ぜひ監督を引き受けてくれませんか」

関西1部リーグということは、四国リーグと同じカテゴリーだ。全国地域リーグ決勝大会を勝ち抜き、日本フットボールリーグ（JFL）へ昇格することが、最初のターゲットになるだろう。カマタマーレでの経験を生かせる。携帯電話を持っていない左手に、自然と力が入った。

「少しだけ時間をください」とお願いをして、羽中田は電話を切った。初冬の寒さが足元から這《は》い上がり、身体を震わせる。ひざかけを腰のあたりまで引き上げた。

引き受けるのかどうか、迷っているわけではない。妻のまゆみに相談をしないで決めるのは、さすがに良くないだろうと羽中田は思った。

オファーを受けたら、また引っ越しをしなければならない。羽中田も、まゆみも、奈良県にはまったく馴染みがなかった。どこに住めばいいのか。気候は山梨と変わらないのだろうか。それとも、東京に近いのだろうか。監督を引き受けたら、できるだけ早く奈良へ行ったほうがいいだろう。好奇心と期待が胸のなかで交錯して、羽中田は思わず笑みをこぼしていた。

玄関のカギを開ける音が聞こえ、買い物へ行っていたまゆみが帰宅した。

「ただいま」という元気な声とともに、冷たい外気がリビングへ運ばれてくる。

「どうしたの、まーくん？　何か嬉しいことでもあった？　ニコニコしてるけど」

隠し事のできない自分に、羽中田はまた笑ってしまった。

「監督のオファーが来たんだ。来年から奈良クラブの監督になってくれないかって。まゆみちゃんはど……」

どう思う、と聞く前に、妻は両手を広げて抱きついてきた。

「良かったじゃない！　また現場で仕事ができるんだね」

強く抱き締める前に、まゆみは羽中田から離れた。

「まーくんはすぐに、クラブのことを勉強しないとね。私も奈良のことを調べなきゃ。奈良って何が美味しいんだろう？　奈良漬けと柿の葉寿司くらいしか知らないけど、もっとたくさん名産はあるわよね」

まゆみの笑顔は、いつも羽中田に安心感を与える。奈良クラブにありったけの情熱を注ぐぞと、羽中田は決意を固めた。

２０１２（平成24）年1月、羽中田は奈良クラブの監督として現場へ復帰した。

それまでの人生でほとんど接点のない奈良県でも、羽中田の知名度はなかなかのものだった。古くからのサッカーファンには、「韮崎高校のドリブラー」として、社会人リーグに詳しいファンには「カマタマーレ讃岐の監督」として、若いファンには「海外サッカーやJリーグの解説者」として、新監督は地元に迎えられた。クラブの関係者は、「羽中田さんが来ることが決まってから、ＳＮＳは盛り上がっていますよ」と興奮気味に教えてくれた。

ファン・サポーターの歓迎ムードは、もちろんありがたい。それ以上に羽中田を喜ばせたのは、選手たちの意欲的な姿勢だった。

Jリーグでプレーしたことのある選手はごく少数で、戦力的にはカマタマーレと同じか、少し物足りないかもしれない。だからこそ、選手たちは向上心に溢れていた。グラウンドでも、ミーティングでも、選手たちは羽中田の言葉をかぶりつくように聞く。彼らのサッカー人生が豊かになる手助けをしたいという使命感が、羽中田の原動力となっていた。

関西サッカーリーグ1部の開幕が近づいてきた。チーム作りと並行して、対戦相手の分析も進めていかなければならない。

羽中田は「分析用のビデオを集めたいのですが」と、クラブの関係者に相談した。「わかりました」とか「了解です」といった答えが、当たり前のように返ってくると思っていた。相手を知ることも勝つためには必要で、それはJリーグでも地域リーグでも変わらない。

ところが、羽中田はまったく予想できなかった答えを聞く。

「それは必要ないでしょう」

すぐには言葉が出てこなかった。辛《かろ》うじて「えっ？」と、聞き返した。

「自分たちのサッカーをすればいいんです」

「いやっ、それにしても相手の分析は必要です。お願いできませんか」

「とにかく、自分たちのサッカーに集中してください」

胃の底に硬いしこりが生じていった。モヤモヤとした思いばかりが、頭のなかで分泌されている。サッカーに集中できない。結果が出るはずもなかった。

ＪＦＬ昇格を目ざす奈良クラブにとって、関西1部リーグで負けることは許されない。全日程の約3分の2にあたる9試合を終えて3勝5分1敗という成績は、羽中田も、クラブ関係者も、ファン・サポーターも納得できるものではなかった。

羽中田は辞任を決意する。

「思い描いているチーム作りができていないなかで、このまま続けていくのはどうかと思った。一番悩んだのは、自分が監督をやり続けることが選手たちのためになるのかどうか。彼らの限られたサッカー人生を台無しにしちゃいけないということが、辞める理由になった」

自分は何か間違えてしまったのか？　サッカーに嫌われるような人間なのか？　半年前は明るい色彩だった心は、灰色に塗り潰されていた。

〝世界一目線の低いサッカー監督〟の新たな挑戦

監督という職業は、「逃れられない魔力を持つ」と言われる。

自分（とコーチングスタッフ）でトレーニングメニューを考え、対戦相手を分析し、観衆の集まるスタジアムで歓喜の雄たけびをあげるのは、監督にとって何ものにも代えがたい瞬間だ。勝利を告げるホイッスルは、あらゆる困難に打ち克つ原動力となる。

どれほど黒星が並んでも、非難の集中砲火を浴びても、ひとつの勝利が苦しみを洗い流す。チームのためにもっと情熱を注ごうと、新たなモチベーションが沸き上がる。40歳でも、50歳でも、60歳でも、全身が焼けつくような真剣勝負に挑める。すでに大きなものを成し遂げた名伯楽も、これからキャリアを築く若手指導者も、強烈な磁力に惹きつけられたかのように監督でありたいと願う。

監督という職業は、「契約書にサインをした瞬間からチームを去るカウントダウンが始まる」とも言われる。

そもそも監督に対する評価は、秋の空模様のようなものだ。移り変わりが激しい。たったひとつの敗戦が、解任の引き金になることもある。契約書に記されている契約年数は、現実的には価値を持たない数字といってもいい。

ヨーロッパや南米ほどドライではないものの、日本でも監督の解任劇は例外ではない。順位表の下位に沈むクラブの監督は、毎試合が背水の陣である。

羽中田もまた、監督という職業の魔力に魅せられていた。

奈良クラブではフロントとの考え方の相違により辞任したが、「もうこれ以上、監督をやりたくない」などとは考えていない。むしろ、シーズンの最後まで仕事ができなかった後悔の念が、彼の心に穴を空けていた。

現場が恋しい。選手と一緒に練習をしたい。ヒリヒリとした空気のなかで、勝利を目ざしたい——メディアの仕事に戻りながらも、羽中田は本能の欲求を抑えられずにいた。

サッカー関連の仕事場では、「監督を探しているチームがあったら、紹介してください」と頭を下げた。切羽詰《せっぱつ》まったような口調にならないように、できるだけくだけた感じで話すようにしても、心のなかの思いはいたって真剣だ。

どんなチームでもいい。条件にはこだわらない。選手たちと一緒に、グラウンドに立ちたかった。

３度目の監督就任は、ささやかなつながりがきっかけとなった。関東サッカーリーグに属する東京23ＦＣのＧＭの耳に、「羽中田がチームを探している」という話が届いたのだ。お互い山梨県出身という縁もあり、羽中田はＧＭに会うことができた。２０１４（平成26）年の秋である。

２０１３（平成25）年から関東１部リーグに所属する東京23ＦＣは、カマタマーレ讃岐、奈良クラブと同じカテゴリーだ。Ｊリーグには２０１４年から「Ｊ３」が誕生しており、東京23ＦＣが属する関東リーグの１部をＪリーグに当てはめると「Ｊ５」になる。

ＧＭとの話し合いで、羽中田はクラブの現状を説明された。「監督を引き受けてほしいのですが、率直に言って満足していただけるお金は払えません」と告げられた。無給ではないものの、それだけでは生活できない金額だった。

これまで監督を務めたふたつのクラブでも、提示された年俸は決して高くなかった。金銭的に余裕のある生活はできなかった。

プロ契約を結べば、監督としての自尊心は満たされるかもしれない。自分はプロだと、胸を張ることはできる。

だが、果たしてそれにどれほどの意味があるのか。羽中田は自問自答する。

自分はなぜ、監督を志したのか？　小中高時代の友人やライバルがJリーグで活躍する姿を見て、もう一度グラウンドに立ちたいと思ったのがきっかけだった。監督として勝負をしたい、という闘志が沸き上がったのだった。

２０１１（平成23）年にコーチを務めた韮崎高校サッカー部には、監督として迎えられる予定だった。ところが、母校のサッカー部を取り巻く人々の間には、複雑な事情が絡み合い、様々な思惑が交錯していた。コーチとしての自分に、羽中田は納得するしかなかった。

奈良クラブでは考え方の相違に悩んだ。ピッチの外側で格闘しなければいけない日々に、神経がすり減っていった。

「東京23ＦＣからオファーを受けたときの自分は、監督として自信を失っていたのかもしれない。ピッチ外でもうまく周りをコントロールすることも、監督の仕事に含まれているのかもしれないし。そういうことが得意でない自分に気づかされて、ちょっと嫌になっていたというか、自信をなくしていたのかもしれない」

自信が揺らいだ理由は、ほかにもあった。むしろこちらのほうが、羽中田の心を沈ませていた。

「自分がスペインで学んできたことは通用しないと、韮崎高校と奈良クラブで痛感させられた。それまでの自分は、理想のサッカーに選手たちを当てはめていた。理想を貫くべきだと思っていた。でも、それじゃいけない。自分が仕事をする環境や時代の流れに応じて、考え方が変わるのは悪いことじゃない。奈良クラブを離れてからの時間で、変化することは前進であり進歩だと考えるようになった」

敬愛するヨハン・クライフが築いたFCバルセロナのサッカー哲学を出発点とし、バルセロナへの留学で磨き上げられた羽中田自身のサッカー観は、気づかないうちに凝り固まっていたのである。自分とは違う着眼点や意見を取り入れる感覚が鈍っていると、羽中田は気づいたのだ。

東京23FCの選手は、全員がアマチュアだ。仕事とサッカーを両立しているという。監督やコーチも例外ではない。羽中田はGMから、「ウチのチームの監督以外の仕事も、支障のない範囲内でどんどんやってください」と言われた。

「自分も監督以外の仕事をしながら、サッカーを学びながら、選手と一緒に成長していきたいと考えた。ゼロからの再スタートじゃないけれど、スペインで学んできたことはリセットして、これから監督としてのすべてが始まる、という気持ちになった」

お金は関係ない。グラウンドに立つことが、自分の人生を豊かにしてくれるはずだ。

2015（平成27）年1月、羽中田は東京23FCの監督に就任した。

東京23FCからのオファーは自分にとって奇貨《きか》だった。最高の出会いだ。サッカーの神様は、まだ自分を見捨てていない。

苦難によって磨き上げられた信念が、羽中田を支えている。

部屋のなかを遠慮がちに動く車イスの音に、まゆみは気づいた。カーテンの向こう側はまだ暗い。何時だろう。まゆみはベッドサイドに置いてある携帯電話の液晶画面をONにした。

午前4時……。

ヨーロッパのサッカー解説をしている羽中田昌は、深夜や早朝に仕事場へ向かうことがある。夫がこの時間に起きるのは、彼ら夫婦にとって珍しいことではない。

ただ、羽中田の様子はいつもと少し違う。

フンフンフン……。妻を起こさないように出かける準備をしながら、羽中田は鼻歌を歌っているのだ。夫の鼻歌は、音符に羽があるように軽やかだ。

東京23FCの選手たちは、プロサッカー選手ではない。仕事をしながらプレーしているアマチュアだ。全員が揃ってトレーニングができるように、平日の練習は朝7時から行っている。

羽中田の自宅から練習場までは、車で10分ほどだ。6時20分に出発すれば、練習開始の30分前には着く。もう少し寝ることもできるはずだが、羽中田は必ず4時に眼を覚ます。興奮して起きちゃうんだよね、と夫は笑う。

「まーくん、練習メニューは昨日の夜のうちに考えていたんじゃないの？」と妻が聞く。「ごめん、起こしちゃった？」と夫はまゆみを気遣いつつ、この日も楽しそうな様子だ。遠足の朝の子どものようにそわそわとしていて、いますぐにでも自宅を飛び出してしまいそうである。

「いやあ、寝る前にちょっと考えてたら、もっといい練習メニューが思い浮かんでね。それで、もう一回組み立て直そうと思って。みんな仕事前に集まるんだから、時間を無駄にしたら申し訳ないからさ」

そう言いながらも、羽中田はまたフンフンフンと、鼻歌を歌う。

「ウォーミングアップのあとにこの練習をして、そのあとはこれがいいか……。あ、今日はアイツが最後まで練習できないから、こっちを先にやったほうがいいか」

ああ、この人は本当にサッカーが好きなんだなあ。選手たちを愛しているんだなと、まゆみは思う。眠気はすっかり覚めて、まゆみ自身の気持ちも弾んでいく。

東京23ＦＣの監督として３年目を迎え、羽中田の指導者としてのスタンスは変わってきた。この仕事を始めたばかりの頃とは、明らかに違う。

カマタマーレ讃岐の監督当時は、練習用具の置き方まで考えていた。コーチの力は借りるものの、自分ができることはすべてやりたい、という衝動を抑えられなかった。

２０１７（平成29）年の羽中田は違う。選手たちの動きに鋭い視線を向けながらも、事細かに修正を加えたりはしない。練習と練習の合間に、気になった選手に声をかける程度だ。

「以前に比べると、教えるより観察する時間が長くなった。一つひとつのトレーニングで、チームとしてどういう変化が起きるのかを観察したり、選手の特徴を見極めたり。監督が教え過ぎると、選手が自分で考える楽しみを奪ってしまう気がするんだ」

チーム作りの方向性も変わった。

「監督としての自分の理想とか、こういうサッカーをやりたいとかいうのは二の次、三の次。もちろん理想はあるけれど、対戦相手は毎回替わるし。いまいる選手が力を出せるようにするにはどうしたらいいのかを、考えているだけ」

采配は現実的だ。ビハインドを背負って終盤を迎えたら、長身選手を最前線に上げてパワープレーを仕掛ける。羽中田が大きな影響を受けたＦＣバルセロナの試合では、よほどのことがなければ見られない戦略だ。

「いま僕がやっているのは、チームの長期的なビジョンとしてサッカーの本質を選手たちに伝えつつ、目の前の試合で勝利を目ざす仕事。対戦相手の強みと弱みを整理して、チームが勝つ方法を考えること。相手の良さを消して、自分たちの良さを出す。いまはもう、それしか考えていない」

変わらないものもある。選手の成長を間近で見られることだ。

「僕は車イスだから、選手と一緒にボールを蹴ることはできない。でも、頭のなかでは一緒にプレーしているんだ。練習してきたことが試合でできて、ゴールが生まれる。ああ、やっぱりこういう形から得点できるんだ、と思う。それとは逆に、ええっ、こんな形でもゴールが生まれるんだ、ということもある。そのどちらも、僕には楽しい」

東京23ＦＣのターゲットは、将来的なＪリーグ入りだ。関東サッカーリーグ１部から日本フットボールリーグ（ＪＦＬ）へ昇格するためには、リーグ戦での取りこぼしが許されない。毎試合がプレッシャーとの戦いだが、羽中田は、「でもね……」と柔らかな笑みを浮かべる。

「今日はどんなプレーをしてくれるんだろうっていう、ワクワクした気持ちのほうが、勝たなきゃいけないっていうプレッシャーよりも強い。サッカーを楽しんでいる選手を見ると僕も楽しいし、すごく嬉しいんだよね」

関東サッカーリーグ１部は10チームで争われており、東京23ＦＣは今期もリーグ戦優勝、そしてＪＦＬ昇格を狙う。だが、監督３年目の羽中田に気負いはない。

「大事なのはシーズン途中の順位じゃなくて、全日程が終わったときに何位になっているのか、だから。楽観はできないよね。かといって、悲観する必要もない。当たり前のことなんだけど、毎試合いい準備をするだけだと思う」

そう言って羽中田は、左手で髪の毛をかいた。無精《ぶしょう》ひげをさすって、あごの下をかく。何だか少し、落ち着かないようだ。どこか照れくさそうでもある。

「ボールを蹴ることができない車イスの監督が、ああしよう、こうしようと言う。選手たちは僕の言うことを信じて、聞いてくれる。すげえありがてえよなあ、と思うんだ」

言葉遣いが荒っぽくなったのは、ストレートな気持ちの表れだろう。

「で……」と、羽中田は咳払いをした。今度は本格的に照れくさそうである。

「オレも良くやってるなあ、すげえなあって思うんだ」


3年後の自分を思い描いてみる。

「このチームをJリーグへ連れていきたいな」

東京23FCが順調にステップアップしていれば、3年後はJ2リーグの舞台で戦っているはずだ。Jリーグへ加盟するにはクラブライセンスの取得が義務付けられ、2017（平成29）年春の時点では東京23FCはまだ交付を受けていないが、クラブのトップチームのカテゴリーが上がることで環境整備のスピードが加速する可能性はある。いずれにせよ、結果を残し続けることが、羽中田ができる唯一のことであり、チームに対する最大の貢献である。

5年後の自分を、思い描いてみる。

「ひょっとしたらまた、バルセロナに住んでいるかもしれないな」

心のふるさとが、羽中田にはふたつある。ひとつは実家のある山梨県で、もうひとつはバルセロナだ。

現実から逃げ出したいわけではない。世界の最先端を行くバルサのサッカーに、シーズンを通して触れたいのである。

バルサのホームスタジアム〝カンプ・ノウ〟のゴール裏スタンドには、羽中田とまゆみの年間シートがある。一度購入を止めてしまうと順番待ちになってしまうので、２０００（平成12）年の帰国後も現地在住の友人を通して更新をしているのだ。

10年後の自分を想像してみる。１９６４（昭和39）年7月生まれの羽中田は、62歳になっている。

「やっぱり、監督をやっていると思う。やっていたいと思う」

２０１７年のＪ１リーグ18チームで、60歳以上の監督は２人しかいない。しかも、どちらも外国人だ。日本人監督は40代が圧倒的多数を占める。10年後の年齢分布はわからないが、選手時代に日本代表、そしてワールドカップ出場の経歴をもつ監督はこれからどんどん増えていく。限られた監督のイスを巡る競争は、熾烈《しれつ》さを増すばかりだ。

「一度はＪ１で指揮を執ってみたい。でも、カテゴリーにはこだわらない気持ちもある。カマタマーレ讃岐、奈良クラブ、東京23ＦＣとやってきて、地域リーグの面白さが病みつきになってきているところがあるんだ。選手と一緒にチームを作り上げていく喜びを感じられれば、どんなチームでもやりがいを持って取り組めると思う」

練習で日焼けした羽中田の顔に、眩しそうな笑みが広がる。車イスのサッカー監督は、その必然として健常者の監督とは違う視点を持つことができた。ともに戦っていく仲間たちを上から見下ろすのではなく、下から見上げる視線の大切さを、羽中田ほど知る指導者はいないだろう。

「この仕事で一番大切なのは、選手を愛せるかどうか。それだけは、誰にも負けない自信がある。車イスで生活しているからじゃなくて、もっとずっと前から、僕は物事でも何でも、上から見下ろすよりも下から見上げるほうが好きなんだ。そのほうが、頑張ろうって気持ちになるからね」

そう話す羽中田の背中に、まゆみが抱きつく。妻が持つ天真爛漫《らんまん》そのものといった明るさは、羽中田がプロの監督として抱く不安を高揚へ変える効果を持つ。

「まーくんは、世界一目線の低いサッカー監督だからね」

あとがき

羽中田さんと初めて会ったのは、1998(平成10)年10月のバルセロナだった。羽中田さんのアパートで開かれるサッカー関係者の食事会に、たまたま参加させてもらうことになった。

自分が中学生のときに観戦した冬の全国高校サッカー選手権大会決勝で、6万人を超える観客を熱狂させたかつてのスター選手と同じテーブルを囲む。興奮と緊張で、気分は高揚していた。

だが今となっては、その日の記憶はかなり曖昧になっている。思い出せることは少ない。それでも、強く印象に残っていることは3つある。誰もが絶賛するまゆみさんの料理がとにかく美味しかったこと、羽中田さんがとても気さくだったこと、そしてもうひとつが、羽中田さんのサッカーに対する情熱だ。

羽中田さんが抱くサッカーへの情熱は、とても透き通っているように感じられた。

サッカーの監督として成功したい、自分のやりたいサッカーを監督として表現したい、といったことよりもまず、サッカーが好きで、サッカーに関われること自体にわくわくしているという羽中田さんの気持ちが、真っ先に伝わってくるのだ。

そして、この人は、才能に恵まれたからサッカーが好きになったのではなくて、とにかくサッカーが好きで好きで仕方がなくて、その結果サッカーがうまくなった。だから、ケガをしてサッカーができなくなっても、サッカーへの情熱は変わらなかったのだと気づかされるのだ。

それから僕は、監督としてどんなチームを作るのかという興味よりも、羽中田さんの情熱の行き先を知りたいと、考えるようになった。

知り合ってから16年の時を経て、羽中田さんをめぐる物語を紡《つむ》ぐ作業を始めたのだが、自分のことになると相当に控え目な表現をするのが、羽中田さんという方である。作業を進めるためには、第三者の視点が欠かせなかった。

羽中田さんについて語る人たちには、はっきりとした共通点があった。楽しそうな表情を、誰もが浮かべるのだ。心のなかで大切に保管しているものを取り出すように、羽中田さんとの思い出を言葉にしていくのである。

本文で書き切れなかったトピックも多い。そのなかから、松本育夫さんの話を紹介したい。自身と同じく指導者になったかつての教え子を、松本さんは頼もしく見つめている。

「ハチュウはね、一流の選手を育てる資質を持っていると、私は思っています。考えてみてください。将来を嘱望《しょくぼう》されながら事故に遭い、それでもサッカーへの情熱を絶やさずに、公務員という安定した仕事を捨てて監督のライセンスまで取ったんですよ！　サッカーだけでなく、色々な経験を積んでいるから、幅のある指導ができる。サッカー界だけで順調にきた指導者とは違う。他でもない私自身、32年間の会社員生活がサッカーの指導にすごく生きましたからね」

身体の線が細かった高校当時から、羽中田はサッカーへの情熱を感じさせるタイプだったのか。松本さんは「それはもう、疑いがないですよ」と甲高くよく通る声を響かせた。

「そうじゃなかったら、車イスでスペインまで行きませんよ。指導者になろうとは思いませんよ。気持ちの強さは並じゃないでしょう。ただね、ハチュウは立派だけれど、奥さんもそれはそれは立派ですよ。不安定な生活になることを覚悟の上で、ハチュウを支え続けてきたんですから。羽中田の人生は、ふたりの人生でしょう。彼らは一心同体ならぬ二心一体ですよ」

松本さんをはじめとして、取材にご協力いただいた方にこの場を借りて謝辞をお伝えしたい。一木雅彦さん、保坂孝さん、横川泉さん、小林慎二さん、山本健二さん、羽中田仁さんには、主に小学校から高校にかけての羽中田さんを語っていただいた。松本さん、都並敏史さん、反町康治さん、堀池巧さんには、主に韮崎高校時代のプレーについて教えていただいた。田中晃さん、セルジオ越後さん、塀内夏子さんには、１９８３（昭和58）年1月8日の高校選手権決勝、清水東高校とのゲームをそれぞれの視点から浮き彫りにしていただいた。本文中で紹介できなかったが、カメラマンの小林洋《ひろし》さんにもゴール裏から見える羽中田昌という選手の特長を教えていただいた。大倉智さん、鈴井智彦さんにはバルセロナ留学時代の羽中田さんを、西山裕之さんにはメディアで仕事を始めた当時を、林義規さんには暁星高校サッカー部コーチ時代を、新井貴之さんと吉澤佑哉さんにはカマタマーレ讃岐での監督ぶりを、それぞれ聞かせていただいた。もちろん、羽中田さんとまゆみさんにも、長時間にわたって話を聞かせていただいた。講談社企画部の今井秀美さんには、ライターに必要な表現方法を鍛えていただいた。

この本が読者の皆さんの心に響くものになったとしたら、それは取材にご協力いただいた皆さんのおかげだ。ノンフィクションは取材なしには成立せず、話し手の言葉に力があるときに物語は熱を帯びていく、と僕は考えている。

どんな困難が目の前に立ちはだかっても、「自分が諦めなければ夢は逃げない」ことを、羽中田さんは僕らに教えてくれた。

そして、日本でたったひとりしかいない車イスのプロサッカー監督は、52歳のいまも夢を追い続けている。

２０１７年5月　戸塚啓

この作品は、iOS向けのアプリ「小説マガジンエイジ」
（編集・株式会社講談社、配信・株式会社エブリスタ）で
2015年4月から2016年8月まで連載したものに、
加筆し改稿しました。

装幀　岡 孝治
写真提供　羽中田 昌

必《かなら》ず、愛《あい》は勝《か》つ!
車《くるま》イスサッカー監督《かんとく》 羽中田《はちゅうだ》昌《まさし》の挑戦《ちょうせん》

2017年5月26日　第1刷発行

著　者　　戸塚《とつか》　啓《けい》

発行者　　鈴木　哲

発行所　　株式会社 講談社

〒112-8001

東京都文京区音羽2-12-21

電話　出版　03(5395)3522

　　　販売　03(5395)4415

　　　業務　03(5395)3615

印刷所　　慶昌堂印刷株式会社

製本所　　株式会社国宝社

N.D.C.289 366p 19cm
定価はカバーに表示してあります。
ISBN978-4-06-220586-3